ISBN 978-1-390-14459-8
PIBN 11071469

1 MONTH OF
FREE
READING

at

www.ForgottenBooks.com

By purchasing this book you are
eligible for one month membership to
ForgottenBooks.com, giving you
unlimited access to our entire
collection of over 1,000,000 titles via
our web site and mobile apps.

To claim your free month visit:

www.forgottenbooks.com/free1071469

English
Français
Deutsche
Italiano
Español
Português

www.forgottenbooks.com

Mythology Photography **Fiction**
Fishing Christianity **Art** Cooking
Essays Buddhism Freemasonry
Medicine **Biology** Music **Ancient
Egypt** Evolution Carpentry Physics
Dance Geology **Mathematics** Fitness
Shakespeare **Folklore** Yoga Marketing
Confidence Immortality Biographies
Poetry **Psychology** Witchcraft
Electronics Chemistry History **Law**
Accounting **Philosophy** Anthropology
Alchemy Drama Quantum Mechanics
Atheism Sexual Health **Ancient History**
Entrepreneurship Languages Sport
Paleontology Needlework Islam
Metaphysics Investment Archaeology
Parenting Statistics Criminology
Motivational

MARÍA

LA HIJA DE UN JORNALERO,

HISTORIA-NOVELA ORIGINAL

DE D. WENCESLAO AYGUALS DE IZCO,

Diputado á Córtes en las reformadoras,
Comandante de la Milicia nacional de Vinaroz durante la guerra civil,
ex-alcalde primero constitucional de dicha villa,
Director de la Sociedad Literaria,
Sócio de la de Sevilla y del Liceo de Córdoba,
Individuo de la Academia de Buenas Letras de Barcelona
y de otras corporaciones científicas y literarias.

TOMO I.

MADRID—1847.

IMPRENTA DE D. WENCESLAO AYGUALS DE IZCO.
CALLE DE LEGANITOS, NÚM. 47.

LA HIJA DE UN JORNALERO,

POR D. WENCESLAO AYGUALS DE IZCO,

C'est la cause de l'humanité tout entière que nous servons.

Carta de Mr. Eugenio Sue a D. W. Ayguals de Izco.

A Mr. Eugenio Süe.

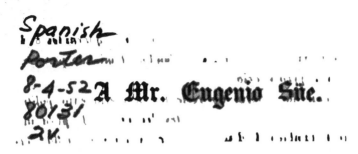

AHÍ tenéis mi MARTA, la obra cuya dedicatoria tuvisteis la bondad de admitir.

No faltará acaso quien califique de audacia el dedicar tan humilde produccion á un literato cuya merecida celebridad es universal; pero esto es precisamente lo que me alienta, porque los génios privilegiados que conocen la dificultad del acierto en el cultivo de la bella literatura, son tan pródigos de indulgencia, como de intolerancia los pedantes, los que sin saber nada, lo censuran todo.

Bien conozco que lo único que da importancia á mi pobre MARTA, es el llevar á su frente vuestro glorioso nombre; voy sin embargo á manifestaros en dos palabras el objeto de mi composicion.

ABOGAR, CUAL VOS, POR LAS CLASES MENESTEROSAS, REALZAR SUS VIRTUDES, PRESENTAR EL VICIO EN TODA SU DEFORMIDAD, ORA SE OCULTE HARAPOSO EN HEDIONDAS CAVERNAS, ORA OSTENTE BORDADOS Y CONDECORACIONES EN LOS SALONES DEL GRAN MUNDO, ORA VISTA SACRÍLEGAMENTE LA MODESTA TÚNICA DEL SALVADOR.

Discúlpese, pues, mi osadía en gracia de la buena intencion. A este objeto primordial del argumento, he tratado de enlazar otras miras secundarias, si bien de importancia no menor para mi país.

Deseo elevarle al rango que merece en la civilizacion euro

6

pea, vengándole de las calumnias que escritores ignorantes ó de mala fé han querido prodigarle, suponiéndole dominado por rancias y fanáticas preocupaciones.

Al presentar la historia de recientes acontecimientos políticos de Madrid, enlazada con incidentes dramáticos de pura invencion, trato tambien de describir las costumbres de todas las clases del pueblo, costumbres españolas, que os son enteramente desconocidas, á vosotros los estrangeros, si hemos de juzgar por vuestros escritos.

Os hablo con la franqueza de la amistad, mi respetable amigo; y si os comprendo en el número de los que habeis penetrado mal el carácter é índole de los españoles, á pesar de haber bebido las aguas del Guadalquivir, es porque así lo patentizais al describir nuestras costumbres andaluzas en vuestras novelas marítimas.

Figúranse además muchos estrangeros (estoy muy lejos de incluiros en este número) que en España no hay mas que manolos y manolas; que desde la pobre verdulera hasta la marquesa mas encopetada, llevan todas las mugeres en la liga su navaja de Albacete, que tanto en las tabernas de Lavapiés como en los salones de la aristocracia, no se baila mas que el bolero, la cachucha y el fandango; que las señoras fuman su cigarrito de papel, y que los hombres somos todos toreros y matachines de capa parda, trabuco y sombrero calañés. Hé aquí por qué al dar una idea de nuestras costumbres, me propongo ser tan exacto como imparcial.

Vuestros MISTERIOS DE PARIS y vuestro JUDIO ERRANTE han elevado la novela á una altura que hace inmensa su utilidad; creo sin embargo, que puede darse tambien otro paso de no menor importancia: ENSEÑAR LA HISTORIA ATAVIÁNDOLA CON LAS POÉTICAS GALAS DE LA FÁBULA.

Propóngome en mi novela desarrollar la historia de Madrid durante la época mas fecunda en lances estraordinarios, esto es, desde que empezó á regir el Estatuto Real, hasta los ruidosos sucesos de la Granja, procurando amenizarla con el enlace de escenas sociales, que inspiren interés y cautiven la curiosidad del lector, sin desvirtuar los acontecimientos históricos.

El éxito estará seguramente muy lejos de coronar mis esperanzas; pero creo á lo menos que habré ensayado un nuevo género, que puede abrir senda á genios mas felices y dotados de superior talento, en la importante cuestion de arrrebatar á la historia su molesta aridez, llevándola á un terreno sembrado de flores, y rodeándola de la interesante coquetería que hace seductores los atavíos de la novela.

Se me argüirá que ya otros han escrito novelas históricas, dando á sus obras este título por haber figurado en ellas personages que han existido, ó por haber basado su argumento en algun suceso aislado, tomado de las crónicas.

Ya se asemeja esto á mi pensamiento, pero no le completa.

Yo creo que pudieran muy bien escribirse verdaderas y acabadas historias, que destellasen por do quiera todo el interés, toda la poesía, toda la amenidad, todos los alicientes de la novela, con solo eslabonar hábilmente la fábula con la realidad, siempre instructiva y respetable, de manera que la parte de invencion no perjudicase á la veracidad de los sucesos. Buscando solaz á sus fatigas domésticas, hallaria el lector en el delicioso recreo de semejante lectura, un manantial de sólida instruccion, que solo se adquiere ahora á fuerza de un estudio asíduo y pénoso que abruma y desalienta.

En fin, tal como sea, espero que recibiréis, mi respetable amigo, esta modesta produccion, si no como obra maestra digna del varon ilustre á quien tengo la honra de dedicarla, á lo menos como sincero testimonio de acendrada amistad, y justo tributo de admiracion á vuestra adorable filantropía y distinguidos talentos.

Wenceslao Ayguals de Izco.

C'est pour nous un plaisir et un sérieux devoir d'attirer autant qu'il nous sera possible l'attention des gens de goût et de cœur sur le beau livre de *Monsieur Wenceslas Ayguals de Izco.*

MARIE L'ESPAGNOLE, ou *la Victime d'un Moine,* (1) est non seulement une œuvre d'art des plus remarquables, c'est encore une noble, une courageuse action.

Les circonstances actuelles donnent un nouvel intérêt d'à-propos à la partie politique de ce livre, grave comme l'histoire, passionné comme le drame, attachant comme le roman, vrai comme la

Es para nosotros un placer y una formal obligación el atraer tanto como nos sea posible la atencion de las gentes de gusto y de corazon sobre el bello libro de don Wenceslao Ayguals de Izco.

MARÍA LA ESPAÑOLA, ó LA VÍCTIMA DE UN FRAILE, (1) no solamente es una obra de arte de las mas notables, es tambien una accion de nobleza y ardimiento.

Las circunstancias actuales dan un nuevo interés de oportunidad á la parte política de este libro, grave como la historia, apasionado como el drama, seductor como la novela, veraz como la estadís-

---

(1) Este es el título de la edición de París, escrita en francés por su mismo autor.

statistique, consolant comme la saine philosophie.

Le but de M. Ayguals de Izco est de peindre un épisode de la vie sociale et politique de l'Espagne, de 1834 à 1838. Aussi le lecteur voit-il avec une curiosité croissante passer sous ses yeux presque tous les types qui ont figuré dans cette époque historique si féconde en grandes émotions populaires, depuis le moine ténébreux jusqu'à la reine, depuis le nègre stigmatisé par l'esclavage jusqu'au général en chef des armées d'Espagne. Tous ces personnages vivent, parlent, agissent dans leur milieu avec une réalité saisissante; c'est l'admirable procédé de Walter-Scott appliqué à des figures contemporaines.

A ces grands intérêts d'État et de dynastie se mêle étroitement une fable simple, touchante, remplie de charme, de chasteté, de fraîcheur et de mélancolie: l'amour de Marie l'Espagnole; puis, comme contraste puissant et terrible, ce sont les mystérieuses machinations d'un moine infâme, la personnification à la fois la plus vraie; et par cela même la plus effrayante, de ce que l'esprit monacal a de plus intolérant, de plus astucieux, de plus dépravé, de plus implacable.

Et ce n'est pas tout: à ces mobiles d'intérêts si puissants, l'écrivain espagnol a su joindre l'attrait de la plus vive curiosité en initiant le lecteur à la vie sociale des habitants de Madrid, dans toutes les conditions, depuis la demeure du pauvre artisan jusqu'au palais du grand seigneur, depuis la taverne jusqu'au couvent, chose à la fois instructive et singulièrement attachante,

I.

tica: consolador como la sana filosofía.

El objeto del señor Ayguals de Izco es pintar un episodio de la vida social y política de la España, desde 1834 á 1838. Así es que el lector vé con creciente curiosidad pasar ante sus ojos casi todos los tipos que han figurado en esta época histórica, tan fecunda en grandes emociones populares, desde el tenebroso fraile hasta la reina, desde el negro estigmatizado por la esclavitud hasta el general en gefe de los ejércitos de España. Todos estos personages viven, hablan, obran en su centro con una realidad asombrosa; es el admirable proceder de Walter-Scott aplicado á figuras contemporáneas.

A estos grandes intereses de Estado y dinastía se mezcla estrechamente una fábula sencilla, tierna, llena de encantos, de castidad, de frescura y de melancolía: el amor de María la española; y además, como poderoso y terrible contraste hay las misteriosas maquinaciones de un infame fraile, personificacion la mas verdadera á la vez, y por esto mismo la mas espantosa, de lo que el espíritu monacal tiene de mas intolerante, de mas ástuto, de mas depravado, de mas implacable.

No es esto todo: á estos resortes de tan poderosos intereses, el escritor español ha sabido juntar el atractivo de la mas viva curiosidad, iniciando al lector en la vida social de los habitantes de Madrid, en todas las condiciones, desde la humilde morada del pobre artesano hasta el palacio del gran señor, desde la taberna hasta el convento; y, cosa á la vez instructiva y singularmente interesante, las evoluciones de la fá-

2

10

les évolutions de la fable, ménagée avec un art infini, car elle résout admirablement ce problème si souvent insoluble : *la variété dans l'unité,* les évolutions de la fable vous conduisent parmi les plus remarquables monuments de Madrid et au milieu des splendeurs des palais royaux.

Dans ces excursions, M. Ayguals de Izco se montre historien érudit, savant antiquaire, critique et appréciateur éloquent des chefs-d'œuvre de peinture et de sculpture, de même qu'il s'est montré jusqu'alors écrivain chaleureux, conteur entraînant, publiciste impartial et convaincu.

En résumé, ce qui distingue éminemment l'auteur de *Marie l'Espagnole*, c'est un patriotisme ardent et éclairé, un profond sentiment du droit, de la justice et du devoir, un généreux et saint amour de l'humanité, une foi sincère dans l'avenement du progrès social et politique dans son pays, une haine vivace, implacable contre l'exploitation de l'homme par l'homme, sous quelque forme qu'elle se présente, et au nom de quelque despotisme de race, de caste ou de privilége qu'elle veuille s'imposer. Somme toute, M. Ayguals de Izco, *libre penseur* avant tout, nous semble l'un des plus généreux précurseurs du mouvement intellectuel qui s'accomplit en Espagne, mouvement irrésistible qui chaque jour, malgré d'indignes entraves, tend à élever à sa véritable place cette fière et vaillante nation!

Aux Bordes, 6 novembre 1846.

EUGÈNE SUE.

bula, manejada con un arte infinito, puesto que resuelve admirablemente este problema tantas veces insoluble: *«la variedad en la unidad,»* las evoluciones de la fábula os conducen entre los mas notables monumentos de Madrid, y en medio del fausto de los palacios reales.

En estas escursiones, el señor Ayguals de Izco, se ostenta erudito historiador, sábio anticuario, crítico y apreciador elocuente de las obras maestras de pintura y escultura, lo mismo que se ha mostrado antes, escritor fogoso, narrador sorprendente, publicista imparcial y convencido.

En resúmen, lo que distingue eminentemente al autor de *María la española*, es un patriotismo ardiente é ilustrado, un profundo sentimiento del derecho, de la justicia y del deber, un generoso y santo amor á la humanidad, una fé sincera en el advenimiento del progreso social y político en su pais, un ódio vivo, implacable contra la esplotacion del hombre por el hombre, bajo cualquiera forma que se presente y en nombre de cualquier despotismo de raza, de casta ó de privilegio que quiera imponerse. Dedúcese de todo, que el señor Ayguals de Izco, *pensador libre* ante todo, nos parece uno de los mas generosos precursores del movimiento intelectual que se lleva á cima en España, movimiento irresistible, que cada dia, apesar de indignas trabas, tiende á elevar á su verdadera altura á esa altiva y valiente nacion.

Bordes 6 de noviembre de 1846.

EUGENIO SUE.

CONGRATULACION

A Mr. Eugenio Süe.

MONSIEUR:

Vous avez répondu au vœu de mon cœur: j'ai placé ma pauvre *Marie* sous votre patronat, et vous l'avez accueillie avec bienveillance. Merci, mon digne et savant ami, merci! Ce que vous avez la bonté de dire dans l'introduction de mon livre, suffit à la récompense du courage et du travail qu'il a exigé de moi, car le suffrage des hommes de votre trempe et de votre portée vaut tout un jugement public. J'accepte l'augure que vous portez sur l'influence que mes travaux litteraires doivent exercer dans le perfectionnement de ma patrie adorée, et soyez sur qu'enhardi par un si précieux oracle je consacrerai ma vie à une si belle tâche.

Merci donc encore une fois, mon noble ami; dorénavant, tels que nous nous connaissons, et puisque nous plaidons la même cause, nos succès réciproques exciteront en nous une joie commune. Oui, croyez le bien, chaque des nouvelles couronnes qui pleuvent sur vous avec tant d'abondance, fait naître un élans de bonheur dans le cœur du plus passionné et du plus sincère de vos

Madrid le 7 decembre 1846.

WENCESLAS AYGUALS DE IZCO.

SEÑOR:

Habeis respondido al deseo de mi corazon: he colocado mi pobre *María* bajo vuestro amparo, y la habeis acogido con benevolencia. Gracias, mi digno y sabio amigo, gracias! Lo que teneis la bondad de decir en la introduccion de mi libro, es sobrado galardon para la osadía y laboriosidad que ha exigido de mí; pues el sufragio de los hombres de vuestro temple y de vuestra categoría vale tanto á buen seguro como el juicio de todo un público. Acepto el presagio que haceis de la influencia que mis tareas literarias deben ejercer en el perfeccionamiento de mi adorada patria, y estimulado por un oráculo tan precioso, consagraré mi vida entera al desempeño de tan hermosa mision.

Gracias pues, repito, mi noble amigo. Desde este instante, tales como nos conocemos, y toda vez que defendemos la misma causa, el éxito recíproco de nuestras obras escitará en nosotros comun satisfaccion. No lo dudeis, cada una de las nuevas coronas que llueven sobre vos con tanta abundancia hace latir de felicidad el corazon del mas apasionado y sincero de vuestros amigos.

Madrid 7 de diciembre de 1846.

WENCESLAO AYGUALS DE IZCO.

PRÓLOGO.

I.

EL CONVENTO DE SAN FRANCISCO EL GRANDE.

Si hemos de dar crédito á varios historiadores, es curiosísimo el origen de este convento, suntuoso y magnífico, como solian ser todos los nidos de aquellos avechuchos con faldas, á quienes la ilustracion del siglo lanzó de la sociedad, donde pretendian egercer su despótico dominio, y en la cual parece tratan nuevamente de introducirse, para mengua de la civilizacion europea, seguramente con no menos santas intenciones de avasallar al pueblo y saciar en él su hidrópica sed de riquezas, de placeres y de venganzas.

Cuéntase y no es chanza, que en 1217 vino por la gracia de Dios á la villa de Madrid, el mismísimo santo patriarca en persona... no hay que reirse. Ofreciéronle los madrileños una choza..... que después fué la huerta del convento. No tardó la humilde choza en transformarse en ermita, y de tal modo fué estendiéndose, que á la vuelta de pocos años habíase ya convertido en espacioso templo.

Fué demolido en 1760, y como las gentes *in illo tempore* no tenian aun noticia de la hipocresía de los frailes, y miraban con veneracion á esta langosta destructora, como si fuese en efecto un coro de ángeles y querubines, apresuróse todo el mundo á prodigar crecidas sumas en clase de limosna á los pobrecitos siervos de Dios, que no tardaron en edificar de nuevo el convento con asombrosa magnificencia, quedando concluido en 1784. El plan fué concebido por fray Francisco Cabezas, y no es de estrañar que tan atinado anduviese aquel santo varon, á quien nó le faltaria cabeza por cierto, cuando las ostentaba en plural.

Los arquitectos fueron Pló y Sabatini... ignoramos si este último seria pariente del aromático personage que mas trenes arrastra en la capital de la monarquia española.

Hay en efecto un personage en Madrid llamado Sabatini (y perdónesenos la digresion), cuyos agentes échanse á volar por esos mundos de Dios á cosa de media noche como las brujas, y recogiendo el iman de sus afanes, lo conducen en sendas carretelas á su comun depósito. Estos *tilburíes* odoríficos, crúzanse en distintas direcciones, precisamente cuando los habitantes de Madrid se retiran de las tertulias y espectáculos públicos, por manera que á lo mejor, se ven bandadas de elegantes de á pié acelerando el paso con el pañuelo en la boca y las narices, para evitar la aspiracion de ciertos perfumes, que se parecen muy poco á las esencias de rosa y de jazmin.

Siendo esta una de las vituperables costumbres de Madrid, costumbre que pudiera muy bien mejorarse, siquiera retardando la hora de hacer los acopios, no podemos prescindir de hablar de ella, ... con la rapidez y discrecion que por su naturaleza merece, y ...... solo deseo de que la autoridad competente ponga el remedio ...... exige la vindicta pública, tan alevosamente ...... Volvamos al convento.

El templo de San Francisco el Grande forma una rotonda de 116 piés de diámetro y 153 de elevacion.

Hay en él siete capillas.

El altar mayor presenta un sencillo tabernáculo, enfrente del cual hay un gradioso cuadro de Bayen. Los de las capillas son de Velazquez, Ferro, Maella, Goya, Calleja y Castillo.

Para que el curioso lector pueda formarse una idea exacta de la capacidad del convento, bastará decir que tiene doscientas celdas, noviciado, enfermería, várias oficinas, diez patios y espaciosa huerta.

Habia pinturas de gran mérito en los claustros... En una palabra, el lujo, la magnificencia, la ostentacion, la plata, el oro, cuanto hay de mas rico y pomposo en los alcázares régios, veíase con profusion derramado en aquel templo, albergue de esos hombres embusteros, que decian se retiraban del mundo para dedicarse á la santa oracion y pasar su vida en medio de las privaciones y de la pobreza.

Lo que ellos querian era fascinar á los pueblos con su infernal gazmoñería, como iban alcanzándolo ya, para afianzar el trono del despotismo teocrático...... despotismo espantoso, basado en las torturas de la humanidad..... despotismo horrible, egercido por religiosos verdugos, por frailes asesinos, que se reunian en una caverna, jamás suficientemente execrada, para condenar al inocente, al sábio, al filósofo, á morir en la hoguera ó en el cadalso, víctima de tremebundos martirios..... despotismo degradante, que calificaba esta homicida institucion de *Santo Oficio*... despotismo brutal, únicamente comparable con la tiranía militar, que no reconoce mas leyes que el capricho de un general, ni acata mas soberanía que el sable de un dictador.

Reservándonos para mas adelante el desenvolver en el curso de nuestra historia todos los horrores, no solo de la opresion teocrática, sino del dominio estúpido de las bayonetas, de esas bayonetas que paga el pueblo para que le sirvan, no para que le esclavicen, haremos ver á su tiempo el incuestionable y santo derecho que tienen los pueblos..... no diremos de rebelarse contra sus opresores, porque cuando las naciones se alzan en masa para castigar á insolentes déspotas, egercen un acto de su justicia soberana.

Bendigan los pueblos y acaten á los buenos gobernantes, pero á los tiranos se les debe hundir en el abismo.

Tambien tendremos ocasion de levantar con energía nuestra voz independiente contra todo linage de abusos, en particular contra los vicios de que adolecen esos onerosos sistemas tributarios, que gravitan y han gravitado sobre las masas trabajadoras para enriquecer á holgazanes de alto copete.

—¿Y las atenciones del Estado? ¿Y el egército?—se dirá.

No nos oponemos á que se paguen contribuciones equitativas para las precisas urgencias del gobierno, pero ¿á qué mantener un escesivo y brillante egército tan costoso á la nacion? Muy bien pudiera reducirse en gran parte, si no se hubiera desarmado y abolido la benemérita Milicia nacional, cuyas glorias vindicaremos oportunamente en esta concienzuda produccion, confundiendo con la verídica esposicion de sus actos heróicos, á los infames detractores que la calumnian; pero en el ínterin, anudemos el hilo de nuestro relato.

El convento de San Francisco el Grande hállase situado en uno de los sitios mas estraviados, mas allá de puerta de Moros, muy cerca de la calle del Rosario, calle angosta y miserable, ocupada generalmente por la gente mas pobre del pueblo.

Fray Patricio era uno de los frailes de mas nombradía de aquel convento entre la gente devota.

Siempre que predicaba este buen padre, llenábase la iglesia de gente, porque efectivamente era seductora su elocuencia, en particular cuando trataba, y esto era muy á menudo, de la sensualidad de las mugeres y de la torpe lujuria de los hombres.

Pero es el caso que fray Patricio, como los mas de los frailes, seguia la cómoda máxima de *haz lo que digo y no lo que hago*, porque tenia acreditado que no le eran indiferentes los encantos de las hijas de Eva; esta es la única razon porque predicaba siempre en términos que parecian tener por objeto disminuir sus competidores entre los hijos de Adan.

Fray Patricio... ¡miren qué lerdo!.... era mas aficionado á las avecillas tiernas que al jamon rancio. Aborrecia mortalmente á las beatas vejanconas y nauseabundas, que sin dientes y llenas de histérico, iban á relatar mil chismes y majaderías á su confesonario, así es que les encajaba á las infelices, penitencias tan atroces, que la que una vez se le acercaba, quedaba escarmentada para siempre, porque á las mogigatas les gusta mucho confesarse á menudo, para

ensartar en cada confesion una andanada de chismes contra el prógimo y egercer de este modo su maledicencia, que es el elemento de
vida de la mayor parte de las viejas; pero buscan confesores de
manga ancha, como suele decirse.

Casi estoy por asegurar que tenia razon cierto filósofo muy célebre, y á quien no se me antoja nombrar, cuando decia que «á las
mugeres se les debia toda suerte de caricias hasta los veinte años,
de atenciones hasta los treinta y nueve, y á los cuarenta.... fusi-
larlas.»

Parece que fray Patricio era tambien de esta opinion conciliado-
ra, si á lo que llevamos dicho de su ódio á las sexagenarias niñas,
añadimos su aficion á las bellezas, que, como dicen en Andalucía,
apenas empiezan á piñonear.

Su pasion á estas aves del paraiso, flor y nata del bello sexo,
rayaba en frenesí; por manera, que su mas grata ocupacion era
la hora que tenia destinada para enseñar el Catecismo del padre Ri-
palda á unos cuantos niños de ambos sexos, seguramente porque
habia entre ellos una encantadora muchacha, que apenas frisaria en
sus doce navidades.

La niña era espigadita y hechiceramente formada, en términos,
que aparentaba rayar ya en los diez y seis abriles, pero era sumamente candorosa para penetrar los torpes deseos del santo siervo de
Dios.

Esta niña agraciada, morenilla, de hermosísimas facciones, ojos
grandes, negros y centellantes, cejas pobladísimas, negras tambien,
lo mismo que su hermosa y larga cabellera, llamábase María.

Iba modestamente vestida como hija de un honrado jornalero;
pero en estremo aseada, merced á los oficiosos afanes de una madre cariñosa.

María era siempre citada por fray Patricio ante los demás muchachos, como modelo de aplicacion.

Aun cuando no acertase á responder, ni supiese una palabra del
Catecismo, jamás era reprendida, siempre merecia el galardon destinado al mérito y á la virtud, galardon que consistia en algunos
dulces, rosquillas, bizcochos, pasas, bollos ó alguna otra de esas
golosinas que nunca faltaban en la celda de los pobres penitentes.

Con este motivo era conducida á la de fray Patricio por este
buen religioso, la encantadora María, y allí, en premio de su apli-

cacion, recibia las ardientes caricias del celoso sacerdote, que como buen padre, prodigaba sus paternales besos á la niña aplicada, porque no hay cosa mas justa ni mas santa, que recompensar dignamente á los que en la doctrina cristiana hacen los progresos, que segun fray Patricio, hacia sin cesar la inocente Maria.

El celo del seráfico preceptor, era tan ardiente en favor de su alumna, que hubo de conocer la pobre criatura, á pesar de su escesiva candidez, que habia algo de estraordinario en las caricias del fraile, y lejos de recibirlas como dulce recompensa, eran para ella un atroz martirio.

La descripcion de la facha de fray Patricio, será bastante para que conciba el lector, cuán repugnantes debian ser sus halagos á la pobre muchacha.

Fray Patricio rayaba en la edad de los 30 años. Era bajo de estatura y estúpidamente gordo. El pelo que formaba su cerquillo era rojo. Los ojos, sumamente pequeños, estaban acentuados por sendas cejas que parecian de cáñamo, y la pupila era de un verde tan claro que hacia su mirada traidora como la de los gatos. El conjunto de su rostro era grande, redondo y estremadamente encarnado, particularmente la punta de la nariz que parecia un pequeño tomate maduro. En una palabra, aunque su facha era la mas estrambótica del convento, era el santo varón lujurioso como un mico, osado si los hay; presumido, hipócrita como los mas de los frailes; y seguramente á fuerza de penitencias, ayunos, disciplinas y silicios, mantaniase frescote y rollizo como otros muchos siervos del Señor.

Es inútil decir que fray Patricio sorbia tabaco amarillo incesantemente, porque siendo esto un vicio, no podia haber ninguno que no lo tuviese un fraile.

Tanto repugnaban á María las caricias del fraile, que apestaba con cien leguas á tabaco, que resolvió no ir mas á la doctrina; pues habia ensayado antes responder mal á todas las preguntas, y sin embargo era siempre premiada por su aplicacion en los términos que sabe el lector curioso.

II.

LOS DOS RIVALES.

RES años se pasaron sin que María entrase para nada en el convento de *San Francisco el Grande*, ni en ningun otro de Madrid, tal aversion habia cogido á los frailes, desde que, hallándose ya en la edad de los galanteos, conoció perfectamente las cínicas y depravadas intenciones de fray Patricio, y el peligro que habia corrido su honor sin ella sospecharlo.

Durante estos tres años acabó de formarse María, que era sin disputa la mas bella jóven de la calle del Rosario.

No podia salir de casa sin llamar la atencion de todos los jóvenes, y no por el lujo de su trage, ni por sus atrevidas miradas, ni por su despejo en el andar.

María era tan hermosa como honrada, todos sus ademanes respiraban candor y honestidad.

Amaba la virtud sin ser mogigata, no habia coquetería en su modo de vestir, ni podia haberla porque era muy pobre, pero habia esa gracia natural que una virtuosa niña destella á los quince años. Esta deliciosa edad es la edad de las ilusiones, y María las tenia tambien.

Su hermosura le daba la dulce esperanza de hallar un hombre

que la hiciera feliz. No ansiaba riquezas para serlo. Deseaba un compañero que la amase como su padre amaba á su madre. Con este motivo procuraba engalanar su hermosura del mejor modo que su pobreza le permitia.

Oia con agrado los requiebros de los jóvenes, cuando en sus espresiones no se propasaban, pero ni con sus miradas, ni con sus palabras ó acciones, daba jamás lugar á sospechas, que pudiesen amancillar su honrada reputacion.

A pesar de esto, un dia en el mes de julio de 1833, se le aproximó un jóven de poco mas de veinte y tres años de edad, buen mozo, rubio, ojos azules, color sano, rostro afable, vestido con estremada elegancia, el sombrero ladeado sobre sus ensortijadas melenas y un puro en la boca.

—Reina mia — le dijo con la mayor dulzura y cierto aire picaresco que no dejaba de sentarle bien. —Si le falta á usted un amigo, aquí está quien se ofrece no solo á serlo toda su vida, sino á servirla como esclavo, siempre que usted se sujete á ser su amable compañera.

—Usted se ha equivocado, caballero — respondió María al agraciado jóven de los ojos azules; y llena de rubor, bajó la vista y apresuró su paso.

El jóven aceleró tambien el suyo, y con seductora sonrisa, añadió:

—¡Hermosa! un sí de esos lindísimos lábios puede colmar mi felicidad y acaso la de usted... ¡Picarilla! no dude usted que la amo de veras, y si se digna escuchar mis ofrecimientos, si se digna aceptar mi corazon, tengo, á Dios gracias, medios suficientes para proporcionar á usted toda suerte de comodidades. Vivo en la Fontana de Oro, Carrera de San Gerónimo. Mi habitacion se convertiria en paraiso para mí, si usted, ángel hermoso, viniese á ocuparla en compañia de un amante que la adora. ¿Dónde vive usted? ¿Cuál es su nombre de usted?

—Vivo en casa de mis honrados padres — dijo la tímida jóven con voz temblorosa. —Para nada puede interesar á usted saber mi nombre.

—¡Qué no puede interesarme su nombre de usted! ¿El nombre de la morena mas salada que he visto en mi vida?....

—Soy una pobre; pero creo que mi pobreza no le dá á usted derecho para burlarse de ese modo.....

—¡Yo burlarme!... ¿pues qué? ¿Hay en Madrid ojos mas retre-
cheros, ni cuerpecillo mejor contorneado que el de usted? Dígame
me usted su nombre, hermosa, dígame en dónde vive; pero mejor será acompañar á usted..... si es que no he de hacer mal
tercio á otro amante..... acaso mas feliz que yo...

—Repito, caballero, que se ha equivocado usted—dijo María
tartamudeando, y apresuró su paso en términos, que el jóven tuvo
por conveniente no insistir mas.

Este gallardo mozo era don Luis de Mendoza, hijo de una de las
mas nobles y ricas familias de Aragon.

Don Luis, como jóven despojado, de grandes conocimientos, que habia recibido una esmerada educacion, era demócrata en sus ideas, como todos los jóvenes que no adolecen de rancias preocupaciones.

Don Luis era un verdadero aragonés; su carácter franco, noble, bueno, generoso, cautivaba las simpatías de cuantos entablaban relaciones con él; pero desgraciadamente era tronera en demasía en tratándose de galanteos. Todas las mugeres le gustaban, y á todas dirigia piropos parecidos á los que acababa de prodigar á la pobre María. Es preciso confesar, sin embargo, que los encantos de esta graciosa morena, cautivaron la atencion de don Luis, en términos que ninguna belleza habíale conmovido tan de veras. Con todo, este jóven atolondrado no se acordaba ya de las gracias de María.

La infeliz criatura, que habia sabido rechazar con indignacion hasta entonces los requiebros que se le prodigaban con intencion siniestra, si bien es verdad que contestó en los términos que debía á las atrevidas palabras del rubio desconocido, y que ni remotamente podia nunca pensar en amancillar su honor, buscando disculpa á la osadia del gallardo jóven. Su elegancia, su finura, y hasta aquel atolondramiento con que pronunció sus frases, dulces y halagüeñas por un lado, pero que por otro favorecian poco á la persona á quien se dirigian, tenian para la incauta jóven un no sé qué de adorable, que habia perturbado su razon. Era la primera herida del amor la que acababa de recibir, y la infeliz no podia imaginarse que el jóven que con tanta dulzura le habia hablado de su pasion la engañase, y mucho menos que pudiese jamás holgarse en su deshonra.

Embebida la candorosa niña en estos pensamientos, pasó maquinalmente por delante del convento de San Francisco el Grande.

Un hombre se aproximó á ella, le entregó un billete y se volvió precipitadamente al convento.

La jóven, distraida, tomó el billete, y cuando alzó la vista para ver quién se lo entregaba, conoció á fray Patricio, que entraba ya en el pórtico de la iglesia.

Abrió María la carta que le acababa de entregar el fraile y leyó lo siguiente:

María: desde la infancia te he querido siempre, y aunque in-

«tás muy pobre... esto me aflige mucho... Corresponde á mi amor y «cuenta... con veinte reales diarios.»

—¡Qué horror!—esclamó la virtuosa jóven, é indignada, no quiso leer mas y rompió la carta, que iba sin firma y sin cosa alguna que pudiese comprometer á fray Patricio.

Sin embargo, esta carta fatal la sacó de su letargo, y borró las dulces ilusiones que las palabras del jóven de los cabellos de oro le habian hecho concebir.

—¡No cabe duda—decia la desventurada—ambos me han creido capaz de vender mi honor!... La carta de este fraile maldito, es una esplicacion de las intenciones del osado jóven... ¡Ambos me han dirigido proposiciones que solo se dirigen á mugeres deshonradas!.... ¡Dios mio!... ¡Dios mio!...

Entre estas y otras reflexiones semejantes, llegó María á su casa, metióse en su reducida habitacion, cayó medio desmayada en una silla, y recostada en su pobre lecho, vertió abundantes lágrimas que desahogaron su corazon enamorado.

PARTE PRIMERA.

INDIGENCIA Y HONOR.

CAPÍTULO PRIMERO.

EL JORNALERO Y SU FAMILIA.

A espaldas del convento de San Francisco el Grande está la calle del Rosario, que como todas las de los barrios estraviados, presenta un contraste singular con el bullicioso movimiento y animacion que reinan siempre en los parages céntricos de Madrid.

La calle del Rosario no es sin embargo de las mas solitarias y silenciosas, particularmente desde que se ha convertido en cuartel el convento de San Francisco.

Hay inmediato á una fuentecilla en un rincon de esta calle, un casucho muy antiguo, de bastante capacidad, que generalmente ha sido habitado por esas infelices, á quienes el hambre obliga á prostituirse, porque no todas las mugeres están dotadas del suficiente heroismo, para resignarse á sufrir una existencia fatigosa, llena de privaciones y penalidades.

. . . .

Las tres mil infelices operarias que en la *fábrica de tabacos* de Madrid, elaboran cigarros y rapé, son una prueba ostensible de la inclinacion que hay en las hijas del pueblo al trabajo y á la virtud, pues á pesar del mezquino salario con que se recompensa una labor tan productiva para el Estado como penosa para las operarias, á quienes tiene en incesante sujecion, prefieren ganar un jornal incapaz de saciar el hambre, á entregarse á una desmoralizacion torpemente vergonzosa.

Esto prueba que si el gobierno fomentase esta clase de establecimientos, mejorando los jornales de los trabajadores, cualquiera que sea el sexo á que pertenezcan, disminuirian en gran manera los vicios y crímenes á que conducen la miseria y la vagancia.

Y esta indiferencia de parte del gobierno hácia las clases pobres, á las cuales con insultante orgullo llaman *plebe* los verdaderos criminales, los que se entregan á todo linage de vicios en medio de la abundacia y los tesoros, es tanto mas punible, cuanto que empleando brazos útiles, al paso que proporcionaria pan á las masas populares, aumentaria la riqueza del pais.

Baste decir en corroboracion de este aserto, que la fábrica de tabacos, segun el Manual de Madrid del señor Mesonero Romanos, solo en el año de 1843 produjo 14,925 libras de tabaco habano, 123.552 de misto, 652,707 de comun y 29,809 picado.

¡Y mientras esta riqueza unida á esos exorbitantes impuestos, á esas contribuciones desproporcionadas que gravitan sobre el honrado pueblo, á esas descabelladas tarifas ó aranceles que arruinan á las empresas, sirve acaso para transformar los palacios de corrompidos ambiciosos en orgias; las clases trabajadoras gimen en la mas espantosa indigencia!

¡Lejos de culpar á los grandes criminales que ostentan asiático lujo en sus festines y saraos, se les acata y respeta como á la virtud misma, y al pueblo se le llama *plebe* y se le desprecia y escupe!!!

Hay en la alta sociedad señoras de egemplar virtud; las mas, son dignas de respeto, tanto por la finura y elegancia de sus modales, como por su esquisita instruccion, su amabilidad y otras prendas merecedoras de elogio; pero ¿dejará de haber algunas que olviden sus deberes, tal vez por solo hacer alarde de su hermosura, ó por el orgullo de ostentar con criminal coquetería la turba de adoradores que las rodea? ¡Y esto se califica de mérito, de gracia, de atractivo encantador! ¡Y si una hija del pueblo olvida un momento sus obligaciones, para cumplir acaso otra mas sagrada, cual es el dar alimento á sus hambientos hijos, se la encierra en la casa galera! No abogamos por la prostitucion....., de ningun modo; pero haya á lo menos igualdad en la justicia.

La duquesa tal, la marquesita cual.... son muy coquetas.... tienen vuelto el juicio á todos los elegantes de Madrid. ¡Oh! ¡Son beldades de mérito! ¿Quién resiste á sus gracias?

Esa otra muger jóven y hermosa, en medio de todos los horrores del hambre y de las mas penosas privaciones, ha sucumbido á la seduccion; pero esta jóven es una pobre cigarrera, luego es una muger de mala vida, es una muger criminal que debe encerrarse en el Saladero (1).

¡Cuántas concubinas de ministros y generales se habrán visto acaso en Madrid ofender con sus escandalosos alardes de insultante opulencia la moral pública en los teatros y paseos mas concurridos! Y mientras esto se mira con indiferencia ó con aplauso tal vez ¿qué suerte le aguarda á la infeliz víctima del amor ó de la seduccion de un pobre soldado? La contestacion está en un párrafo que leimos con horror en el número 2816 del *Castellano*; dice así:

«Escriben de Cuenca á un diario progresista, que dos pobres mugeres perdidas que habian seguido á la tropa y andaban merodeando entre las filas de la brigada, han sido cogidas, peladas, paseadas en burros y espulsadas de la ciudad á tambor batiente, sin que se sepa que la autoridad civil hubiese tomado parte. Nos parece que en la policía militar caben otros medios menos repugnantes para desterrar la inmoralidad de las filas del ejército, y no estos castigos im-

(1) Habiéndose reconocido el inconveniente de hallarse establecida la cárcel de Villa en las mismas casas consistoriales, fué trasladada en 1831 á la casa titulada el Saladero, contigua al portillo de Santa Bárbara. Mientras las mugeres de mal vivir dan escándalos por todas partes si tienen buenas relaciones, las desvalidas son conducidas al Saladero, acaso por meras sospechas ó por el enorme delito de ser pobres.

I.   4

propios de la cultura de un pueblo que se precia de liberal y civi-
lizado.»

¿Quién ha autorizado á los mandarines militares á cometer semejantes tropelías? ¿Se alcanza con ellas contener la inmoralidad
del soldado? No. porque no es él quien recibe el castigo. ¿Se alcanza corregir á las infortunadas mugeres? Tampoco, porque lejos
de eso. se imprime en ellas para siempre el sello de la infamia, se
las pone en el caso de no poder alternar con las mugeres honradas,
y no se les dejan ya mas que dos arbitrios en este mundo, EL SUI-
CIDIO Ó LA PROSTITUCION. Y por lo mismo que con tan repugnantes
castigos la prostitucion se fomenta. conviene emplear medios deco-
rosos para estinguir esas podredumbrosas huroneras de mugeres
perdidas que infestan la sociedad.

Dése socorro á los pobres. déseles trabajo. y los vicios que
no desaparezcan al desaparecer el hambre. serán hijos de la maldad,
y podrán castigarse severamente; pero de un modo digno de toda
nacion culta. no con espectáculos horribles que nos confundan con
hordas de salvages.

. . . .
. . . .
. . . .
. . . . . .

La calle del Rosario tiene fama de albergar muchas de esas mugeres que no han tenido bastante heroismo para preferir una sujecion laboriosa, llena de hambre y privaciones, á una vida holgazana
y alegre.

Vénse en consecuencia manolas de rompe y rasga, de las que
suelen encajar una desvergüenza al lucero del alba con la misma facilidad que si se soplaran un sorbete.

Cruzan tambien por la misma calle hombres de capa parda, gran
patilla y sombrero calañés, y bastantes viejas de esas que cubren
sus pingajos con un grande y sucio manton de estambre á cuadros
verdes y encarnados.

En la primavera particularmente no deja de ser bulliciosa la calle
del Rosario. Las vecinas salen á tomar el sol en medio de ella y se
peinan unas á otras, mientras las viejas se entretienen en murmurar
del prógimo.

Multitud de chiquillos, porque parece que los pobres son mas

fecundos, jugando en camiseta los que no andan en cueros, entre
las gallinas de la tabernera, interrumpen el paso de los transeuntes.

En esta calle vivia Anselmo el Arrojado, con su numerosa familia.

La pared que termina el convento de San Francisco el Grande,
coge toda una acera de la calle del Rosario: á la otra acera, hay una
hilera de miserables casas, por cuyas puertas principales apenas puede pasar un hombre sin bajar la cabeza.

Muchas de las celdas del convento tienen su ventanilla que dá á
la calle del Rosario.

La casa marcada con el número 3, tiene una puertecilla como las
demás: á la izquierda de la puerta hay una reja con vidriera interior

que tiene tres ó cuatro vidrios rotos y un pedazo de papel y otro de hule que reemplazan los huecos de otros vidrios. Entre la reja y el portal, sobre la ennegrecida pared, campea una cruz amarilla. Despues de un angosto y profundo pasillo, seis gradas conducen á un pequeño patio. Hay en él varias puertas. La primera de la derecha es la humilde habitacion de la familia de Anselmo *el Arrojado*, compuesta de marido, muger y siete hijos. Aunque todo respiraba pobreza en aquella habitacion, notábase no obstante el mayor aseo, tanto en los pocos y ordinarios muebles que habia en ella, como en los remendados vestidos de los individuos que la ocupan.

En un cuartocho mal enladrillado, habia dos anchos jergones en el suelo, separados por un viejo cofre que contenia la ropa de toda la familia. Cubríales un cortinage de indiana oscura, que desprendiéndose del techo por medio de anillos sujetos á una varilla, faltábales cosa de medio palmo para llegar al suelo. Esta cortina dividia el cuarto en dos mitades, sirviendo una de ellas de alcoba y la otra de sala, donde habia cuatro sillas y una mesa de pino.

Un jarrito colocado encima de la mesa con algunas flores, dos pajaritos de yeso pintado puestos lateral y simétricamente, seis estampas ó retratos, á saber: el de Riego, el de Mina, el de Lací, el del Empecinado, el de Torrijos y el de Manzanares, con un espejo que tenia la luna rota, un crucifijo y una virgen, eran los adornos de la estancia del jornalero.

En uno de los jergones que hemos mencionado anteriormente, dormian los dos esposos con dos niñas, el otro jergon era para cuatro niños; y María tenia su cuartito separado.

El cuarto de María era sumamente reducido; solo cabia en él una pequeña cama, una silla y una mesita con su modesto y pobre tocador.

Frente al cuarto de María estaba la cocina, cuyo aseo contrasiaba con la pobreza de su ajuar.

Lo mas precioso que habia en la casa del jornalero, era una elegante jaulita con su lindísimo canario, que hacia ya bastante tiempo habia regalado aquel á su hija María en celebridad de su santo.

Anselmo *el Arrojado* tendria unos cuarenta y cinco años de edad. Bella figura... cara verdaderamente española, color moreno, ojos y cabellos negros, mirada espresiva y génio jovial.

Habia servido en el egército liberal bajo las órdenes de su coronel, á quien en una accion salvó la vida. Su gefe quiso recompensar los servicios de su libertador, y le proporcionó el retiro, que Anselmo deseaba desde que se había enamorado de la muger con quien casó después.

El bizarro coronel hacia poco que lloraba la pérdida de su adorada esposa, y no parecia sino que buscase el peligro para librarse de un pesar desgarrador; pero reflexionando que debia vivir y cuidar del fruto de amor que le había dejado su esposa, todo le parecia poco para mostrar su gratitud al valiente jóven que le había salvado! Ofrecióle oro en abundancia; pero esta oferta ruborizó al pundonoroso militar, que solo admitió en recompensa la amistad de su gefe. «Pues bien —dijo el coronel abrazando á su salvador— desde hoy, bizarro jóven, deseo ser tu hermano... Cásate y sé mas feliz que yo... pero si tienes una hija, quiero ser su padrino. ¿Lo oyes? Quiero que se llame Maria, porque es el dulce nombre de la esposa á quien yo adoraba tanto; y una vez que no quieres mas recompensa que mi afecto, juro por la memoria del ángel que Dios me arrebató no ser jamas ingrato al beneficio que te debo.»

Tanto por el denuedo con que supo libertar á su coronel de un peligro inminente, como por otras mil hazañas con que se granjeó Anselmo el aprecio y admiracion de sus gefes y camaradas, se le conocia en el egército por el glorioso sobrenombre de el Arrojado.

Con todo, sus proezas, tan admiradas y ensalzadas por cuantos eran testigos de ellas, jamás obtuvieron el galardon debido, porque rara vez se premia en España al valiente soldado. ¡Mientras este vierte su sangre arrostrando mil peligros con bizarría, olvídanse sus glorias, sus privaciones, su constancia, su denuedo, su heroismo... se le condena tal vez al hambre... á la desnudez!!!... (1) y á un

<hr>

(1) Nos complace ver en la actualidad la inusitada brillantez del egército. Solo ... que no se llenen las demás atenciones con igual exactitud. ¿Será que ... gobierno de tener contenta á la fuerza armada para sostenerse con su ... Los gobiernos justos se sostienen por el amor de los pueblos. Solo los ... se apoyan en la fuerza material. De todos modos deseamos que el egér... siempre atendido como por sus virtudes merece.

... franceses que en setiembre de 1845 acaban de ver en Pamplona ... tropas, hanse quedado atónitos de su brillante estado. Hé aquí lo que ... esto el Boletín del Egército:

... la impresion que sobre los principes y los oficiales de ... producido el aspecto de nuestras tropas, basta decir que con una ... duda, preguntan estos últimos si se hallan efectivamente en

general que acaso no tiene mas méritos, que el torpe egercicio de la
adulacion ó de la intriga, se le colma de honores y de riquezas!!!...

.... Anselmo no ambicionaba ascensos... hallase por su amor á la
libertad y en defensa de la libertad y de la independencia de su
patria... no podia menos de ser un héroe, y á los héroes les basta
su conciencia.

Retiróse del servicio á los 28 años de su edad, porque solo con
esta condicion, queria la belleza á quien adoraba darle la mano de
esposa.

Esta muger era Luisa, jóven hermosa, rubia como el oro, hija
de padres pobres y honrados.

Anselmo era robusto... Dedicóse al trabajo, y pronto fué de los
mejores albañiles de Madrid. Rara vez le faltaba jornal, y como este
era de 14 reales, con 5 que ganaba Luisa, que era de las mas hábiles costureras de su tiempo, juntaban un sueldo suficiente para
pasarlo con las mayores comodidades.

Nació María, á los diez meses de este enlace venturoso; nació
lindísima, y aunque morena como Anselmo, adquirió todas las gracias y virtudes de su madre.

El coronel de quien hemos hablado anteriormente, no pudo ser
su padrino, porque los periódicos habian anunciado la muerte de
este bizarro militar; pero en obsequio á su memoria puso Anselmo á su hija el nombre de María.

El nacimiento de María completó la felicidad de los dos es-

igual estado los demás cuerpos del egército, figurándose de que una eleccion pre-
paratoria haya precedido á la reunion y arreglo de los que tienen á la vista.

«Gracias á los disparates que sobre este pais propalan los folletinistas en
comision, quid á manera de corredores de comercio nos esportan los grandes diarios de Paris, y que escribiendo sobre España ocho dias despues de desembar-
car en una fonda, nos hacen el servicio de embrollar completamente las ideas
de los estrangeros con respecto á nuestras cosas; figúranse quizás los franceses encontrar aquí bandas desorganizadas y de desgarrados, y se han quedado
estupefactos al ver unas tropas que por su brillantez, su lujo, su soltura y su
disciplina, pueden rivalizar con las suyas; con la particularidad de que nuestra
infantería es bajo todos conceptos superior á la suya en elegancia, en calidad.
La infantería francesa tiene muy buenos cuadros y una instruccion acabada, pero
el trage es de mal gusto, y su personal es pobre y raquítico, porque la mucha
subdivision de la propiedad y el desarrollo del bienestar, han aumentado, despro-
porcionadamente el número de sustitutos, y debilitado la robustez, el aguante y
el sufrimiento del soldado.»

«La infantería española, además de ser uniformada con elegancia, tiene la
no disputada ventaja de ser la mejor andadora, calidad no despreciable en una
época en que el secreto de la guerra está en las piernas; posee ademas, por su
sobriedad, el privilegio de vivir en donde cualquier tropa se vea disuelta por
el hambre; el soldado sabe sufrir las privaciones en medio de chistes y rasgos
de buen humor, es naturalmente callado y disciplinado, y en cuanto á la inteligencia en el combate, los franceses mismos no podrán negarla á los españoles.»

posos; pero desgraciadamente no fué esta felicidad duradera.

Luisa y Anselmo tuvieron seis hijos mas despues de María; y á la par que sus necesidades aumentaban, empeorábanse los tiempos. El trabajo escaseaba, particularmente en invierno; pues con motivo de ser iguales los jornales que se pagan en esta época á los del verano, los dueños de los solares no construyen edificio alguno hasta que llegan los mas largos dias. Por esta razon pasaba el pobre Anselmo meses enteros sin trabajo, y como jamás viene una desgracia sola, aumentó sus apuros una terrible enfermedad de su esposa.

La buena Luisa, la virtuosa y digna madre de María, viendo la desesperacion de Anselmo; porque á pesar de sus activas gestiones no tenia un trabajo continuo que le proporcionase las comodidades que deseaba á su familia, trabajaba dia y noche sin cesar, no obstante las reconvenciones de su marido, que no queria consentir se fatigase de aquel modo.

Luisa aparentaba que aquellas labores no la molestaban ni perjudicaban su salud en lo mas minimo; pero á los pocos meses de tan asiduas tareas, una horrible inflamacion en la vista la postró en el lecho del dolor.

¡Entonces fué preciso vender cuanto habia en la casa para atender á los gastos de la cruel dolencia, que acabó desgraciadamente por privar á la tierna madre y fiel esposa, del mas precioso don que Dios concede á los mortales!...

La desventurada Luisa quedó ciega.

Ya no habia para esta honrada familia mas recurso que la mendicidad; y este medio harto vergonzoso para personas de honor, no avezadas á la degradante humillacion de tener que pedir un pedazo de pan á la caridad agena, repugnaba al hombre, cuyas harinas en las honrosas filas del egército, habian despertado en su corazon cierto noble orgullo, que le hacia preferir la muerte á tener que mendigar el socorro de puerta en puerta.

Las frecuentes y sucesivas desgracias de los suyos, laceraban el corazon de María, particularmente el lamentable estado de su madre infeliz á quien adoraba.

María era el consuelo de toda su familia; sus afanes y desvelos hacian soportar á sus padres con resignacion las acerbas privaciones y horribles desgracias de que eran víctimas.

Habíase deslizado un año desde el encuentro de María con el gor ven atolondrado y elegante de las doradas melenas, y desde la declaracion que le hizo por escrito el crapuloso fraile de San Francisco.

Los trastornos y sinsabores que, durante este año, habian atormentado el corazon de María, habian hecho olvidar ya casi enteramente aquellos dos acontecimientos.

Era ya tan apurada la situacion de la familia del jornalero, que la pobre María no sabia qué hacerse para saciar el hambre de sus seis hermanitos, que rodeaban á su madre á todas horas pidiendo pan. Eran dos niñas de seis y siete años y los demás niños varones de tres, cinco, nueve y diez años.

¡Hambre!..... este era el resultado que una familia honrada obtenia en premio de sus virtudes!..... ¡Hambre!..... hé aquí el galardon de un laborioso artesano!..... ¡Hambre!..... esta es la recompensa que sigue á los valientes al hogar doméstico, cuando se retiran á reposar de los heróicos servicios prestados á su patria.

¡Oh! esto es espantoso, y esto no sucediera si el gobierno fomentase y protegiese el espíritu de asociacion y moralidad, que no deja de germinar en corazones filantrópicos.

¿Por qué no se han de crear en Madrid y en todos los puntos populosos, sociedades benéficas, en favor de los beneméritos jornaleros, parecidas á la que con el título de *Caja de socorros agrícolas de la provincia de Castilla la Vieja*, se ha establecido en la ciudad de Valladolid? El pensamiento de facilitar á los pobres socorro en sus apuros, enfermedades y escaseces, no puede ser mas hermoso y humanitario.

La empresa de Valladolid lo realiza con justicia, con sabiduría y equidad. No podemos menos de consignar en esta historia el distinguido servicio que su fundador el señor Garci-Aguirre ha hecho á su pais, é invitamos á los capitalistas españoles á que concilien sus beneficios con los que el pueblo reportaria de la propagacion de tan provechosas instituciones. Dediquen siquiera á tan filantrópico objeto, una pequeña parte de esos millones que consumen los cantores y bailarines estrangeros (mientras los cómicos españoles perecen de miseria), y su patria los bendecirá.

Tambien seria muy útil á las clases menesterosas, alguna asociacion con el caritativo objeto de proporcionar dote á las pobres que contraigan matrimonio. Hablaremos mas detenidamente, desente el curso de nuestra historia·, de este y otros pensamientos que estirparian la pobreza y los crímenes que aborta la necesidad.

. . . .

Anselmo y la pobre ciega, casi siempre asidos de las manos, parecian aguardar con resignacion el momento de sucumbir á los estragos del hambre.

Un solo medio quedábale á María para aliviar algunos dias el hambre de sus hermanitos y de sus padres, que escuálidos ya y cadavéricos, con los ojos desencajados, deseaban que la muerte diese fin á tantos tormentos.

Este medio que repugnaba al tierno y sensible corazon de la hija del jornalero, era para ella un sacrificio enorme que se veia obligada á rendir en las aras del amor filial. Verificóle, no obstante, con valor, en los términos que se espresará en el capitulo siguiente, perdiendo para siempre una joya inapreciable, único consuelo de su alma candorosa.

1.

CAPITULO II.

EL CANARIO.

La inocente y candorosa María, enteramente ocupada en los quehaceres domésticos, jamás salia de casa, pues miéntras habia habido en ella algun dinero con que atender á las mas precisas urgencias, su hermanito mayor, que como hemos dicho, rayaba ya en los diez años de su edad, era el comprador de los artículos, que si no abastecian la pobre mesa del jornalero, mitigaban á lo menos los rigores del hambre que empezaban ya á dejarse sentir en aquella familia sin ventura.

María, en consecuencia, carecia de todo roce con la sociedad, ni una sola amiga tenia á quien hacer depositaria de las secretas confianzas de su corazon. Así es que en medio de sus incesantes desvelos para atender en lo posible al cuidado de sus padres y hermanitos, consolaban su amargura las caricias de su lindisimo canario.

Fácil es concebir el afecto que profesaba María á esta avecilla inocente, sabiendo que la sensibilidad era el mas bello ornato del hermoso corazon de aquella interesante jóven.

El canario era la joya mas preciosa que poseia, no solo por ser regalo de su tierno padre en quien idolatraba, sino por las singulares gracias de aquel lindo pajarillo, dotado de tal inteligencia, que parecia comprender las caricias de la graciosa morena que lo cuidaba. Hacialo María con un afecto verdaderamente maternal. Todos los dias limpiaba perfectamente la jaula, mudaba el agua del bebedero, y entrelazaba en los alambres algunas de las hojas mas tiernas de escarola que el canario picoteaba aleteando de júbilo.

Contemplábale María embelesada, deleitándose en oir los primorosos trinos y gorgeos con que parecia agradecer sus bondades, en verle saltar de cañita en cañita, siempre alegre y bullicioso, zambullirse repetidas veces en el agua, y despues de desconcertar con el piquito de marfil la verdosa pluma de sus alas, como para introducir en ellas el agradable frescor que lo recreaba, daba graciosas sacudidas que ponian nuevamente en órden su lustroso plumage.

De vez en cuando aproximaba María sus purpurinos y virginales lábios á la jaula con un piñoncito en ellos, y entonces era cuando el gozo del pajarillo rayaba en frenesí. Un temblor convulsivo agitaba sus alitas, y piando de contento acercábase á tomar aquel don cariñoso que el amor de una virgen pura le ofrecia. Deteniase á corta distancia de los hermosos lábios, y volviendo la donosa cabecilla de un lado á otro antes de picar en el piñon, como receloso de herir el carmin de aquella agraciada boca, apoderábase luego de la presa, y la saboreaba triunfante en medio de sonoras modulaciones que lanzaba al aire su delicadísima garganta, con la misma limpieza y maestría con que el bardo ruiseñor saluda desde el frondoso bosque los benéficos resplandores del sol naciente.

¡Cosa estraña! la inteligencia, ó el instinto si se quiere, del canario de María, llegaba al estremo de penetrar en lo mas recóndito de su generoso corazon.

Cuando en mejores dias no habia aun sentido la pobre jóven los repetidos sinsabores que laceraron después su pecho, rebosando de aquella alegría pura que destella siempre un alma candorosa que no ha sido víctima aun de los rigores de la adversidad, abandonábase de continuo á la jovialidad propia de la inocencia. Entonces era cuando su tierna avecilla se deshacia en alegres gorgoritos, con los cuales saludaba siempre la entrada de María en su cuarto, y quedaba muda y silenciosa por largo rato, cuando se ausentaba de él.

Pero desde que una fatal aglomeracion de infortunios, vinieron en poco tiempo á perturbar la dicha de una familia, digna por sus virtudes de mejor suerte... desde que la carencia de trabajo habia postrado en dolorosa inaccion á un honrado jornalero, á un esposo fiel, á un padre cariñoso... desde que una horrible enfermedad habia privado de la vista á la mejor de las madres, cuyos tiernos hijos lloraban incesantemente de hambre..... era imposible de todo punto que la infeliz María respirase un momento de placer.

La virtuosa niña fingia serenidad, resignacion, y aun jovialidad en ciertos casos, para reanimar á sus padres y hermanos, halagándoles con esperanzas ilusorias para hacerles soportar con valor el peso de sus desgracias; pero al verse sola en su reducida estancia, era precisamente cuando se abandonaba al dolor, cuando vertia copioso y amargo llanto.

No parecia sino que este espectáculo desgarrador afectaba al pobre canario. Ensayábase sin embargo en algunos de sus gorgeos así que veia á María, como queriendo distraerla de sus pesares; pero viéndola abismada en espantosa melancolia, enmudecia tambien el canario, y encogiéndose y esponjando su pluma, permanecia silencioso y triste, la vista siempre fija en la desgraciada jóven.

Solo un recurso le quedaba á María para aliviar por de pronto los males de su casa; pero ya lo hemos dicho á la conclusion del capítulo anterior: este recurso era un sacrificio inmenso, era hacer en su pecho una herida profunda, sacrificar una de las prendas mas queridas de su corazon..... en una palabra, María, para apagar el hambre de sus hermanitos, para salvar acaso la vida de sus padres, no tenia ya mas recurso que... vender el canario!

Era el 16 de julio de 1834, dia de la Vírgen del Cármen.

—Ningun dia mas á propósito para verificar una pronta y favorable venta de mi canario—dijo para sí María.—Muchas lágrimas me costará este sacrificio; pero la idea de que con él doy treguas á tantos males, me servirá de consuelo. Acuérdome que mi buen padre me dijo que le habia comprado por cuatro duros en una feria..... hóy empiezan las ferias de la calle del Cármen, estuve el año pasado en ellas con mi madre, y sorprendióme por cierto la numerosa y lucida concurrencia que allí habia. Y entre tanta gente, ¿no habrá quien me dé á lo menos la misma cantidad que le costó á mi padre el canario con su jaula?

Al decir esto, deslizóse por su megilla una lágrima, arrancada sin duda por el dolor que le causaba tan penoso sacrificio.

En efecto, el 16 de julio, dia de la Vírgen del Cármen, la calle que lleva este nombre, una de las mas céntricas y principales de Madrid, pues desemboca á la misma Puerta del Sol, vése adornada por dos hileras de mesas llenas de juguetes de plomo y otras chucherías propias para los niños, como muñecos, perritos, caballos de carton, güitarritas, violines, atabales, pitos, angelitos de yeso y santos de barro.

Una circunstancia particular caracteriza esta feria, y hace mas apacible el concurrir á ella, porque se aspira un ambiente deliciosísimo.

Inmenso número de macetas de albahaca que se llevan allí para vender, embalsaman el aire, y este aroma unido al bullicio y alegría de las gentes, á las buenas vistas que ofrecen las beldades de Madrid, á la elegancia de sus lujosos trages y otros atractivos, forman el iman irresistible de esa juventud atolondrada que sabe fascinar á las buenas mamás en beneficio y consuelo de sus hijas, y se siempre como fatal meteoro sobre la cabeza de algunos pobres maridos.

Firmemente convencida María del acierto de su resolucion, hizo el último esfuerzo, cogió la jaula, y se dirigió á la calle del Cármen.

Llegó á ella, y la alegría y movimiento de aquel sitio, formaba singular contraste con la amargura que devoraba á la hija del zapatero.

Como un solo pensamiento ocupaba la mente de esta virtuosa

jóven: SALVAR A SU FAMILIA, no se habia acordado siquiera en ataviar su hermosura, que la palidez nacida de los pesares del hambre, las ojeras producidas por las continuas vigilias, y la espresion de tristeza que sus descarnadas facciones destellaban, habian desmejorado notablemente. Esto hacia que María no llamase ya la atencion de los jóvenes como la habia llamado hasta entonces; pero la infeliz muchacha, abismada en sus reflexiones, no habia hecho esta observacion, que acaso hubiera acrecentado su amargura.

Sentóse en una de las gradas de la misma iglesia del Cármen, con la jaula de su precioso canario enfrente. En esta posicion acabó de apurar hasta las heces la copa del dolor. No parecia sino que el infeliz pajarillo conociese su situacion. A pesar del hermosísimo sol que hacia, que es lo que suele alegrar mas á los canarios, el de María permanecia mudo, acurrucado, con la pluma erizada y sumergido en la misma tristeza que su jóven compañera, á quien parecia suplicar que no le vendiese ni le separase de ella si queria salvar su vida.

Esto mismo llegó á imaginarse María en sus melancólicas reflexiones, y casi iba á arrepentirse de la resolucion que habia tomado, cuando en medio de su incertidumbre, acercósele un hombre y le dijo:

—¿Vendes ese canario?

—Sí señor —contestó tristemente María, después de haber vacilado algunos instantes.

—¿Cuánto pides por él... con la jaula por supuesto?...

—Mire usted, señor, si no fuese por necesidad no le daria á ningun precio; pero ahora, si quiere usted darme lo que costó..

—Y ¿cuánto es eso?

—Cuatro duros...

—¡Cuatro duros!... estás en tu juicio, muchacha? La jaula no vale dos... y digo!... el canario está en buen estado! yo creo que no llegaria vivo á casa...

A estas palabras, dos gruesas lágrimas saltaron de los ojos de María.

El comprador continuó:

—Mira, dos duros es lo que te doy por todo: la jaula es lo que me gusta; porque lo que es el canario, probablemente al llegar á casa se lo comerá el gato.

María no pudo contestar.... El dolor había formado un nudo en su garganta que ahogaba su voz.

—Dos duros... ¿me lo llevo? —repitió el desconocido.

—Queda mio el canario...—dijo con resolucion una voz sonora y agradable.

Al sonar esta dulce voz, una onza de oro cayó en el delantal de María.. levantó esta los ojos..... Cuál seria su sorpresa al ver que se apoderaba de su canario aquel jóven rubio á quien sus pesares habian hecho ya casi olvidar?

—¡Cielos! — esclamó— ¿usted aquí?

—Sí, ingrata, yo soy..... Ya que no quieres corresponder al amor que te profeso, tendré á lo menos una prenda tuya que mitigará mis tormentos.

Dijo esto y desapareció.

Quedóse María como petrificada, y parecióle que no sentía tanto la pérdida de su canario, viendo que iba á parar en manos del jóven de los cabellos de oro.

Sobre todo, tenia una onza en su mano, y aunque nunca su alma pura y candorosa podia afectarse por el vil interes, la idea de que con aquella suma iba á remediar para mucho tiempo los males de su familia, y convertir en gozo y alegría el llanto y la desesperacion de sus padres y de sus hermanos, colmaba todos sus deseos.

El jóven de los dorados cabellos volvió otra vez á hacerse dueño de su corazon; pues no parecia sino que era su ángel custodio, á quien Dios habia enviado para remediar todas sus desgracias.

Fuése corriendo á su casa, y ya desde la escalera empezó á gritar:

—¡Padre!... ¡madre!... Ya se acabaron nuestros apuros.

Llegó María al cuarto donde estaban los infelices esposos asidos de las manos..... les abrazó..... les llenó de besos y continuó diciendo:

—¡Padre!... ¡madre!... traigo á ustedes diez y seis duros...

—¡Diez y seis duros!—dijo Anselmo lleno de asombro.

—Sí, padre..... y espero que me perdonará usted el haberme desprendido de un regalo que usted me hizo... No habia otro medio para salir de la indigencia que nos consumia..... He vendido el canario en diez y seis duros.

—¡El canario! Cuánto siento, hija mia, que te hayas privado de él... ¡Le querias tanto!... mucho sacrificio es ese.

—El sacrificio es grande; pero sé que está en buenas manos, y esto me consuela. Ademas ¿debia yo anteponer mi canario, por mucho que le quisiese, á la salvacion de toda mi familia?

—¿Dónde estás, María?...—dijo la cieguecita temblando de júbilo.—Ven, hija mia, ven, dame un abrazo. ¡Cuánto siento en este instante no poderos ver! Hijos mios—añadió la pobre ciega dirigiéndose á los demás hijos—abrazad á vuestra hermanita... ya no tendreis hambre. María os dará hoy de comer.

Es.precise, resunciar á describir la alegría de aquellas infelices criaturas. Todos rodeaban á María... todos la besaban, la abrasaban, la bendecian... Todos lloraban de placer.

Este entusiasmo de alegría no podia ser mas natural. María era en aquel momento el ángel de salvacion de todos aquellos infortunados, próximos á perecer entre los crueles tormentos del hambre y de la desesperacion!..... tormentos que hacia mas dolorosos el entrañable afecto que las infelices víctimas se profesaban.

Dejamos á la penetracion de un padre cariñoso, de una madre sensible, lo desgarrador de tan espantoso cuadro. Ver á sus tiernos hijos ya sin mas aliento que para repetir con voz apagada y lastimera una sola frase: ¡tengo hambre!.... frase desconsoladora, terrible, homicida, cuando ni aun lágrimas habia en aquella pobre morada, porque hasta el lloro habíase agotado á fuerza de llorar.... porque la debilidad y el dolor habian secado los ojos..... ¡Horrible aglomeracion de padecimientos! Sufrir los estragos del hambre y oir los tristes lamentos de sus hijos, sin poder socorrerles, es un tormento feroz para el cual no hay resistencia en el corazon paterno.

Aquellos desventurados iban á sucumbir sin remedio, cuando oyeron los gritos de salvacion de María. El gozo de aquella honrada familia solo puede compararse con el que sienten los que en las gradas del suplicio reciben la noticia de un generoso perdon.

Diez y seis duros eran un tesoro para quienes estaban acostumbrados á la mas completa escasez. Eran una riqueza que aseguraba por mucho tiempo la tranquilidad de toda la familia, y durante este tiempo, era de esperar que las circunstancias variasen, porque no siempre habia de estar Anselmo sin trabajo. En una palabra, el socorro de María debia haber labrado la dicha de todos, si una fatalidad inconcebible no emponzoñase incesantemente las mas lisonjeras y fundadas esperanzas de los que nacen para el infortunio.

—María —dijo Anselmo —dices que el canario está en buenas manos, y esto me induce á creer que conoces á nuestro bienhechor. ¿Su nombre?....

El pálido rostro de María encendióse de repente hasta el extremo de ponerse como el coral.

—Yo... le ignoro —respondió tartamudeando....

6

—¿Cómo sabes, pues, que el canario está en buenas manos?

—Porque... está en poder de un jóven generoso...

—¡De un jóven!..... ¡Dios mio! y ese jóven ¿te ha hablado alguna vez de amores?

—No le he visto mas que dos veces.

—Pero ¿te ha hablado de amores?—repitió con impaciencia Anselmo.

—Me ha dicho... que me ama.

—¡Maldicion!—esclamó Anselmo dando una patada en el suelo.—¡Que te ama!..... un jóven que así derrama el oro.... ¡que te ama!... ¡á tí, pobre y desgraciada !... María: ¿sabes dónde vive ese jóven?

—Me lo dijo, pero jamás me he acercado á su casa.

—Eso no lo dudo, hija mia; pero mañana mismo, ya que es ahora muy tarde, es preciso que vayas á ella y le devuelvas esa onza de oro. Hija mia, muramos todos de hambre primero que comprar nuestra salvacion con la deshonra.

Un silencio espantoso sucedió al júbilo que poco antes reinaba en la casa del jornalero.

Aquella noche fué mas terrible aun que las anteriores para aquellos desgraciados, porque ya no habia esperanza alguna..... era preciso sucumbir á la muerte.

—¡Sucumbir á la muerte!—decia Anselmo en sus tristes reflexiones—¡no! ¡no!..... Si fuese yo solo la víctima..... ¡oh! en este caso seria mi tumba un lecho de flores; pero mi esposa..... mis tiernos hijos..... ¿por qué han de morir?..... ¿Por qué he de sacrificarles á mi orgullo?..... A mi orgullo... ¿á mi orgullo..... ¿No hay otros mas infelices que yo?..... ¿No hay otros que mendigan su subsistencia?..... ¡Qué vileza! ¿Vileza?..... ¡yo estoy loco!... ¿Vileza mendigar el sustento de mis hijos?..... No por cierto. Con todo..... mendigar hallándome sano y en la edad mas robusta y á propósito para soportar las fatigas de un trabajo cualquiera!.... ¡Se me confundirá con los vagos!.... ¡Oh situacion terrible y afrentosa!..... Pero es preciso arrostrarla con valor..... es preciso hacerse superior á todo cuando se trata de la salvacion de mis hijos..... Es preciso ser padre para concebir todo el poder del amor paternal. ¡Ay! si mi coronel..... mi bienhechor viviera.... no me veria en tan horrible situacion. ¡Ha tan buena!...

¡tan generoso!... pero ¡ya no existe! murió peleando por la libertad de su patria!... Yo tambien he peleado por ella, he vertido mi sangre, ... ¡y esta patria desagradecida me abandona!... Oh, no!... la patria jamás abandona á sus denodados defensores... Cuando malos gobernantes la esclavizan... Cuando solo piensan en enriquecerse ellos, aunque perezcan en la indigencia las clases trabajadoras, no por eso debo yo culpar á mi patria, víctima como yo de inmorales ambiciosos. El triunfo de la justicia llegará, porque los españoles ya todos conocemos nuestros derechos. El mas infeliz de los jornaleros es tan ciudadano como el mas encopetado personage.... todos somos hijos de esta misma patria, y todos debemos aspirar á que nuestra madre nos trate con igual amor..... Pero entre tanto..... ¡me veo obligado á mendigar la caridad agena!..... ¡Oh! ¡cuántas veces merece la calificacion de heroismo lo que á los ojos del mundo es degradante humillacion!... He arrostrado peligros inminentes en los combates, con frente serena y corazon tranquilo... y al prepararme á implorar el socorro que se dá á los pordioseros, me ruborizo y tiemblo cobardemente!.....

Un acento casi imperceptible, parecido al último suspiro del moribundo, interrumpió las reflexiones de Anselmo. Era la voz de uno de sus hijos que pedia pan.

—¡Quiero pan!..... ¡tengo hambre! —repitieron todos los demas al oir el primer lamento; pero estas tristes voces sonaban tan desfallecidas que hacian temer una próxima muerte.

—Mañana os daré pan, hijos mios —esclamó Anselmo.

Y aquel hombre pundonoroso, resolvió salir al dia siguiente á implorar de puerta en puerta una limosna para socorrer á su familia.

Al amanecer llamó Anselmo á su hija y le renovó el mandato de devolver la onza de oro al imprudente jóven, á quien María amaba ya con frenesí, y parecíale en consecuencia imposible que fuese capaz de una mala accion..... Sin embargo, al oir la órden terminante de su padre, bajó María la cabeza, y se disponia á obedecer, cuando el estrépito de repetidos tiros, que sonaban á corta distancia acompañados de feroces alaridos de multitud de gentes, llamaron la atencion de todos.

Anselmo era miliciano urbano desde la creacion de esta fuerza ciudadana.

Al oir los tiros dijo á María:

—No salgas ya de casa. Cuida de tu madre y de tus hermanos.

Tomó el jornalero su levita de uniforme, su gorra de cuartel, su cartuchera y su fusil, y después de abrazar á su esposa y á sus hijos, desapareció precipitadamente.

La ciega y sus hijos arrodilláronse delante de una imágen, llenos de espanto y de terror.

CAPITULO III.

EL CÓLERA.

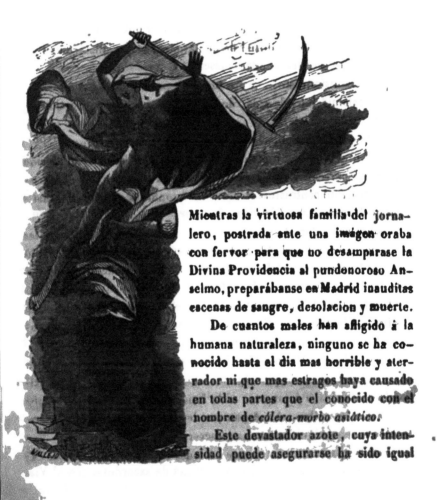

Mientras la virtuosa familia del jornalero, postrada ante una imágen oraba con fervor para que no desamparase la Divina Providencia al pundonoroso Anselmo, preparábanse en Madrid inauditas escenas de sangre, desolacion y muerte.

De cuantos males han afligido á la humana naturaleza, ninguno se ha conocido hasta el dia mas horrible y aterrador ni que mas estragos haya causado en todas partes que el conocido con el nombre de *cólera-morbo asiático.*

Este devastador azote, cuya intensidad puede asegurarse ha sido igual en los ardientes climas del Asia y en los glaciales del Norte, ha acometido con la misma fuerza en todas las estaciones, sin perdonar clases, condiciones, sexos ni edades, burlando el activo celo de los mas hábiles profesores de medicina.

Hacia dias que en Madrid habian ocurrido algunos casos leves de esta cruel enfermedad; pero tan pocos, que no habia aun cundido la alarma por las masas del pueblo.

Además, como en semejantes circunstancias es prudente de parte de las autoridades la circunspeccion; y como la multitud suele atribuir á otras causas aquellos accidentes, no parecia sino que para halagar sus deseos, se hiciesen ilusiones hasta las personas mas ilustradas, esforzándose en no dar crédito á la existencia de la funesta calamidad.

El mismo dia de la vírgen del Cármen, hemos dicho ya que la calle que lleva este nombre, cuando Maria fué á vender su canario, bullia de una multitud de gentes alegres que dilataron su diversion hasta la media noche.

¡Horrible contraste!..... dos horas después, aquel centro de júbilo, de animacion, de vida, de amores..... habíase convertido en lúgubre cementerio!.....

Apenas habia casa donde no se llorase alguna muerte.....

El llanto se mezclaba con los ayes de los moribundos: el alarido de la desesperacion, de la orfandad, de la viudez, con el fervoroso clamoreo de los sacerdotes y con el sonido aterrador del martillo que improvisaba fúnebres ataudes.

Este espectáculo espantoso ocurrió á la misma hora en todas las mas principales calles de Madrid, por manera que el terror cundió por todas partes aumentando el número de víctimas de un modo desolador é inaudito.

Las gentes transitaban manifestando en las alteradas facciones de sus rostros cadavéricos, el espanto de que se hallaba poseido su corazon.

Cruzábanse aceleradamente multitud de sacerdotes con el Viático, y aunque sin duda por alguna sábia providencia de la autoridad, no se doblaba á muerto, ni la fúnebre campanilla acompañaba á Dios por las calles, abundaban por desgracia en ellas otros espectáculos lúgubres que hacian estremecer.

Veíanse pasar incesantemente en todas direcciones, no ya las cámillas ó parihuelas con dos ó tres cadáveres en cada una ; sino carretas atestadas de victimas que se dejaban hacinadas á centenares en las parroquias.

Este iracundo desarrollo de la enfermedad homicida , llenó todos los espíritus de estupor , y ofreció á la gente soez y desmoralizada , á los malvados que suelen albergarse en las grandes capitales y particularmente en Madrid , donde un representante de la nacion , secretario del gefe político , ha declarado en pleno parlamento que existen en la actualidad mas de cien casas relacionadas con los ladrones ; ofreció , repetimos , una ocasion favorable para egercer su profesion.... el robo y el asesinato (1).

Pero es preciso que los que califican de inmunda plebe á las honradas masas del trabajo y de la virtud , que forman el verdadero pueblo español , no confundan á este pueblo heróico con una turba soez de asesinos.

El hombre que consagra su juventud y sus brios , su vida entera á un trabajo penoso que apenas le produce para sustentar una existencia fatigada , cuando hay tantos medios de degradacion é infamia para enriquecerse en medio de la holganza y de los placeres , da una prueba incontestable de que la virtud ha echado hondas raíces en su pecho , de un modo que ya no es posible se separe jamás de la senda del honor.

El pueblo pobre , pero honrado ; el pueblo pobre , pero industrioso ; el pueblo pobre , que con sus afanes y sudores , con su ta-

_____

(1) En la sesion del 4 de marzo de 1846 , dijo entre otras cosas el señor Esteban

lento, con su aplicacion y su incesante fatiga crea las riquezas, sin que recoja de ellas mas que una mezquina parte que se sufraga para las mas sagradas atenciones..... este pueblo heróico, contempla con paciencia á los magnates que lo insultan, que lo roban, y en escandalosas orgías, en festines báquicos, en opíparos banquetes, en magníficas carrozas tiradas por lujosos alazanes, enjaezados de oro, y ornados de riquísimos penachos, despilfarran el fruto del sudor del artesano infeliz!..... pero todo tiene sus límites, y acaso no está lejos el dia de la espiacion.

. En contraste con las altas virtudes del pueblo trabajador, ha habido siempre en España los abusos aristocráticos, la hipocresía apostólica y la depravacion de los enemigos del trabajo. Hé aquí las primordiales fuentes de todos los males, de todos los vicios, de todos los crímenes que turban el sosiego de la sociedad.

Limitándonos ahora á las consecuencias de la vagancia, lamentable es por cierto que en el seno de las Córtes españolas se haya dicho, por el mismo secretario de la autoridad encargada de la seguridad pública, que en Madrid hay mas de cien casas relacionadas con ladrones organizados (1).

(1) Tambien en Barcelona hay sociedad de ladrones. A últimos de setiembre de 1845 hemos leido en los periódicos de la córte:

SOCIEDAD DE LADRONES.

«Se ha descubierto en Barcelona una sociedad de malhechores, bien organizada para su objeto y con estensas y combinadas ramificaciones en todo el antiguo principado de Cataluña. Asi parece que lo ha revelado uno de los salteadores condenado poco hace al último suplicio, ó indultado de la pena capital, merced á esta revelacion.

En virtud de sus declaraciones se ha procedido á ciertos registros, y á ser ciertos los grandes hallazgos que se refieren, las joyas y prendas recogidas valen algunos miles de duros. El Fomento dice haber oido hablar á persona que puede estar bien informada, de un riquísimo puño de espada antiquísimo que tiene muchos y granados diamantes engastados en oro, de magníficos y antiguos aderezos de brillantes, y de un nuevo escondite descubierto en que se espera hallar nuevas preciosidades.

Dicho periódico hace en un artículo oportunas reflexiones sobre esta organizacion de los criminales, y este género de asociaciones para el mal:

«Los adelantos del siglo, dice, han refinado la maldad: á la osadía violenta ha sucedido la astucia solapada, el aislamiento ha sido reemplazado por concertadas combinaciones, y los peligros de robo que antes amenazaban solo á los viajeros y aun campiñas de poblado, se hacen tocar ahora en el centro de las grandes ciudades, en el seno de las familias mas bien resguardadas.

¿Qué hace la policia?..... ¿Para qué sirven entonces esos ponderados agentes de seguridad y protccion pública? Para atormentar á los vecinos honrados que obedecen fielmente los bandos de la autoridad?

A los hombres de bien, á los ciudadanos pacíficos se les vigila, se les veja, se les oprime por todos conceptos, y se dice luego de muy buena fé, que en Madrid hay mas de cien casas relacionadas con los ladrones!!!..... ¿Y á estos se les dejará en paz? No es de esperar de la autoridad competente, ni del celoso diputado que tan escelentes datos ha sabido reunir en la secretaria que dirije. No es de esperar, no, de la autoridad cuya rectitud y firmeza de carácter en hacer respetar cierta justa providencia á los que por su elevada posicion en la sociedad se juzgan dispensados de acatar las leyes, merece honorífica mencion. El señor gefe político se ha propuesto estirpar el mas torpe y degradante vicio, el semillero de toda raza de criminales..... el gérmen de todos los atentados..... el juego, en una palabra..... esa desenfrenada pasion que domina al hombre, que le despoja de los bellos modales que la mas esmerada educacion haya podido proporcionarle y le convierte en ilota, le asocia á despreciables tahures, le desmoraliza y degrada cuando no le conduce al suicidio y tal vez al cadalso..... ¡El juego!.... pasion horrible, repetimos, que ha causado lágrimas acerbas á innumerables familias..... que arrebata en un momento inmensas riquezas, ganadas á veces á fuerza de estudio, de trabajo y de virtudes heredadas de generacion en generacion..... que arruina las mas colosales fortunas, bien merece la atencion de una autoridad celosa; y así como el actual gefe político de Madrid desarrolla una energía para hacer desaparecer de la sociedad madrileña esta plaga destructora, sin que le arredren las alharacas de la aristocracia resentida, de esperar es que toda suerte de malhechores que perturbar puedan el reposo de los pacíficos habitantes de Madrid, sufran incesante persecucion hasta ver estirpadas esas gavillas de malvados, relacionados con mas de cien casas de la capital de España.

Este pues y no otro es el foco de cuantos atentados se han cometido en Madrid en todas épocas, este y no otro es el gérmen de los asesinatos cometidos el 17 de julio de 1834, de los cuales vamos á ensayar una rápida descripcion en el siguiente capítulo (1), por el enlace que tuvieron aquellas sangrientas escenas con la historia de la *hija del jornalero*, y la parte que tomó en tan desastrosos acontecimientos Anselmo *el Arrojado*, digno padre de María.

(1) Muchos meses antes de que Mr. Eugenio Sue publicase la descripcion del CÓLERA en el JUDIO ERRANTE, estaban escritos este capítulo y el siguiente. La identidad del asunto hizo tan semejantes algunas de las escenas que describe aquel ilustrado escritor con las que teníamos trazadas, que hemos hecho el sacrificio de omitirlas á pesar de haberlas escrito nosotros antes y leídolas algunos de nuestros amigos, para que la maledicencia no nos acuse de plagiarios. Nos hemos limitado pues á referir los hechos mas notables.

CAPITULO IV.

PROFANACION Y MATANZA.

E L espantoso desarrollo del cólera-morbo-asiático sumergió todos los ánimos en un *mal-estar* que es imposible describir.

Esta era otra de las circunstancias infernales de aquella plaga asoladora.

Insaciable en su feroz voracidad, no se contentaba con el escesivo número de sus víctimas, sino que parecia derramar el gérmen de la desesperacion y de la rabia hasta en el seno de los que habian tenido la fortuna de no sucumbir al filo de su hoz homicida.

En todos los paises donde este formidable enemigo de la raza habia desatado sus implacables furias, iba la muerte acom-

pañada de inauditos desórdenes, de **escesos lamentables**, de **asesinatos** horribles.

(1)

Los enemigos del órden público, los que solo medran en asquerosos motines, supieron aprovecharse hábilmente de las angustias del pueblo de Madrid, y hasta de la predisposicion y sed de
venganza que se notaba en todos, como si los estragos que les
abrumaban tuviesen otro orígen que el de la Providencia.

Entonces fué cuando los malvados empezaron á esparcir voces
absurdas sin respeto á la humanidad doliente. Entonces lograron estraviar los ánimos de la multitud; pero no se la culpe, nó, de haber dado momentáneamente crédito á las mas abominables imposlu-
ras, porque el infeliz que sufre, el padre que ve morir á su hijo,
el esposo que recibe el último adios de su esposa, el hermano que
estrecha contra su pecho al hermano agonizante, el hijo que pierde
en sus mismos brazos al autor de su existencia, préstanse fácilmente
á creer en las palabras de los que se ostentan como descubridores

del castigo de sus males. Cúlpese la criminal indiferencia del gobierno de entonces, su imprevision é ineptitud.

« ¡Imposible parece! ¡Autoridades que, como ellas mismas aseguraron en los papeles oficiales, CONTABAN CON LOS DEBERES É INTERESES COMUNES QUE LIGAN Á TODOS LOS LEALES AMANTES DE LA PATRIA, CON LA MILICIA URBANA QUE NO TUVO PARTE EN LOS INFAMES, COBARDES Y TORPES HECHOS DE UNOS POCOS INDIGNOS ESPAÑOLES, CON EL HONOR MILITAR, ESCELENTE ESPÍRITU Y DISCIPLINA DE LOS CUERPOS DE LA GUARNICION, CON TODOS LOS VECINOS, EN FIN, NO MENOS INTERESADOS EN LA CONSERVACION DEL ÓRDEN QUE EN EL BUEN NOMBRE DEL SUELO QUE LES DIÓ EL SER, FECUNDO EN HOMBRES VALIENTES, NO EN ASESINOS, autoridades, que como todos, habian visto los primeros amagos de las catástrofes que después se perpetraron, permanecieron mudas é inactivas!..... ¡Habló por fin el gobierno; pero habló tarde!..... Dió señales de vida, cuando ya multitud de frailes habian sido bárbaramente degollados! (1) La sangre de estos infelices caerá gota á gota sobre la cabeza del hombre funesto que presidia el fatal gabinete en aquellos aciagos dias.

« Otra razon poderosisima hizo que á pesar de que todas las per-

_____

(1) En las gacetas del 19 y 20 de julio se publicaron los siguientes decretos:

« «S. M. la Reina Gobernadora y en su Real nombre el Consejo de Gobierno y el de Ministros en todo conformes, profundamente afligidos de los desórdenes é inauditos atentados cometidos en la noche de ayer, se dirigen con confianza á todos los vecinos honrados de la capital, á todos los españoles que en ella habitan para poner término breve, obrando de acuerdo, á tamaños horrores, confundir la malevolencia y perversidad de unos pocos, y desengañar á la muchedumbre, cuya opinion haya podido ser estraviada con falsos rumores. Las enfermedades que padece esta heróica villa, aumentadas estos dias, han sido el pretesto de tales escenas; y los enemigos del Trono de Isabel II, de su augusta Madre y de la justa libertad, la verdadera causa. Voces absurdas, esparcidas al intento y cuidadosamente, sin respeto á la humanidad doliente, y valiéndose hasta del mismo estado de abatimiento de unos y de exaltacion de otros, son las armas vedadas de que han hecho uso. Y ¡en qué tiempo! En el mismo en que abrumado el vecindario bajo el peso de una terrible plaga, deberian acallarse las rivalidades y pasiones, desaparecer estas, y ayudarse todos prodigándose mútuamente socorros y consuelos. La autoridad suprema espera que tales escenas no volverán á repetirse: tomando ya las medidas para evitarlas, y contando con los deberes é intereses comunes que ligan á todos los leales amantes de la patria, con la mayoría de la Milicia Urbana, que no ha tenido parte en los infames, cobardes y torpes hechos de unos pocos indignos españoles, con el honor militar, escelente espíritu y disciplina de los cuerpos de la guarnicion, con todos los vecinos, en fin, no menos interesados en la conservacion del órden que en el buen nombre del suelo que les dió el ser, fecundo en hombres valientes, no en asesinos, pondrá fin á las escenas y crímenes que despedazan el corazon de los buenos. Firme en su autoridad suprema, contendrá todos los partidos en los límites del órden y de la bien entendida libertad, castigará con mano fuerte los escesos cometidos

sonas honradas de Madrid desaprobaban altamente los asesinatos del 17 de julio de 1834, nadie saliese en defensa de los frailes.

Esta razon era la ninguna simpatía que estos siervos de Dios tenian en el pueblo. ¿Por qué? Porque ellos eran los mas encarnizados enemigos de su libertad, de su soberanía.

Avezados á dominarle en tiempos del fanatismo y de la inquisicion, á poseer inmensos tesoros so capa de pobreza y humildad, á engañar con refinada hipocresía á los incautos, han aspirado siempre, como la antigua *Compañía de Jesus*, á hacerse los señores de la tierra; y todo sistema liberal, todo sistema de progreso en la civilizacion, de luces y de publicidad, era contrario á sus proyectos egoistas, basados en la preocupacion de las masas populares, proyectos inícuos, que solo podian verse realizados á merced de la tenebrosa ignorancia.

Hé aquí por qué su principal ahinco era cerrar las verdaderas fuentes del saber, procurando apoderarse ellos de la enseñanza de la juventud para hacerla estúpida y fanática.

Hé aquí por qué profanando la cátedra del Espíritu Santo, convertíanla en instrumento de sus pasiones para lanzar anatemas con-

Estatuto Real el Trono de Isabel II, las libertades públicas, y la quietud y prosperidad de todos los hijos de esta patria comun, azotada tanto tiempo hace, de desdichas y tormentas. De Real órden lo comunico á V. E. para su inmediata publicacion en los parages acostumbrados. Madrid 18 de Julio de 1834.—Mossoso.—Sr. gobernador civil de esta provincia.»

«Los enemigos del órden público y de las sábias instituciones acordadas por S. M. la Reina Gobernadora, celosos del entusiasmo con que estas fueron recibidas, determinaron aprovecharse de la afliccion en que las enfermedades epidémicas que reinan hace dias, constituyen á una gran parte de los habitantes de esta capital, proponiéndose en sus detestables planes crear obstáculos al Gobierno de S. M. que lo embarace en la marcha firme é imparcial que se ha propuesto seguir. Fieles á los principios maquiavélicos que forman el sistema de todos los partidos, y calculando sobre la docilidad con que el infeliz que sufre, se presta á creer al que se pretende descubridor del origen de sus males, inventaron que el de dichas enfermedades era el envenenamiento de las aguas y otras sustancias alimenticias, atribuyéndolo á los individuos de algunas comunidades religiosas de esta córte, varios de los cuales fueron víctimas de tan atroz impostura. Los autores de esta lograron estraviar los ánimos de la multitud, persuadiéndola de la existencia de un crímen inventado, como pretesto, para perpetrar horrendos asesinatos, y para ofrecer á los enemigos de nuestra augusta Soberana, de los cuales son verdaderos auxiliares, motivos de satisfaccion y de contento. La alteracion momentánea producida en la tranquilidad pública por tan desagradables ocurrencias en la tarde y noche de ayer, cesó enteramente, y el sosiego del todo restablecido, habiéndose arrestado algunos individuos, á los cuales y á sus cómplices ha resuelto S. M. la Reina Gobernadora se les aplique todo el rigor de las leyes.»

«De real órden lo comunico á V. S. para precaver cualquiera mal resultado, que noticias fraguadas por la intriga ó la impostura pudiesen producir en lo que su mando. Dios guarde á V. S. muchos años. Madrid 18 de Julio Baccoso.—Sr. gobernador civil de la provincia de.....

tra la mas sublime y bienhechora institucion de los paises ilustrados, LA LIBERTAD DE IMPRENTA.

Hé aquí por qué unos hombres cuyo santo ministerio les imponia el deber de inculcar ideas de paz y fraternidad, predicaban guerra y esterminio.

Ellos conocian que solo un rey absoluto, con los horrores de la horca, con las hogueras de la inquisicion y todos los martirios que inventó el averno, podia entronizar el fanatismo sobre la tumba de la libertad. Por primera vez resonó el fatídico nombre de *Cárlos V* en un convento de Bilbao, y todos los demás conventos se convirtieron en clubs de frenéticos conspiradores.

Los frailes, esos hombres que se apellidaban religiosos, cuyas acciones y palabras no debian respirar mas que evangélica mansedumbre, no se contentaban solo con fomentar la guerra con sus inmensas riquezas..... los que no tenian valor para vibrar el puñal homicida con la torpe mano que acababa de undular el sacro incensario, convertian el púlpito y el confesonario en armas vedadas, que, como las de los asesinos, herian á traicion.

Otros volaron al campo de la lucha, con el crucifijo en la mano, para alentar el encono de españoles contra españoles, holgándose en ver correr á torrentes la sangre de sus compatricios.

¡Y qué mas!..... si algunos actos espantosos se cometieron en la lucha de los siete años, si hubo inauditas atrocidades que hacen estremecer á la humanidad entera, si no contentos los vencedores con fusilar á los vencidos, les mutilaban antes, les arrancaban los ojos y la lengua..... si se violaba á las mugeres, y se las cortaba inhumanamente los pechos..... si se degollaba á sus hijos en su regazo... si se talaban campos y se incendiaban poblaciones enteras... rara vez dejaba de presidir un maldito fraile estos crímenes horrendos.

¡Cuántas veces veíanse salpicadas de sangre inocente las mismas manos que acababan de consagrar la hostia en los altares del Salvador....!

LOS FRAILES NO SON PUES COMPATIBLES CON LA CIVILIZACION Y LIBERTAD DE LOS PUEBLOS.

Lo que todo el mundo conoce, debia haberlo conocido tambien el gobierno.

Un decreto prudente, arreglado á las exigencias del siglo,

hubiera evitado anticipadamente el horroroso fin que tuvieron en España las comunidades religiosas.

Pero limitándonos á los acontecimientos de Madrid, alentados los asesinos por la impunidad, aprovecháron la funesta prédisposicion de una multitud indignada, é inventando que el origen de sus males habia sido el envenenamiento de las aguas y otras sustancias alimenticias, atribuyeron este supuesto cuanto espantoso crimen á las comunidades religiosas.

Para comprobar tan atroz impostura, asesinaron desapiadadamente en varias de las fuentes principales de Madrid á algunos de los pobres aguadores que suele haber á todas horas, aguardando su turno para llenar la cuba de agua, suponiendo á estos infelices, instrumentos de los frailes y egecutores de la negra maquinacion que se les atribuia.

¡Un grito atronador de ¡MUERAN LOS FRAILES! fué repetido por la multitud desenfrenada, que se alentaba cada vez mas á la vista de los carros atestados de cadáveres que cruzaban las calles de Madrid.

Dividiéronse en turbas los amotinados, y á un mismo tiempo fueron allanados el Colegio Imperial y los conventos de Santo Tomás, la Merced y San Francisco el Grande, é inhumanamente asesinados los religiosos que en ellos habia, sin que los que tan sanguinariamente profanaban aquellos santos lugares encontrasen la menor oposicion.

No habia entre aquella turba de entes desalmados uno solo cuyo semblante feroz no arrojase destellos iracundos de frenética rabia. Cubiertos de polvo y de sudor aquellos rostros repugnantes, solo abrian la boca para vomitar blasfemias. Los asquerosos andrajos que cubrian sus cuerpos salpicados de sangre, daban un aspecto infernal á tan desastrosa escena. Los infelices religiosos eran degollados al pié de los altares, y los ayes de las moribundas víctimas se confundian con los aullidos de los asesinos. Diabólica sonrisa daba una espresion siniestra á los mónstruos, en el momento en que sus sacrílegas manos se empapaban en la sangre que con horrible satisfaccion miraban humear.

—No se diga, no, que eran hijos de Madrid tan bárbaros asesinos. Aquellos cafres eran furias del averno, escoria de la multitud que no pertenece á sociedad alguna, y manos al virtuoso pue-

un célebre orador en los Córtes, es siempre el que suma!? saca.

Huyamos, pues, de las escenas degradantes promovidas por ase-sinos, ayudadas por la mas cruel de las calamidades, y toleradas por un gobierno imbécil y culpable, y pasemos á describir otros rasgos de heróica virtud, que hacen ver la diferencia que va de la turba de holgazanes que se dedica al pillage y al homicidio, á esas masas del verdadero pueblo, siempre honradas, siempre virtuosas, siem-pre liberales, siempre amigas del trabajo, y..... siempre pobres y tiranizadas.

Lejos de tomar parte en tan horribles atentados, la pundonorosa Milicia Urbana de Madrid, en oficio dirigido al corregidor con fecha del 19, acompañó una reverente esposicion á S. M. manifestando el horror que escitaron en los pechos de todos sus individuos los atro-ces crímenes del infausto dia 17; y la necesidad de un breve y egemplar castigo en desagravio de las leyes ultrajadas y desconoci-das por una horda de viles asesinos.

El honroso contraste que presenta la conducta observada en aquel dia por la Milicia Urbana en general, con la de los amotinados, es el mejor elogio que puede hacerse de tan benemérita fuerza ciuda-dana; pero si digno es de veneracion y alabanza el comportamiento de toda la Milicia, un sin fin de actos aislados, de milicianos á quie-nes la casualidad envolvió entre las turbas, prueban su amor al órden, su ódio á todo linage de escesos, su incuestionable utilidad en todo pais no avasallado por el degradante imperio del sable.

Multitud de hechos heróicos podriamos referir en obsequio de los milicianos urbanos; y para que sirva de muestra, nos limitare-mos á la descripcion de uno de los mas notables.

Despues de algunos tiros contra las paredes de San Francisco el Grande, entraron de tropel los amotinados, y asesinaban sin pie-dad á los frailes que encontraban, cuando de repente se presenta de uniforme un bravo granadero de la fuerza urbana.

—Teneos, ciudadanos —gritó con voz de trueno que dominó los aullidos de la multitud.—No amancilleis el honor de un pueblo li-bre con la muerte de hombres indefensos.

—Ellos han envenenado á todo Madrid —dijo una voz irecunda.

—¡Mueran! —esclamó la multitud —¡mueran!

—¡No queremos hombres con faldas! —gritó una mugercilla co-nocida por la Regalichaa, ostentando en su diestra una navaja enorme.

¡Mueran los papa-hostias! —añadió una asquerosa vieja.

—¡Mueran los holgazanes de cerquillo! —gritó con voz tonante el tio Capagallos.

—¡Mueran! —repitió la desenfrenada multitud.

Al decir esto, se abalanzaron varios asesinos contra la puerta de una de las celdas que iban recorriendo.

La puerta cedió, y vióse dentro de la celda á un padre arrodillado, pálido y trémulo ante un crucifijo.

Los aullidos de la turba crecieron entonces de todo punto.

El bizarro granadero habíase colocado en el dintel de la puertecilla de la celda con la bayoneta calada.

Este ademan hostil, no intimidó por de pronto á los asesinos.

Aumentáronse los alaridos de la multitud; y entonces el mas osado de los amotinados disparó una pistola á quema-ropa contra el bravo granadero.

Afortunadamente no salió el tiro, y el miliciano dió un bayonetazo certero en el corazon del agresor, que cayó redondo á sus piés.

Esto bastó para que toda aquella turba tan valiente contra gente desarmada, huyese despavorida.

Entonces esclamó el miliciano:

—Ea, buen padre, recoja usted si algo tiene de valor en su celda, y sígame.

—Tómelo todo —respondió el fraile temblando— pero por Dios no me mate.—Y sacando un taleguito de un armario, añadió:—Toma todas mis riquezas; pero no me mate. Se lo ruego por lo que mas ame en el mundo.

El fraile arrodillado á los piés del valiente granadero temblaba convulsivamente, vertiendo copiosas lágrimas de espanto y de dolor.

—Levántese usted, buen padre, y nada tema de mí. Ojalá pueda libertar á usted del furor de la multitud desenfrenada. Recoja usted lo que le interese, y sígamo —repitió el granadero.

El fraile hizo un pequeño lio de su mejor ropa, metió en el lio el taleguillo, que estaba lleno de monedas de oro, sustituyó á los hábitos un trage negro de levita y sombrero redondo, y agarrado al miliciano, dirigiéronse ambos á la puerta de la calle.

Al llegar á ella fué reconocido el fraile á pesar de su nuevo trage, y se repitieron los gritos y amenazas de los amotinados.

—Matad á esa corredera que trata de escabullirse —esclamó el primero que le vió.

—¡No es mala corredera! —añadió el *tio Capagallos.*—¡Si parece un marrano su revesencia!¡A qué no veis ningun soldado tan gordo?

—Es un botijo con levita y cerquillo —gritó otro.

—No es sino una tinaja de sacristia —repuso *Capagallos.*

—Pues rompámosla á garrotazos —añadió un tercero.

Abalanzóse la turba contra el fugitivo; pero como el granadero preparó su fusil, aquella cobarde multitud hizo plaza, contentándose con disparar grandes piedras y algunos tiros, uno de los cuales hirió el brazo derecho del bizarro miliciano.

Esto y las pedradas que ambos recibieron, no impidió que el miliciano urbano y el hijo de San Francisco llegasen á la inmediata calle del Rosario. Al llegar al número 3 abrióse la puerta, y la interesante María se arrojó al cuello del granadero..... ¡Era su padre!..... Era Anselmo el *Arrojado!*..... Pero cual fué la sorpresa de aquella virtuosa jóven al ver que el fraile que con él acababa de entrar en su propia habitacion era fray Patricio, el indigno sacerdote que quiso comprar con el dinero, un amor que la virtuosa niña no podia sentir por aquel hombre repugnante.

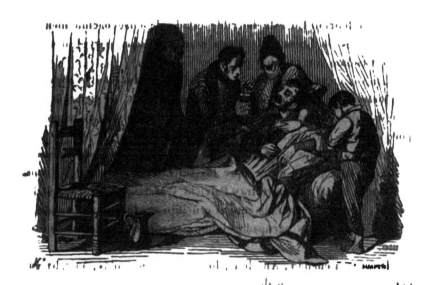

CAPITULO V.

LA HERIDA.

Apenas entró Anselmo en su humilde habitacion, rendido y sin aliento, dejóse caer en uno de los colchones que habia en su alcoba, donde como sabe ya el lector, dormian él y su esposa, y en otro á corta distancia sus hijos, menos María que tenia su cuartito separado.

El hambre que hacia dias acosaba á toda aquella desventurada familia, habia puesto en un estado de estrema debilidad al denodado Anselmo.

No es estraño, pues, que añadiendo á ella el cansancio, las afecciones de espíritu, las contusiones recibidas, y sobre todo la herida grave y peligrosa de su brazo derecho que manaba copiosa sangre, cayese en un profundo letargo, del cual despertaba á menudo á impulsos de nerviosas convulsiones, que solian terminar en espantoso delirio. En este horrible estado de enagenacion mental, los nombres de Luisa y de María eran repetidos por el desgraciado Anselmo con inefable cariño.

Luisa la ciega, su esposa, arrodillada á su derecha le abrazaba cariñosamente, derramando abundantes lágrimas de amargura y dirigiéndole en vano voces consoladoras, que Anselmo no entendia, porque habia perdido enteramente el conocimiento.

En sus arrebatos nerviosos, daba el forzudo Anselmo vigorosos golpes á la pobre ciega, que los sufria con resignacion y aun con amor, hasta que entre fray Patricio y María lograron apartarle de allí, dejándola postrada ante el crucifijo en fervorosa oracion.

Los demás hijos agrupados junto á su madre temblaban de espanto.

De vez en cuando, Anselmo, los ojos desencajados, miraba en derredor de sí y esclamaba:

—Teneis hambre, hijos mios, teneis hambre, porque en España se abandona la virtud. Los que como vuestro padre infeliz cumplen con las leyes del honor, sirven á su patria con lealtad, y son siempre honrados, acaban..... como nosotros..... hijos mios..... muriéndose de hambre. ¡Oh!..... si estuviera aquí mi coronel..... ¡Si mi coronel viviera!..... porque..... ha muerto!.... no hay duda..... era tan valiente..... siempre era el suyo el primer sablazo..... siempre en los sitios mas peligrosos..... ¡Ha muerto!..... sí..... ha muerto!.... ¡Qué bizarro en las batallas!..... siempre delante..... siempre dando el egemplo á sus camaradas..... Pero....... ¡Dios mio!......¡vos aquí!.... ¡María! ¡Luisa!.... ¡Una silla!.... Acabáronse ya nuestras desgracias. ¡María! ¡abraza al que debia ser tu padrino!..... ¡Ahora yo!..... ¡Un abrazo, mi coronel..... un abrazo!.....

Aquí soltó Anselmo una prolongada carcajada que terminó en horrible convulsion.

Desde la llegada de Anselmo y fray Patricio, María habia mandado á su hermanito mayor en busca del cirujano que mas inmediato viviese. Precisamente llegó este con un practicante en los mas terribles momentos de la convulsion de Anselmo.

Sujetáronle como pudieron entre todos, y despues de fuertes extremecimientos, quedó el pobre jornalero sumido en un parasismo mortal.

» En este pacífico intervalo, reconoció el cirujano detenidamente la herida de Anselmo....

El infeliz tenia al parecer un hueso roto y la bala dentro del brazo.

Después de haber examinado el facultativo con celosa inteligencia y particular esmero el estado de la herida, esclamó:

—¡Pronto! ¡vendages!.....Hay que hacer una grave operacion.... por ahora hay que estraerle la bala, y probablemente mañana habrá que hacerle la amputacion.

Figúrese el lector cuál seria la amargura de la ciega Luisa y de la pobre María, al oir estas palabras desgarradoras. Aun cuando Anselmo no pereciese de aquella grave herida, perdería sin duda el brazo derecho..... el brazo derecho que es el único elemento de vida del trabajador.

No parecia sino que la Providencia queria probar hasta dónde alcanzaba el sufrimiento de aquellos desventurados seres, haciéndoles apurar hasta las heces la copa del dolor.

No bastaba que la esposa infeliz hubiese quedado ciega á la flor de su edad; era preciso que un hombre forzudo y laborioso, quedase inútil tambien para el trabajo, á fin de que ellos y sus inocentes y tiernos hijos bajasen al sepulcro, despues de haber probado todos los horrores de la indigencia y la desesperacion.

Este cuadro funesto tenia sin embargo algo de halagüeño para el desalmado fraile, que despues de haber sido la causa de la espantosa situacion en que se hallaba el honrado jornalero.... despues de deberle la salvacion de su vida y de su riqueza, lejos de olvidar los impúdicos deseos de su brutal apetito, fundaba sus esperanza en aquellos tristes acontecimientos, que hubieran hecho estremecer á cualquiera que no tuviese corazon de fraile.

—Señor facultativo—dijo al cirujano, despues que María le hubo entregado una de las dós únicas camisas que tenia, para los vendages que se necesitaban—yo, como usted vé, soy un pobre religioso que debo la vida á este desventurado. Por mí ha recibido esa herida fatal. ¡Bien sabe Dios cuánto lo siento!! Él con la vida me ha salvado tambien algunos ahorros...... procure, pues, curarle del mejor modo posible. Si necesita consultar á otros profesores..... No hay que hacer gastos, por crecidos que sean.....yo lo pago..... Pongamos nosotros todos los medios posibles para salvarle este honrado artesano, á quien quiero como padre..... —Al decir esto lanzó el indigno sacerdote una mirada misteriosa á María.—Y tú, jóven digna de mejor suerte, toma estas monedas, no son mias, tu padre las ha salvado, y es justo que remedies con ellas los males de una familia á la cual me ligan para siempre los mas estrechos vínculos de amor y gratitud. No llores, María..... Procura dar egemplo de resignacion á tu desventurada madre. ¡La pobre ciega se deshace en llanto!..... ¡Por Dios, hijas mias!..... ¡no hay que abandonarse de ese modo al dolor!..... ¡Dios es justo y misericordioso!..... y así como su divina justicia ha burlado la ferocidad de mis asesinos, creedme, hijas mias, él velará por todos nosotros.—Y luego volviéndose hácia el cirujano, añadió:—¿No es verdad, señor facultativo, que no es peligrosa la herida? ¡Oh! yo estoy seguro, hijas mias —continuó dirigiéndose á Luisa y á María —yo estoy seguro que Dios atenderá á mis santas oraciones. Vuestro esposo..... vuestro padre..... curará en breve, porque gracias á Dios estoy yo aquí para que nada le falte. Con las medicinas que ordenen los facultativos, con sus celosos cuidados, con el esmero de todos nosotros, buenos caldos, buenos alimentos... Sí, Dios nos ayudará, y no dudeis que le salvaremos.... ¡Ea pues! enjugad vuestras lágrimas, hijas mias, y tened confianza en Dios.

Estas palabras pronunciadas en el tono de humildad y de dulzura propio de la astuta hipocresía, vertieron un bálsamo consolador en el desgarrado corazon de la pobre ciega.

La voz de fray Patricio era, como sabe el lector, elocuente, sonora y agradable. Sabia modularla con tierna espresion, y esto daba mayor realce á su consoladora elocuencia, por manera que la cieguecita que oia un acento angelical y no veia la repugnante fealdad del fraile, llegó á imaginarse, que efectivamente era fray Patricio algun ángel de salvacion, que Dios les enviaba para poner término á tantos sinsabores.

—¡Oh! cualquiera que usted sea, señor..... yo le bendigo. ¡María!..... ¡María!..... ven, ayúdame..... llévame á besar la mano de nuestro bienhechor.

—No se moleste, señora, tranquilícese..... Su esposo me ha salvado la vida..... Si con la misericordia de Dios salvo yo la suya, no hago mas que cumplir con mi deber..... Toma, pues,

María, estas monedas, comed todos buenos alimentos y procura
que nada falte á tu padre.

María, ruborizada, admitió algunas monedas de oro, que le dió
el fraile, y llegó á persuadirse que la situacion de su padre y el
gran beneficio que acababa de prestar al religioso, habian hecho
que movido este por sentimientos de gratitud, olvidase las ridículas
y criminales intenciones que le habia manifestado en la abominable
carta que le entregó el mismo dia que le declaró sus amores el
jóven de los cabellos de oro.

Bajo este concepto dispuso María la compra de cuanto faltaba en
la casa, y su diligente hermanito egecutó sus instrucciones con inteligencia y prontitud.

Todas las urgencias fueron pues socorridas.

Hízose la operacion en el brazo de Anselmo, que el estado de
su herida reclamaba, y como tanto para mitigar el dolor como
para contener la repeticion de nuevas convulsiones, se le habia suministrado un narcótico... quedó el paciente profundamente dormido.

Eran las once de la noche.

Mientras arrodillados fray Patricio la ciega y sus hijos rezaban
el rosario y varias oraciones para que Dios salvase al enfermo, el
cirujano y su practicante jugaban al tute en el cuarto de María que

se les habia destinado, y esta hacia la cena para todos.

Antes de media noche cenaron todos perfectamente, porque la
tranquilidad del herido daba buenas esperanzas. Fray Patricio di-

rigió otra vez el rezo dando gracias al Señor después de los postres. La ciega y los niños se acostaron en la cama inmediata, ó por mejor decir en el otro colchon de la alcoba: el cirujano y su practicante se arreglaron en el cuartito de María, y esta y fray Patricio quedaron en vela para cuidar del enfermo, aunque el fraile se quedó muy pronto dormido en la mesa en que habian cenado.

Cuando todo anunciaba un porvenir mas halagüeño, cuando todas las necesidades quedaban socorridas, cuando los horrores del hambre habian desaparecido, y el dulce sueño del enfermo habia desvanecido espantosos recelos para dar cabida á la consoladora esperanza, cuando María acababa de convencerse por el santo lenguage del religioso, por sus oraciones, y sobre todo por sus caritativas bondades, que la generosidad y la gratitud habian apagado en su corazon una llama impura para dar lugar á los deberes que la santa religion impone á todo buen sacerdote.... cuando María, en fin, habia olvidado los deseos de un fraile impúdico, y no contemplaba en fray Patricio mas que un santo y benéfico ministro del altar, que se complacia en remediar las desgracias del prógimo..... un desengaño terrible hizo conocer á la inocente jóven que fray Patricio era una furia que habia vomitado el infierno para acibarar las amarguras de aquella familia desgraciada. La infeliz niña quedó petrificada al conocer que jamás habia sido tan horrorosa su situacion y la de su familia, como en aquellos instantes en que un fraile asqueroso prometia socorrerles á un precio infame.

El siguiente capítulo dará una idea del modo con que agradecian los frailes un beneficio.

CAPITULO VI.

GRATITUD FRAILUNA.

A pesar del reciente susto, del allanamiento de su convento y muerte de sus hermanos, á pesar del triste cuadro que ofrecia la desventurada familia del jornalero, y de la grave herida que este habia recibido por salvarle, fray Patricio habia cenado perfectísimamente. Esta impasibilidad de ánimo, muy dificil si no imposible en las personas que puedan hallarse en semejante posicion á la de nuestro buen franciscano, era muy natural en un fraile porque los frailes jamás dejaban de comer y de dormir, por graves que fuesen sus padecimientos. Ademas, fray Patricio habia salvado su vida y su dinero. Solo habia perdido su convento, y para su carácter libertino, tal vez era este un motivo de satisfaccion.

Hacia un calor escesivo.

Al sentarse á la mesa fray Patricio, hablase aligerado de ropa en términos que habia quedado en mangas de camisa, y aun llevaba desatacados algunos botones de sus calzones de cúbica negra, para que su formidable abdómen recibiese mas holgadamente el alimento.

Cuando cada mochuelo se fué á su olivo, como suele decirse, fray Patricio, sin separarse de la mesa de la cocina donde habian todos cenado, puso en ella los brazos, apoyó la frente en ellos, y pocos segundos después, el silencio universal que reinaba, era solo interrumpido por la voz del sereno que anunciaba de vez en cuando la hora, y por los ronquidos del seráfico varon que hacian retemblar el pavimento.

Solo María, sentada en una silla inmediata á las cortinas que ocultaban los dos colchones, en uno de los cuales dormia el herido y en otro los niños y la ciega, estaba sin poder pegar los ojos á pesar de su cansancio. Su imaginacion vagaba de unas en otras ideas..... ora melancólicas y desesperadas, ora halagüeñas y precursoras de un dichoso porvenir.

El pacífico sueño del enfermo, su natural y tranquila respiracion, y el haber mudado enteramente de parecer el facultativo acerca de la gravedad de la herida, suponiendo al retirarse que todos los síntomas alarmantes habian desaparecido desde la estraccion de la bala, que el hueso no estaba roto como creyó al principio, y que las convulsiones y delirio habian sido mas bien efecto de la debilidad que otra cosa, circunstancias eran todas estas para hacer concebir lisonjeras esperanzas.

En medio de estos graves pensamientos campeaba otro que la pobre niña no podia separar de su memoria.

—¡Tan amable!..... tan bello..... el jóven de los ojos azules y del cabello dorado—decia para sí la enamorada María—¿habia de ser un malvado?.... ¡oh, no!.... ¡no es posible!..... Mi padre se equivoca en la opinion que de él ha formado..... Sin embargo..... me mandó que le devolviese su onza de oro..... desaprobó sus caricias...... Pues bien, padre mio, procuraré ahogar este amor que

siento abrasar mi pecho.... ¡Esta misma mañana quedarán obede-
cidos tus mandatos!

Una especie de aullido prolongado interrumpió las reflexiones
de María, volvió azorada la cabeza, y vió á fray Patricio en forma
de X dando un bostezo descomunal.

—¡Cómo! María..... — dijo el fraile aproximando una silla á la
de la jóven y sentándose en ella. — ¡Sin dormir un momento! ¡Pobre niña!.... ¿Y el enfermo?

—Ha dormido toda la noche perfectamente — respondió María
con satisfacción.

—¿Pues qué hora es? — dijo el fraile tomando un polvo.

—No tardará en amanecer. Las tres han dado ya hace rato.

—¿Con que tambien he dormido yo tres horas como un príncipe? ¡Todo sea por amor de Dios! — y tomó otro polvo como para
desterrar enteramente el sueño.

La pálida luz de un candil colgado en el vasar de la cocina alumbraba escasamente aquella habitacion, y daba realce á la interesante figura de María.

Sentada sin estudio ni coquetería, habia pasado el brazo izquierdo por el respaldo de la silla. Tenia las manos cruzadas, el cuerpo graciosamente ladeado, y la rodilla derecha encima de la otra, que acortando el vestido, dejaba ver no solo su lindo pié, sino la estrecha garganta y parte de su bien torneada pierna, pues los estragos del hambre no habian podido alterar las bellas formas de María, limitándose á poner ojeroso y pálido su rostro, circunstancias que si habian atenuado considerablemente su hermosura, le habian hecho acaso mas interesante.

Lo cierto es que fray Patricio, despues de haber saciado soberanamente su sueño, y avivado la imaginacion con su par de polvos, contemplaba frenético aquella beldad hechicera, que acaso otras noches á la misma hora solia ver en sus lúbricos ensueños. ¡El santo varon sudaba cada gota tan gorda!... Su rostro amoratado..... su nariz á guisa de remolacha, daban indicios del estado de calenturienta agitacion en que se hallaba su reverenda humanidad.

—María—dijo por fin á media voz.—Ya ves como la Providencia nos traza la feliz senda que debemos seguir en adelante.

—Sí, padre mio—respondió candorosamente María, que daba otro sentido á las espresiones del fraile.—¡Oh! ¡si supiera usted cuánta es mi felicidad al ver su generoso comportamiento!....

—Yo no bago nada, hija mia..... Dios lo hace todo. Dios me ha salvado de las garras de mis asesinos, Dios me ha destinado esta casa, haciendo que tu mismo padre me conduzca á ella.... tu mismo padre, María..... ¿lo entiendes? ¿Comprendes bien la voluntad de Dios?

—¿La voluntad de Dios?...

—Sí, hija mia..... la voluntad de Dios es que amemos al prójimo como á nosotros mismos. Tu inocencia, hija mia, no alcanza á penetrar en sus divinos arcanos. ¿Crees, María, que los ministros del altar no son hombres como los demas? Sí, hija mia, lo son, y serian unos mónstruos si desobedeciesen á los impulsos de aquellas pasiones nobles, magnánimas, que inspira la misma Divinidad. Entre estas pasiones sublimes ¿cuál es la mas digna de los corazones virtuosos? El amor, María, el amor.

—¡Señor! no entiendo á usted —esclamó María como ruboriza-da de lo que creia comprender.

—¿No te bastan, cruel, las aglomeradas pruebas de la protec-cion que dispensa la Divina Providencia al amor que te profeso? Creelo, hija mia, Dios me ha conducido aquí para que sea vuestro paño de lágrimas. Para eso ha salvado mi vida y mi riqueza, y la ha salvado por medio de tu padre como si digese: «salva á tu hijo, llévatelo á tu casa, y habrán cesado para siempre todos tus infortu-nios.» Porque, ya lo ves, hermosa María, yo poseo lo suficiente para socorrer todas vuestras necesidades..... y las socorreré!....las socorreré, hija mia, y la felicidad renacerá en esta casa.... Tu pa-dre, bien asistido, quedará enteramente curado dentro de breves dias..... la ciega y tus hermanitos recobrarán la lozanía de la juven-tud y de la niñez, merced á los buenos alimentos. En una palabra, la paz y la alegría renacerán en esta casa, y á ti, hermosa mia, se deberá tamaña felicidad..... porque...... sábelo de una vez, María, yo... te adoro.

—Calle usted, calle usted, señor —dijo María llena de asombro y de indignacion.—Creia yo al admirar su generosa conducta, que obedecia usted á los impulsos de la gratitud; pero veo con horror todo lo contrario. Al hombre que usted ha postrado en el lecho del dolor, al hombre á quien debe usted la vida, quiere usted cubrir de infamia, ofendiendo á ese mismo Dios de bondad á quien sacri-legamente hace usted cómplice de sus maldades! Calle usted.... calle usted, repito. No abuse usted de la dolorosa situacion en que nos hallamos.

—¡Qué niña eres, María! ¿Con qué el cuadro halagüeño que he presentado ante tus ojos, es cubrir á tu padre de infamia?

—Lo seria, sí señor, porque se deberia á un amor criminal.

—¡Criminal!..... ¡Válgame Dios!..... Razonemos con calma, hija mia. Si tú correspondieses á mi amor, si nadie mas que tú y yo tuviese noticia de esta amorosa correspondencia..... ¿Dónde está la deshonra? ¿Dónde está el crimen? Cuando no hay escándalos no puede haber delito, mucho menos en una pasion tierna, sincera, llena de deleites que no hacen daño á tercero, y que por el con-trario labrarian para siempre la felicidad de una numerosa familia.

—Perdóneme usted, señor, no puedo escuchar mas ese estraño

72

atreva nunca á bablarme de ese modo. Nuestra pobreza no le autoriza á usted para insultarnos, señor, y sepa por último, que en la casa de este miserable jornalero, se prefieren todas las calamidades..... el hambre..... la misma muerte..... á la deshonra.

María pronunció estas palabras con dignidad y resolucion, y fuese á llamar á la puerta del cuarto donde dormian el cirujano y su practicante.

Fray Patricio tomó un polvo con su acostumbrada imperturbabilidad, mientras María se ocupaba en añadir aceite en el candil y arreglar la mecha, como queriendo pasar tiempo interin salia el cirujano.

Presentóse este desperezándose, y alumbrándole María, se aproximaron al berido que seguia durmiendo sosegadamente.

Pulsóle el cirujano y quedó sumamente complacido del estado en que se ballaba el pulso del enfermo.

—Vamos, niña—dijo á María con satisfaccion—esto vá bien... Cuando su padre de usted despierte, probablemente estará en su sano juicio. Con que..... me permitirá usted descansar todavía un poco, y á la salida del sol, veremos cómo está la herida, le pondremos nuevos vendages y probablemente tendré que repetir pocas visitas.

El cirujano se encerró de nuevo en el cuartito, y no tardaron en oirse sus ronquidos.

Fray Patricio estaba cada vez mas frenético.

La enérgica resistencia de la interesante María, en vez de hacerle desistir de su criminal empeño, babia acrecentado la voracidad de su brutal apetito.

Levantóse repentinamente de su asiento, y arrojándose como fuera de si á los piés de María, asióla fuertemente de la mano, y mientras ella pugnaba por desasirse del atrevido fraile, este esclamó:

—¡María!..... por la última vez, encantadora María, te suplico que me oigas un momento. Yo no puedo vivir sin tu amor. Reflexiónalo bien..... Si correspondes á esta llama que me devora... á esta pasion que Dios protege, será tu existencia una fuente perenne de delicias y de felicidades..... Seré tu esclavo:..... todo el oro que poseo se empleará en el bienestar de toda tu familia, y nadie descubrirá nuestro amor, porque ambos seremos prudentes..... porque los beneficios que derramaré yo sobre vosotros, parecerán naturales á tu padre, después de haber salvado mi vida. Compara, ingrata, compara este cúmulo de goces y de placeres con la indigencia que os aguarda si te muestras insensible á mis afanes.

—Repito á usted, señor—dijo María forcejeando siempre por desasirse del fraile, que la tenia aun estrechamente agarrada—repito á usted que en esta casa se prefiere el hambre á la deshonra, y si no suelta usted mi mano..... grito, sin consideracion al estado de mi padre, que es lo que ha podido contener hasta ahora los efectos de mi cólera..... porque ha de saber usted que le detesto con toda la iracundia que puede inspirar un móstruo salido del infierno.

—¡Piedad, hermosa María!—esclamó el fraile con ademanes de loco, y llevó su audácia hasta el punto de imprimir con sus asquerosos lábios un ardiente beso en la virginal mano de María.

Una llamarada de rubor é indignacion inflamó repentinamente las pálidas megillas de la hija de Anselmo.

Esta jóven de avanzada estatura como su padre, de fuerzas colosales, y de una virtud y arrojo que no desmentian la sangre que por sus venas circulaba, estremecióse á la inicua accion con que acababa el fraile de coronar su avilantez, y levantando su diestra, descargó tan solemne bofetada en el rollizo rostro de su reverencia, que el indigno franciscano rodó por el suelo.

En esto viéronse dos manos descarnadas que separaban las cortinas, y apareció entre ellas sobre un cuerpo ensangrentado un rostro pálido y cadavérico.

María se arrojó á los piés de aquel espectro espantoso.

Era su padre.

—¡Bien, hija mia!.... ¡bien!....—murmuró este con voz solemne, y en su escuálido rostro..... cierta sonrisa indefinible, destellaba alternativamente complacencia, indignacion, asombro y amargura.

Fray Patricio quedó aterrado á la vista de Anselmo, que habia oido su última declaracion. El virtuoso padre, el ofendido jornalero, se contentó con dirigir á su verdugo estas terribles palabras:

—¡Huye, sacerdote sacrílego! No infestes con la ponzoña de tu criminal aliento este recinto de pobreza y de honor. La virtud ultrajada acaba de imprimir en tu rostro el sello de la infamacion.

I.   10

¡Huye, infeliz, y no olvides las palabras de una inocente niña : «EN LA HUMILDE MORADA DE ESTE POBRE JORNALERO SE PREFIERE EL HAMBRE Á LA DESHONRA.»

Fray Patricio cogió el lio de su ropa y huyó despavorido.

CAPÍTULO VII

LA FONTANA DE ORO.

El 18 de julio de 1821, cuatro jóvenes que vivian en la Fontana de Oro, una de las fondas mas acreditadas de Madrid, situada en la Carrera de San Gerónimo, comian en mesa redonda.

Dos de ellos eran franceses: rayaban en la edad de los veinte ó veinticinco años, uno hablaba perfectamente el español,

Este vestia con sencillez y elegancia. Su rostro, sin ser afeminado, tenia gracia y espresion. Dejábase crecer toda la barba lustrosa y negra. Su nariz aguileña, sus ojos negros y penetrantes, y cierta sonrisa sarcástica que acompañaba siempre su fácil pero burlona conversacion, daban jovialidad á su fisonomía, que contrastaba con la tristeza de los demás concurrentes.

El otro jóven francés, no hablaba ni entendia una sola palabra en español.

De los otros dos, que eran españoles, el de mayor edad tendria unos treinta años, y sin embargo llevaba peluca rubia. Era de baja estatura, gordo y estremadamente feo. Aunque parecia estar poseido de la melancolía que agoviaba en aquellos aciagos dias á todos los habitantes de Madrid, con rarísimas escepciones, no por eso dejaba de atracarse en términos que no dejó de llamar la atencion de sus compañeros.

—Amigo mio — le dijo el francés de las barbas — parece que las penas hacen poca mella en esa anchurosa umanidad. Cuando todos los médicos encargan la sobriedad como el mejor preservativo del cólera, usted engulle que es una bendicion de Dios. Afortunadamente estamos desganados los demas, que si no, iba usted á quedarse con apetito.

—Pues mire usted — respondió el hombrecillo gordo — tengo el corazon oprimido.

—Lo que es el corazon.... no lo sé; — replicó el estrangero maliciosamente — pero la barriga..... oprimida estará probablemente, á no ser que haya tenido usted la precaucion de desatacar algunos botoncillos del pantalon.

—Eso por supuesto — contestó el hombre gordo — es operacion que hago siempre al sentarme á la mesa; pero crea usted que hoy ando muy parco en la comida..... porque..... ya se ve, cuando falta la tranquilidad de espíritu..... — Y al decir esto bebióse el buen hombre medio vaso de Valdepeñas.

—¡Cáspita! — esclamó el francés — entonces no sé yo si estamos aquí seguros. Es usted peor que una pantera de Java; y si ahora que está usted apesadumbrado engulle de ese modo, el dia en que esté de buen talante se nos traga usted á todos como si fuésemos espárragos. Estas cosas no se ven mas que en España... Como que desde niños se acostumbran ustedes á la matanza.....

Es inútil preguntar á usted si es aficionado á los toros.....

—Lo que es á los toros..... poca cosa; pero me gusta mucho la carne de vaca.....—Y tomó una gran tajada de vaca estofada, que devoró en breves instantes.

—Mal español, amigo, mal español—replicó el estrangero en tono satírico.—La tauromáquia, querido mio, la tauromáquia es la base de la civilizacion española.

El cuarto personage que habia permanecido hasta entonces abismado en sus pensamientos, comprendió la ironía del francés, y no pudo menos de levantar con orgullo la cabeza y clavar los ojos en él.

Este gallardo jóven español, de veinticuatro años de edad, rubio como el oro, era don Luis de Mendoza; que desde la última vez que habia visto á María en la calle del Cármen, habia perdido su habitual jovialidad.

¡Cosa estraña! un jóven atolondrado, dotado de inmensos atractivos, introducido en las mas brillantes sociedades de Madrid, avesado á burlarse de las bellezas que con la mayor facilidad conquistaba, sentíase dominado por una pasion violenta, y el objeto de esta pasion era una niña pobre, cubierta de malos vestidos, á quien por capricho habia dirigido sus requiebros la primera vez que por casualidad la vió en la calle.

Las candorosas respuestas con que aquella niña habia acogido la audaz declaracion del jóven rubio, la resistencia que opuso siempre á los deseos del imprudente amante, la tenacidad en ocultarle su casa y su nombre, habian introducido en el corazon de don Luis una chispa de amor, que la privacion y la virtud iban convirtiendo en incendio voraz.

En estas reflexiones hallábase sumergido el jóven Mendoza, cuando el francés empezó sus ironías contra la civilizacion de España. Don Luis, jóven de fibra republicana, no podia dejar desapercibidas las epigramáticas palabras del estrangero.

—Caballero—le dijo despues de haberle estado contemplando con altanería—sepa usted que está usted en España.

—Demasiado se conoce, amigo mio—dijo el francés soltando una estrepitosa carcajada.—Las atrocidades de ayer..... los asesinatos cometidos en personas indefensas..... la sangre de infelices realistas brutalmente derramada, está diciendo que en este pais se apacientan por hoy ..... en la plaza de los toros.

—Y dígame usted, caballero — dijo don Luis con forzada sonrisa, espresion de la ira que los insultos del estrangero iban des-
pertando en su pecho — dígame usted ¿en qué escuela aprendieron
á ser héroes los que inundaron la Francia de sangre en su revolucion?

—¡Oh!... ¡bah!... ¿querrá usted confundir las turbas desen-
frenadas con la parte sensata de la nacion francesa?

—Yo no; pero usted es precisamente el que trata de confundir
esas turbas con el pueblo español... esas turbas en las que suelen
figurar, siempre en primera línea, hombres criminales, vagos llenos
de vicios, y crapulosos estrangeros.

—Parece que se altera usted demasiado, amable jóven — dijo
sonriéndose el francés; — pero ya que tan prendado está usted de su
digna patria, quisiera que discutiésemos con calma sobre este particular. ¿No me haria usted el favor de decirme, amable jóven, ¿qué
es lo que debe la Europa á la ilustracion de España?

—La Europa debe mas á España que á esas naciones que la
calumnian torpemente — esclamó con calor don Luis — suponiendo
que la patria del anciano Séneca y del jóven Lucano es una nacion
de irracionales envilecidos. Afortunadamente, señor mio, no todos
los estrangeros son injustos como usted. Si algunos se huelgan en
nuestro descrédito, los hay sábios y justos, los hay imparciales y de
buena fé, que reconocen el mérito de esta nacion magnánima.

—Ciertamente, amable jóven — dijo el francés siempre con
burlona sonrisa en los lábios — siento no conocer á esos sábios que
han elogiado á la patria de Séneca, como dice usted, mi buen amigo. ¡La patria de Séneca!... ¡Oh! esto solo es un gran mérito.

—No me sorprende, caballero, que no tenga usted noticia de
los apologistas de España, porque los que menos saben, critican
con frecuencia los que mas critican; y para que mis citas no
sean á usted sospechosas, empezaré por la del sábio Dénina, que
en 1786 probó en la academia de ciencias de Berlin, que la España
ha marchado siempre en la línea mas avanzada de la civilizacion
europea; pero como se halla en posicion de ser la nacion mas
rica y floreciente por los preciosos tributos que naturaleza le prodiga, ha sido siempre envidiada de las demás naciones. Pero esta
España, tan combatida, en medio de una continuacion de sacudidas
violentas, en medio de una sujecion especial y sin interrupcion

jamás cartagineses, romanos, septentrionales, sarracenos... en medio de sangrientas luchas civiles, intestinas, de sucesion, de principios... frecuentes levantamientos de estados, usurpaciones de provincias por la envidia política, dominaciones tiránicas, influencias opresoras, anatemas del Vaticano, no solo se presenta altiva, sino que se encamina á dar un grito de salvacion que la colocará un dia á vanguardia de la ilustracion universal....

—Casi me voy convenciendo de eso—repuso en tono sardónico el francés—porque... ya se vé... ¡ha habido en España tantos sábios!... ¡Han descollado tan esclarecidos varones en todas ciencias y artes!.... Pero me parece que tendremos que contentarnos con Lucano y con Séneca....

...Al oir esto que dijo el francés recalcando los nombres de Lucano y Séneca con insolente escarnio, el hombrecillo gordo soltó grandes carcajadas. Entonces se enfureció don Luis y rompiendo un plato en la cabeza de aquel inverosímil adefesio, que merced á la peluca rubia no recibió lesion ninguna, esclamó con voz de trueno:

—Que nos calumnien los estrangeros... pase en gracia de la envidia que nos tienen; pero yo no sufro que un español se burle de su patria... no debe, no, ningun español reirse cuando se trata de pintar andrajosa, bárbara y estúpida á su nacion, porque, como dice nuestro erudito Forner, si este retrato fuese verdadero, al tiempo de hacerle debiera irse regando con lágrimas de sangre. Cuándo ardia Roma, solo Neron tañia la citara.

Un silencio sepulcral siguió á las palabras de don Luis, que despues de algunos momentos continuó:

—Larga tarea seria nombrar ahora cuantos varones han descollado en España; pero quisiera que usted, caballero, no se limitase á contestarme con una sonrisa necia que nada significa..., quisiera que me citase un canonista que esceda á nuestro don Antonio Agustin, un maestro de elocuencia como Quintiliano, un historiador mas imparcial y sábio que Mariana. De los críticos de autores antiguos uno que escada en tino, juicio y moderacion á Nuñez Pinciano, de los médicos uno mas metódico que Vallés, ó que haya entendido é imitado mejor á Hipócrates, de los gramáticos uno que sobrepuje al Brocense..... de los poetas latinos uno que oscurezca

la elegancia y solidez de Montano, ó que iguale á la
fecundidad de Mariner: de los filósofos uno de mayor juicio y sagacidad que Vives: de los teólogos un Cano: de los filólogos un
Salas..... pero seria nunca acabar si habia de recorrer todos los
ramos de la humana inteligencia, aunque de cada ciencia y arte
solo nombrase uno de los muchísimos sábios antiguos y modernos
que honran á la España y la colocan en eminente predicamento.

—¡Oh pardiez! toda esa retahila de botaratas — dijo en ademan
de desprecio el francés — no vale un bledo en comparacion del
peor de nuestros clásicos poetas dramáticos. ¡El mundo entero debe
postrarse y besar el polvo ante los esclarecidos nombres de un
Corneille, de un Racine, de un Voltaire!....

—En España somos mas justos que los estrangeros — respondió
don Luis — porque no envidiamos las glorias de ninguna nacion.
En España, al paso que no sufrimos insultos de nadie, reconoce-
mos el mérito y le acatamos, donde quiera que se ostente. Grande
fué Voltaire, sublime fué Racine, arrebatador era Corneille; pero
la Francia, ese pais en el cual reconozco ilustracion y progreso, en
vez de negar á mi patria el mérito de que justamente blasona, confesar debe (1) que ha enriquecido su repertorio dramático con obras
cuyo fondo ha tomado de la literatura española. Cuantos tienen
una idea de las producciones de Moliere y de Corneille saben lo
mucho que han aprovechado estos autores de las invenciones de
Lope de Vega y de Calderon de la Barca, y ni usted ni nadie podrá
negarme que la época luminosa de la tragedia francesa, señalada
por la imitacion de un drama español de Guillen de Castro, el Cid.

—Ese es demasiado orgullo, caballerito — esclamó el francés.

Este estrangero era uno de los tantos que nos calumnian sin
tener el menor conocimiento de lo que es España, ni la más leve

(1) Je ne finirais pas si je voulais parcourir les ouvrages d'agrément et de
gout dont les espagnols ont fourni le modèle ou l'idée aux français. Lorsque la
France avait déja eu ses Pascal, et ses Fénélon, et qu'elle avait ses Fontenelle,
les personnes les mieux policées et les mieux instruites n'avaient point de meil-
leurs livres à proposer à des princesses, que les romans de Cervantes. Qu'y a-t-il
pas jusqu'au Diable boiteux de Le-Sage dont le fond ne soit tiré d'un ouvrage
espagnol de Louis Velez de Guevara.
Mais c'est sur tout dans la poesie dramatique que la France c'est enrichie des
fonds de l'Espagne. L'auteur du nouveau dictionnaire historique dit en parlant
de Scarron; que la mode de son temps était de piller les espagnols, si les espagnols avec leur imagination feconde, n'eussent fourni des sujets, des plans aux
poetes des autres nations, la France serait resté peut long-tems à
rebutius.

idea de los varones doctos que en todas épocas la han ilustrado, tanto en la carrera de las armas como en la de las letras. Viéndose pues vencido por la erudicion del jóven español, apeló al sarcasmo, que es el arma que oponen los necios y pedantes á los argumentos de la sana lógica; y en tono de mofa, añadió:

—Cáspita ¿con qué segun eso, todo se lo debe la Francia á la dichosa patria de Séneca? ¡Ja! ¡ja! ¡ja!—El francés soltó una risotada insolente y dijo:—¡En mi vida he oido una sarta de desatinos tan garrafales! Lo cierto es, á pesar de todo cuanto usted acaba de decir, que este es un pais miserable, desmoralizado..... un pais de cafres.....

—Miente usted como un villano—esclamó colérico don Luis dando un puñetazo en la mesa y poniéndose en pié.

Los otros tres jóvenes levantáronse tambien y sucedió á este estrepitoso movimiento un silencio general.

I.

Los dos contrincantes se cruzaron una mirada altanera; aproximóse el francés al español, tendióle la mano, y aparentando serenidad, le dijo:

—Señorito, evitemos escándalos; esta cuestion no debe tratarse á gritos...... acaba usted de propasarse y es preciso que me dó usted una satisfaccion.

—Soy español, esto es decir que soy caballero—respondió con dignidad don Luis apretando la mano del francés.—y jamás me retracto de lo que digo.

—Está bien..... Si es usted caballero, es preciso que ahora mismo me lo pruebe usted....

—Donde usted guste.

—Los señores tendrán la bondad de acompañarnos en este instante por la puerta de Atocha á las tapias del Retiro. Elija usted armas.

—La pistola.

—Cabalmente tengo un par de las que nunca faltan; voy por ellas...... las examinará usted..... y si son de su agrado, manos á la obra y negocio concluido.

El francés salió precipitadamente del comedor.

En este mismo instante apareció un mozo de la fonda, y acercándose á don Luis le dijo en voz baja:

—Hay en la escalera una persona que desea hablar con usted á solas de un asunto de la mayor importancia. Dice que será cosa breve..... dos palabras no mas.....

Dirigióse don Luis á la escalera..... La persona que le estaba aguardando, era María!!!

CAPITULO VIII.

EL DESAFIO.

A la presencia de María, olvidó el jóven don Luis de Mendoza todos sus pesares. Disipóse la cólera que las provocaciones del francés habian encendido en su corazon, que á la vista del objeto á quien adoraba, latia con mas vehemencia que nunca; pero no latia ya de tristeza ó de indignacion, sino de amor y de alegría.

Don Luis condujo á María á su pequeño aposento.

Era un cuarto desaliñado, como suelen estarlo en las fondas las habitaciones de los jóvenes solteros. Un par de cómodas lateralmente colocadas, una mesita con tocador, escribanía, papeles y libros en desórden, y varias sillas de nogal, formaban todo su ajuar.

En una de las puertas del balcon que daba á la Carrera de San Gerónimo, pendia de una punta de Paris (porque hasta las tachuelas han de ser de Paris para ser buenas) un pequeño espejo. En el rincon de la derecha estaba la jofaina sostenida por un aguamanil pintado de verde, y en el de la izquierda un cuelga-capas con una levita.

Anejo á este cuarto habia una alcoba, cuya cortina de muselina bordada replegada sobre un clavo dorado, dejaba ver la cama. Los colchones y almohadas se ocultaban debajo de una cobertura de indiana de un color oscuro.

Al pié de la cama veianse arrimados á la pared varios pares de botas y zapatos. Algunas prendas de ropa de uso ocupaban una silla.

Las paredes eran blancas sin mas adorno que viejos cuadros colgados con simetría (1). Solo por encima del tocador velase pendiente de una tachuela un medallon de oro.

El suelo estaba limpio, si esceptuamos algunas puntas de cigarros puros.

Un alambre colocado en el techo, sostenia una jaula con un canario.

Esta linda avecilla era la que pocos dias antes habia llevado María á la feria de la calle del Cármen.

Apenas se presentó María en aquella estancia, el inocente pajarillo dió muestras de conocerla, aleteando de regocijo.... saltando de una parte á otra como si buscase una salida para volar á recibir las acostumbradas caricias de la tierna jóven. Estos estremos de gozo no turbaban sin embargo la melodía de sus incesantes gorjeos. Con ellos saludaba á María como saludan á la aurora las avecillas del frondoso bosque.

María no pudo dejar de hacer un movimiento de placer al con-

(1) Grandes mejoras ha hecho el señor Monier, actual dueño de la Fontana de Oro. Este establecimiento es uno de los principales de Madrid. Se admiten en él huéspedes á quienes se sirve con el mayor esmero. Tiene salon de lectura provisto de las mejores obras de todos los paises y escelentes baños públicos. Por esta razon y la de estar en uno de los puntos mas lucidos y céntricos de Madrid, la concurrencia es siempre numerosa, particularmente de estrangeros, que encuentran en esta casa toda suerte de comodidades. Relacionado con los primeros establecimientos tipográficos de Paris, el señor Monier admite comisiones de libros y facilita por este medio á las empresas literarias cuantas obras puedan apetecerse de las que en Francia se publican, de las cuales tiene siempre un rico depósito.

templar á su canario, y una lágrima brillante deslizóse por su rostro encantador, despues de haber estado un segundo pendiente como perla de su larga pestaña.

—Hermosa morenilla —esclamó don Luis, mas enamorado que nunca—esta inesperada visita colma toda mi felicidad..... toda mi ambicion..... porque veo que usted me ama.... que corresponde usted al entrañable amor que yo le profeso... ¡Dios mio!..... ¡Dios mio!... Estoy loco de placer. Si supiera usted cuánto he padecido desde la última vez que la vi.... Fuí un insensato, ya que jamás me ha querido usted dar las señas de su casa, en no aguardarme y seguirla.... porque yo no puedo vivir sin verla á usted todos los dias. ¡Oh! ahora que usted me ama, idolatrada mia, ahora ya soy feliz.... usted me dirá su nombre.... me dirá usted su casa....

—Caballero.....—respondió María sumamente afectada—soy una pobre.... hija de un infeliz jornalero.... no puedo dar oidos á las palabras con que se digna usted favorecerme, sin faltar á la ley del honor, único tesoro que poseo. Espero, señor, que me permita usted esplicar el objeto de esta visita, pues veo desgraciadamente la equivocacion en que le han hecho incurrir á usted las apariencias.

—Usted me sorprende, hermosa niña, con sus severas espresiones. Dice usted que no puede oir mis palabras sin faltar á las leyes del honor! ¿Luego no me ama usted?

—Bien quisiera no ofender la delicadeza de usted; pero debo decir la verdad: se ha equivocado usted, caballero, acerca del objeto de mi visita. Vengo á devolverle á usted una moneda que de ningun modo puedo aceptar.

—¡Qué me dice usted!

—El deseo de aliviar la miseria.... el hambre de mis padres y de mis hermanos, me alucinó.....

—¡Cómo! ¿tan deplorable es la suerte de usted? A tal estremo llega la desgracia de su familia, que el hambre..... ¡Oh! ¡esto es cruel! yo no debo consentirlo, no. A mí me sobran riquezas.... ¿con quién puedo compartirlas de mejor voluntad que con el digno objeto de mi amor?

—Perdóneme usted, señorito; pero yo no puedo admitir de usted beneficio alguno.... al contrario, vengo como he dicho antes á devolver á usted esta moneda.

Al decir esto, matizó el rubor las megillas de María de un ligero carmin que daba mayor realce á su hermosura.

La pobre jóven alargó la mano teniendo la onza de oro entre el dedo pulgar y el índice.

—Ese es un desaire, ingrata jóven, que mi pasion no merece. Para decirme que no me ama usted.... —esclamó en tono grave don Luis— que me aborrece.... nó es menester que se prive de lo que es suyo....: Esa moneda no la recibió usted como premio de alguna accion deshonrosa, ni como una limosna degradante. Fué el precio, y. á la verdad escaso, de una prenda inestimable, que yo no cederia á nadie por todos los tesoros del mundo.—Y al decir esto, miró don Luis con ternura la jaula del canario.—Pero sin embargo, si usted, arrepentida de haberse desprendido de este hermoso pajarillo, gusta poseerlo otra vez, solo á usted podria yo confiarlo; pero bajo una condicion indispensable. La onza que trata usted de devolverme, fué honrada y legalmente adquirida, y debe usted guardarla; y aun tiene usted obligacion de ello, para aliviar los males de su familia; y el canario, único consuelo que mitiga mi acerba melancolía, se lo cedo á usted como una prenda de mi amor. Guarde usted.... guarde usted, pues, esa moneda tan legítimamente ganada.

—Es imposible—dijo María muy afectada—es imposible.

—¿Cómo así? ¿Es tanto el ódio que usted me profesa, que rechaza usted de mí lo que hubiera admitido de otro cualquiera? Vuelva usted tranquila á socorrer las necesidades de su casa.... que ya que usted no me ama:.... tal vez porque tiene su corazon otro dueño..... ó por otros motivos que no conozco..... prometo respetarlos..... Sea usted feliz, toda vez que no puede serlo el que mas la adora en este mundo, y no insista usted, por Dios, en hacerme tomar una cosa, que.... ya no es mia.

En las tiernas palabras del enamorado jóven, en el calor con que las pronunciaba, en las lágrimas que arrasaban sus espresivos ojos y en la ternura de todos sus ademanes, resplandecia la sinceridad del corazon.

María, profundamente conmovida, no hallaba espresiones para contestarle. La pobre muchacha tenia la mas completa conviccion de que el jóven de los cabellos de oro decia la verdad. Juzgaba por el suyo el corazon de su amante, y al oir que este creia que no le amaba.... que le aborrecia.... se le desgarraba el alma, y hubiera deseado hacer alarde del amor que le profesaba; pero tenia presentes las severas reflexiones de su padre, la promesa que le habia hecho de rechazar los halagos de aquel jóven, y esto producia en su interior una lucha desgarradora. Alguna que otra vez quiso interrumpir á su amante cuando repetia que no le amaba; pero el respeto filial y la amargura ahogaban su voz. Haciendo un esfuerzo, pudo por fin, aunque con acento balbuciente, esclamar:

—Yo.... señorito.... no le aborrezco á usted... estoy muy agradecida á sus bondades; pero..... pero mi padre..... me ha mandado devolver á usted este dinero.... y evitar sus galanteos.

—Lo comprendo todo.... —esclamó don Luis con alegría—y ahora mas que nunca insisto, hermosa niña, en que me diga usted su nombre.... en que me dé usted las señas de su casa... ¡Oh! quiero hacerme digno de usted..... quiero hacer la felicidad de toda su familia. Su padre de usted habrá creido que solo trato de seducir á usted con intenciones criminales..... quiero pues probarle que se equivoca —añadió don Luis con creciente entusiasmo— se equivoca, si, porque yo no puedo vivir sin ser amado de usted... sin ser su esposo.... cuando su mismo padre de usted me considere digno de este título.

—Sin duda ha olvidado usted que somos unos pobres jornaleros.... —dijo María —honrados, es verdad, ¡pero tan pobres!...

—Virtud y honradez es lo que yo busco —respondió don Luis con encantadora amabilidad —esa adorable virtud tan difícil de encontrar en el gran mundo, donde solo medra la intriga, la hipocresía, la adulacion, la perversidad.... busco honradez y no riquezas.... que riquezas me sobran: busco nobleza de sentimientos y no esa nobleza ridícula que prodigan los imbéciles reyes á sus viles cortesanos. Afortunadamente piensa mi padre lo mismo que yo en este punto, y puedo contar con su consentimiento; porque me ama sinceramente y me ha dicho mil veces que me case con quien quiera mientras elija una muger honrada. Ya lo ve usted, hermosa mia, solo espero que usted me diga si puedo lisonjearme de ser amado, para escribir á mi padre....

Figúrese el lector cuál seria la sensacion de aquella enamorada niña, al oir el apasionado cuanto virtuoso lenguage del jóven que amaba con frenesí aun antes de conocer sus bellos sentimientos. Cuando don Luis de Mendoza vió por primera vez á María, hízola una proposicion vergonzosa, proposicion que debia haber escandalizado á la virtuosa jóven y hacer que concibiese una idea poco favorable de su moralidad. Pero ya desde aquel momento se introdujo en su corazon un amor inestinguible, que habia de llevar hasta el sepulcro despues de apurar las heces de la amargura. Y si ciega y loca por el hombre que insultaba su virtud cuando la propuso *vivir en su compañía*, no vió el veneno de estas criminales palabras, ¿cuán profunda no seria la nueva herida que hacian en su corazon sensible las frases de ahora, llenas de fuego y de virtud, pronunciadas con entusiasmo por un jóven honrado que respetaba los derechos del padre y amaba á la hija PARA HACERLA SU ESPOSA?

María iba á contestar; pero en este momento presentóse en el cuarto dónde esta escena ocurria, el francés de las barbas, con dos pistolas en la mano, é hizo un signo á don Luis para que saliese esclamando:

—Las tapias del Retiro nos aguardan.

—¡Dios mio! ¿qué es eso?... ¡Dios mio!...—gritó María asustada al ver el aspecto hostil de aquel hombre armado.

Don Luis, embelesado con los hechizos de su adorada y las lisonjeras esperanzas que acababa de concebir en aquel instante, no solo habia olvidado completamente la escena del desafío, sino que la repentina aparicion del francés en el momento tal vez mas crítico de su vida, pues aguardaba una contestacion de María que debia decidir de su porvenir, le era molesta de todo punto. Así fué que al ver á su contrario, esclamó con desprecio:

—¡Eh! vaya usted con Dios, y déjeme en paz.

—¡Bravo!—replicó el francés, soltando una carcajada burlona segun costumbre.—¡Bravísimo!... no esperaba menos del valor de un español.

—Déjeme usted en paz, repito, y no apure usted mi paciencia.

—¿Con qué se retracta usted?

—Yo no me retracto; otro dia.... mañana.... estaré á las órdenes de usted.... Ahora suplico á usted que me deje en paz.

—¡Bah! disculpas que ya sé yo lo que significan—dijo el francés con insultante ironía.

—¿Qué quiere usted decir con eso?

—Que es usted un cobarde—esclamó con altanería el francés.

Don Luis hizo un movimiento convulsivo de furor..... clavó su vista en el rostro de su contrario, temblando de cólera, sin poder articular una palabra. Después de unos instantes de silencio, quitóse la bata y se puso el frac, se acercó á la mesa, descolgó el medallon de que hemos hablado al principio de este capítulo; y entregándolo á María, le dijo:

—Por si quedo en el campo, guarde usted esta joya en memoria del hombre que mas la ama á usted en este mundo.

—¡Ah, no! no, por Dios!—dijo María, arrojándose á los piés de don Luis, y asiéndole de una de las rodillas.—Si es verdad que me ama usted, no salga usted de este sitio.

—¡Al campo!—gritó el francés con exaltacion.

1.

12

¡Al campo! —respondió el jóven español, deseoso de vengar el nuevo agravio del estrangero que habia tenido la osadía de llamarle cobarde.

—¡Piedad! —esclamaba María, llorando amargamente—piedad... ¡Ay!.... no me abandone usted...—añadió como fuera de sí—Yo le amo á usted.... le adoro.....

Estas espresiones que hubieran colmado en cualquiera otra ocasion la felicidad de don Luis, solo le arrancaron una mirada de ternura; porque conociendo el pundonoroso jóven que su energía peligraba, desprendióse de los esfuerzos de María, y se lanzó fuera del cuarto.

Pocos segundos después entraron en un coche los cuatro jóvenes que habian comido juntos y se dirigieron á todo escape á las tapias del retiro.

Hay entre las puertas de Atocha y de Alcalá á espaldas del Retiro, un sitio sumamente solitario donde suelen celebrarse generalmente los desafíos; y si por esta circunstancia era ya célebre entre los espadachines de Madrid, le ha dado mayor nombradía el haber llegado hasta él las tropas carlistas en setiembre de 1837 cuando el Pretendiente intentaba apoderarse de la capital de la monarquía.

María, que habia oido nombrar el sitio del duelo, salió del cuarto azorada, alarmó á las gentes que encontró al paso, gritando: ¡que se matan! ¡que se matan! y como una loca se dirigió al sitio del combate.

Poco antes de llegar, el estampido de un pistoletazo heló toda su sangre.... Su amante habia disparado contra el francés sin acertarle. Reanimóse María como pudo, y vió por fin á unos cien pasos que el francés apuntaba á don Luis, salió el tiro.... ¡Ay!.... ¡el infeliz jóven de los cabellos de oro cayó sin sentidos!

Llegó María como una furia, lanzóse sobre el grupo que cubria al vencido y oyó una voz aterradora que pronunciaba estas terribles palabras: ¡HA MUERTO!

María lanzó un grito de horror y retrocedió despavorida.

En esto se le aproximó el hombrecillo gordo, y asiéndola del brazo le dijo con sarcástica sonrisa:

—Virtuosa niña, la que prefiere el hambre á la deshonra yendo á las fondas tras los jóvenes, Dios me ha vengado.

María alzó la vista y vió con horror qué el que la hablaba era fray Patricio.

. Volvióse á casa desconsolada, y encontró á dos hermanitos suyos muertos del cólera, á los demas bastante enfermos, y á la pobre ciega su madre casi agonizando de aquella devastadora enfermedad!!!

CAPITULO IX.

LAS MÁSCARAS.

No es nuestro ánimo abogar por esa igualdad absoluta, por esa nivelacion de fortunas con que algunos frenéticos han querido halagar á las masas populares. Lo que nosotros deseamos en favor del pueblo, es *igualdad ante la ley: castigo contra el delincuente, no contra el pobre: justicia en pro de la inocencia, y no consideraciones al rico: derechos sociales en todos los españoles: voto en todas las cuestiones para los hombres honrados.*

Nadie con mas conviccion que nosotros califica de absurdo crasísimo, de ridículo imposible, la idea de querer nivelar las fortunas de todos los ciudadanos. Aun cuando un poder sobrenatural lograse llevar á cabo tan arbitraria nivelacion, breves dias serian suficientes para volver á la inevitable desigualdad que ha existido siempre entre las clases ó individuos de toda sociedad.

Pocas luces se necesitan para alcanzar á conocer que la aplicacion y el talento enriquecerse debieran con mas facilidad que la holganza y la estupidez. Que el mérito logre su debido galardon,

nada mas justo, nada mas puesto en el órden. Qué el embrute-
cimiento de sentidos y la criminal vagancia sufran las tristes consecuencias de su inutilidad, es un castigo justísimo, moralizador,
pero queremos que estos castigos y estos premios con que la misma Providencia parece trata de civilizar al hombre, no sean neu-
tralizados por el capricho, por la arbitrariedad, por la perversa
inclinacion de los poderosos.

Prémiense el mérito y la virtud, castíguense el crímen y la
vagancia donde quiera que aparezcan; pero no veamos, no, con
tanta frecuencia reproducidos ciertos escándalos hijos de la injusticia y de la maldad.

Lloran mil artesanos laboriosos en la indigencia, porque un
gobierno estúpido les arranca el fruto de sus afanes. Esas exac-
ciones arbitrarias, esos impuestos descabellados, esos desatinados
aranceles y tarifas, esas contribuciones onerosas qué consumen
tantos millones, pudieran modificarse hasta el punto de hacerse
llevaderos, si hubiese una milicia bien organizada que sustitu-
yese al ejército, si se redujesen los empleados al número preciso, si se aboliesen los sueldos de esa plaga asoladora de ex-mi-
nistros y se minorasen los de los generales, intendentes y otros
altos *funcionarios*, cuyas *funciones* se reducen á chupar cual sanguijuelas el jugo de la nacion.

Los presupuestos actuales importan la exorbitante suma de
mil ciento ochenta y cuatro millones trescientos setenta y siete mil
ciento setenta y tres reales. Y si este espantoso gravámen parece imposible que pueda soportarle una nacion por tantos estilos esquil-
mada, ¿no crece el escándalo de todo punto al considerar que se
hacen pagar al pueblo seiscientos millones mas sobre aquella cantidad espantosa?

Fácil nos seria probar minuciosamente, en virtud de los docu-
mentos que tenemos á la vista, el monstruoso escedente que al
pueblo se le arranca para hundirle en la pobreza, y enriquecer
á los magnates; pero no consideramos de este lugar un trabajo
que séria demasiado estenso, y cuyos detalles juzgamos inútiles
cuando está patente la veracidad del resultado.

¿Y en qué se invierten tantos millones? Vamos á decirlo sin que
nada nos arredre, porque hemos prometido revelar al pueblo el

No solo se les quita á las masas industriosas el fruto de sus afanes y sudores para invertir en las atenciones del real palacio treinta y tres millones quinientos mil reales, novecientos diez y seis mil quinientos ochenta en las de los cuerpos colegisladores, nueve millones novecientos sesenta y tres mil doscientos veinte en las del ministerio de Estado, diez y siete millones novecientos un mil novecientos treinta y seis en las de Gracia y Justicia, cincuenta y un millones cincuenta y seis mil ciento ochenta y uno en las de Marina, ciento diez y nueve millones quinientos veinte y un mil ochocientos sesenta y ocho en las de Gobernacion, trescientos veinte y cinco millones ciento cincuenta y seis mil ochocientos ochenta y cinco en las de Hacienda, noventa y tres millones seis cientos ochenta y un mil novecientos veinte y cinco en las del clero, y otras cantidades que se fijan como razonables y justas, así como los trescientos ochenta millones novecientos un mil cincuenta, destinados al ministerio de la Guerra para tener contenta á la fuerza armada, en cuyo apoyo cuentan los gobiernos que carecen de aura y amor popular, no solo hay que llenar estas atenciones, sino que es preciso ademas usar de prodigalidad en favor de las personas adictas. El infame lisonjero..... el holgazan hipócrita..... que cual asqueroso reptil se arrastra por los palacios lamiendo el pié del poderoso, ese es quien medra y mas riquezas alcanza, que despilfarra en banquetes y saraos, mientras infinidad de artesanos honrados y laboriosos, como el padre de María, abandonados del gobierno, gimen en la miseria sin que nadie se conduela de sus desgracias.

. . . .

Don Hermógenes Cresta, marqués novato, pavoneábase embriagado de placer y satisfaccion en medio de lo mas lucido de la madrileña aristocrácia.

Don Hermógenes había sido un ente singular, que con su fraquecillo raido y mugriento, su pantalon de verano en invierno, alto y viejo corbatin de terciopelo rojizo, y sombrero deteriorado, lleno de polvo y sin cinta, empezó su carrera perorando en el café de la Fontana, y luego me le tienen ustedes hecho un pimpollo...... un elegante de los mas entonados de la córte. Camáleon político, cambiaba de color segun á sus intereses convenia. Reíase todo el mundo de sus estravagancias y barbaridades, mientras que pobre; pero es el caso que á fuerza de escándalos hízose célebre, y aun temible, luego se trazó una senda de bajezas, y por ella llegó á la adquisicion de inmensos tesoros.

Contratista acaudalado, ocupó ya una posicion respetable en la sociedad. Era lo mas presumido, fátuo y empalagoso que podia haber, y para figurar dignamente entre la elevada aristocrácia, solicitó un marquesado. Alcanzó el título de marqués de Casa-Cresta, á principios de enero de 1835, y en celebridad de tan fausto acontecimiento, en la noche del 17 al 18 estaba dando uno de esos suntuosísimos bailes que celebran los magnates en Madrid mientras el pueblo sufre.

En un salon espacioso, magníficamente adornado de elegantes colgaduras damasquinas color de rosa, con profusion de bordados de plata, que brillaba al resplandor de millares de luces simétricamente colocadas en arañas y globos de cristal, veíanse aglomeradas todas las notabilidades de la córte. Riquísimos uniformes galoneados de oro, grandes cruces, bandas, placas y toda suerte de condecoraciones las mas distinguidas engalanaban algunos pechos, seguramente menos generosos que el del mísero y atezado labrador que cultiva la tierra encorvado bajo los abrasadores rayos del sol, y la riega con el sudor de su frente, para que produzca esos frutos opimos que saborea el poderoso en medio de la holganza y de los deleites.

—El lustroso y blanquecino raso, las sedas de los mas delicados matices, las transparentes gasas y ricas blondas de los elegantes trages mugeriles entornados de bellísimas flores artificiales, armoni-

zábanse con el fondo azul celeste de las alfombras que entapizaban
el pavimento. El perfume que exhalaban mil esencias, embalsamaba
aquella mansion de alegría, donde las hermosas de la aristocrácia
madrileña ostentaban la encantadora coquetería de sus gracias.

¡Cosa singular! los trages mas costosos, los mas ricos aderezos,
las joyas mas preciosas, los topacios y corales adornaban por lo comun á esas buenas señoras para quienes nunca raya la aurora del
desengaño, y con mas años de los que permite la decencia, truecan
sus canas por los castaños rizos artificiales, que entre flores, perlas y diamantes, ondean junto á las escabrosas mejillas, á merced
del colorete, sonrosadas. Estas deidades histérico–reumáticas, tan
costosas á sus pobres maridos, padecen y sudan en el rigor del invierno, y se aguantan toda una santa noche en prensa sin poder re-
sollar, por haber querido adelgazar un par de dedos su inconmen-
surable cintura; pero logran solo que su ridícula vanidad contraste
con la natural hermosura de esas jóvenes madrileñas, ligeras como
silfides, encantadoras por sus propias gracias, en quienes una sola
flor puesta con coquetería en su lustroso cabello, una mirada hechicera, un ademan al parecer insignificante, conquista mas volun-
tades que todos los riquísimos aderezos de las que pretenden cubrir con ellos su impertinente fé de bautismo.

La mayor parte de las máscaras masculinas iban de dominó negro; pero sin embargo no dejaba de haber algunos fátuos de los
que presumen de buenos mozos, embutidos en heróicos trages de
griegos y romanos. Los mas de estos eran mentecatos maridos,
que llenos de presuncion por su bella figura, se quitaban en breve la careta para que supiese todo el mundo quién era el BUEN MOZO
del dorado casco y la coraza argentina. Y mientras se solazaba bajo
el peso de su formidable armadura, ó agoviado de fatiga dormia en
un rincon, su esposa casquivana, vestida de Adalgisa, se las componia muy alegremente con su travieso *Pollione*. Tampoco dejaba
de notarse uno que otro morito; porque entre los aristócratas no
deja de haber hombres de gusto para hacer el oso en la sociedad.

En dos laterales galerías, sendas músicas de hábiles profesores
ejecutaban alternativamente con notable maestría, graciosos walses,
rigodones, mazurcas y galops, compuestas de lindos trozos de las
óperas de Rossini, Bellini y Donizetti, los tres mas populares com-
positores de la filarmónica Italia.

Varios arcos que se apoyaban en columnas de mármol daban salida á otros salones meramente de descanso unos, destinados otros á las mesas de juego y otros al ambigú que era abundante de toda suerte de manjares y bebidas, y servido por multitud de criados con lujosas libreas.

En uno de estos salones, tres personages misteriosos, tres máscaras de dominó, que tomaban su respectiva racion en la mesa mas separada del general bullicio, sin quitarse la careta á pesar de la molestia que debia causarles para comer, despues de mil

precauciones y de haber mandado al criado que se retirase, tenian en voz baja la siguiente conversacion:

—¿Y Llauder?—preguntó el mas gordo de los enmascarados.....

Era fray Patricio.

—Llauder duerme — respondió otro de los tres personages misteriosos.

—¿Estais cierto?— dijo el tercero.

—Vengo de su casa.

—¿Y los otros ministros?— preguntó fray Patricio.

—Bailan.

—Verdad es.... he visto á uno de ellos dándose tono en un rigodon y á otro haciéndose el cadete en la galop.

—¡El uno duerme y los demas bailan!..... Con hombres asi, se hace lo que se quiere.....

—Es verdad.....

—¿Quién se ha puesto por fin al frente de los sublevados?

—Don Cayetano Cardero.... Un jóven subalterno de buena fibra.

—¿Cómo se ha conseguido comprometerle?

—A fuerza de grandes promesas.

—¿Cuenta con mucha gente?

—Si; pero está equivocado. Se le ha hecho entender que toda la Milicia y parte de la guarnicion secundará el movimiento.

—¿Dónde se dará el grito?

—Donde vos mandásteis, en la puerta del Sol; pero se ensayará antes sorprender la guardia del Principal.

—¿Se han tomado bien todas las disposiciones para que esta tentativa aborte?

—Abortará sin remedio. No tiene objeto para los liberales. No servirá mas que para hacer odioso su mando, para enconar los partidos en que van dividiéndose, introducir la anarquía, y hacer que la nacion desee el absolutismo. Pero ya son las tres de la madrugada. Nuestros imbéciles instrumentos no tardarán en obrar.... Nosotros debemos evitar el peligro.... y conservar la vida para trabajar en favor de nuestra santa religion.

—Decis bien.... cada uno á su casa, y.... arda Troya.

—Yo, sin embargo—esclamó fray Patricio—iré á su tiempo á despertar á Llauder.

Los tres personages misteriosos desaparecieron.

Por el curso de esta historia sabrá el lector el nuevo poder de fray Patricio, y los inagotables medios de que este feroz amante de Maria podia disponer para satisfacer sus pasiones y fomentar la

desunion de los liberales, conspirando siempre en favor del absolutismo.

Continuó el baile hasta las siete de la mañana, y la *Greca* que·
se estaba bailando anunciaba su conclusion, cuando el estampido de
una descarga vino á alarmar á todos los concurrentes.

Pronto resonaron por el salon las voces de ¡revolucion! ¡mo-
tin! y en menos de cinco minutos quedó vacia la casa del señor
marqués de Casa-Cresta.

Cualquiera se figurará que los señores ministros correrian al
punto del peligro. Sus escelencias estaban cansados de bailar la ma-
zurca, y tenian necesidad de reposo.

El teniente general don José Canterac, que el dia anterior habia
sido promovido á capitan general de Castilla la Nueva, voló á donde
su obligacion le llamaba; pero en vez de apaciguar á los rebeldes,
recibió de ellos una muerte desastrosa, cuyo relato, entre el de
otras interesantes escenas, será objeto del siguiente capítulo.

LA CASA DE CORREOS.

La ventajosa situacion que este vastísimo edificio ocupa en Madrid, pues campea en el punto mas céntrico y da vistas á las principales calles y famosa Puerta del Sol, hácele ser uno de los mas notables de la córte. Tiene sin embargo defectos de arquitectura imperdonables, que no examinaremos minuciosamente, porque no tanto es analítico el objeto de nuestra historia, como descriptivo; sin que al dar un fiel trasunto de algunos de los principales monumentos de la capital de

España, rehusemos el derecho de hacer sobre ellos alguna que otra observacion que nos parezca oportuna.

La Casa de Correos fué desde su construccion, severa y justamente censurada por los inteligentes; fundándose muy en particular en el poco gusto que en las galerias se nota, en la inmensa elevacion de las paredes que circuyen el patio, en la ninguna elegancia de los arcos, y sobre todo en la ridicula situacion de la escalera principal, que segun los críticos de entonces habia olvidado el arquitecto. Acaso creería este varon ilustre, que se destinaba aquel edificio para nido de golondrinas. Gran polvareda levantó este garrafal olvido; y estaba ya tan adelantada la obra cuando reparó en él su director, que hubo que añadirle la escalera donde mejor cupo.

¿Y por qué sucedió todo esto? Porque casi siempre ha habido en España las mismas preocupaciones, las mismas necedades en ciertas gentes, la misma prevencion para ponderar el mérito de los artistas estrangeros, en desdoro de los que hacen honor á esta patria ingrata que dejó perecer de hambre al gran Cervantes.

Habiendo en España hombres hábiles en todos los ramos de la humana inteligencia, el duque de Alba trajo de Paris una persona para dirigir el empedrado de las calles de Madrid. Llamábase el empedrador francés *Jacques Marquet.*

En aquellos tiempos florecia en la capital de la monarquía española, entre los mas célebres arquitectos nacionales, el entendido don Buenaventura Rodriguez, quien entre otros muchos planos de magníficos monumentos, habia presentado con anticipacion á la venida del empedrador de Paris, el de la Casa de Correos; pero fué preferido bien pronto el de *Monsieur* Marquet, y al español Rodriguez se le confirió la direccion del empedrado. *Al arquitecto las piedras y la casa al empedrador,* decian entonces los críticos de buen talante; pero otros mas severos censuraron amargamente la escandalosa injusticia del gobierno y la incapacidad de *Monsieur Jacques.*

Muy bien pudieran aplicarse á la Casa de correos de Madrid los siguientes versos:

Absorto ante un frontispicio
contemplando su elegancia,
preguntó un tal don Mauricio:
¿han hecho aquí ese edificio,
ó lo han traido de Francia?

Pero dejémosle como está, y vamos á referir lo que pasó en él el 18 de enero de 1835.

El reloj del Buen-Suceso, acababa de dar las cinco de la mañana.

Una fuerza de unos veinte soldados presentóse á manera de patrulla frente la Casa de Correos, donde tiene la guarnicion de Madrid su Principal; y como dió perfectamente el santo y seña, no inspiró el menor recelo.

Pocos momentos despué sorprendieron á las centinelas, apoderáronse de las armas de la guardia, reforzáronse con quinientos cincuenta hombres del regimiento de Aragon 2.º ligero, iniciados en la conspiracion; y á los cuarenta cazadores de la guardia real provincial, que habian sido sorprendidos y se negaron á tomar parte en la sublevacion, se les encerró en clase de prisioneros.

Don Cayetano Cardero, víctima de la hipocresía con que supieron fascinarle los emisarios del *Angel esterminador* que se fingian ardientes patriotas, dirigia el movimiento con inteligencia y arrojo, creyendo sin duda prestar un buen servicio á la libertad de su patria.

Prometimos hacer revelaciones de alta importancia y contamos en este número la de la existencia de esa homicida sociedad apostólica, que no tardaremos en describir mas por estenso, dando á luz sus máximas destructoras, y patentizando sus íntimas relaciones con toda clase de gentes de mal vivir. Esta secreta inquisicion, que para divinizar en España el despotismo teocrático daba á unos individuos el título de defensores del altar y el trono, atropellaba por todos los obstáculos para alcanzar sus fines: Hasta el asesinato era considerado y premiado como una accion meritoria, si ofrecia consecuencias favorables al tenebroso club. Uno de sus medios de esterminio y acaso el mas eficaz, era fomentar la desunion de los liberales, crear partidos y enconar sus pasiones, como probaremos mas adelante. Pero si alguno cree que nuestra revelacion es una ficcion meramente fabulosa para dar interés á nuestra novela, díganos ¿qué objeto tenia la insurreccion de la Casa de Correos. y otras que no han producido mas que víctimas? El *Angel esterminador* ha existido y existe acaso mas envalentonado que nunca. La prensa apostólica está patentizando su audacia.

El infortunado general Canterac, sin mas acompañamiento que

su valor y un ayudante del mismo regimiento de Aragon, presentóse á caballo ante los sublevados, llamó al oficial Cardero, y á
las primeras reconvenciones que le dirigió, contestaron los rebeldes vitoreando á Isabel II y al Estatuto real, como para manifestar
que solo estaban descontentos del ministerio. Indignado el general,
habló militarmente, recordó con energía á los amotinados los deberes que impone la ordenanza al soldado pundonoroso; pero su
voz fué ahogada por la mortífera detonacion de una descarga que le
derribó al suelo ya cadáver bañado en su propia sangre.

Pero esta sangre preciosa no fué la única derramada en aquel
dia fatídico, que empezó por el asesinato de una de las primeras
autoridades de Madrid.

Púsose en movimiento toda la tropa y Milicia Urbana, bajo las órdenes del general Bellido.

A las nueve de la mañana despertaron al señor ministro de la Guerra, supo lo que ocurria, montó á caballo, y mientras las tropas leales y Milicia Urbana divididas en cuatro columnas avanzaban hácia Correos por la calle de Alcalá, Carrera de San Gerónimo y calles de la Montera y Carretas, apareció por la calle Mayor á la cabeza de la guardia saliente de Palacio y algunas piezas de artillería que se colocaron enfrente de la casa del conde Oñate.

En esta casa entró el ministro de la Guerra y su comitiva, entre cuyos individuos notábase un paisano medio embozado en su capa, que asomándose de vez en cuando á uno de los balcones, dejaba ver en su diabólica sonrisa, que aquel espectáculo de muertes y estragos no lo era repugnante.

Este personage siniestro..... era fray Patricio.

Acercóse por último al ministro de la Guerra y le habló con ademanes de un hombre frenético. Debió sin duda convencerlo con su feroz elocuencia, pues bajando el ministro á la calle, mandó el mismo á la artillería romper el fuego.

Silbaba la metralla homicida; el mortífero plomo cruzóse en todas direcciones.

Los cristales de las lujosas tiendas y de los balcones inmediatos crugián y saltaban rotos al estampido del cañon: y este bélico estruendo se confundia con los ayes de las víctimas.... ¡Aun deplora la patria entre ellas, al brigadier don Felipe Zamora!.... ¡Allí perdió su brazo derecho el bizarro capitan don Luis Palafox!..... ¡Y el HOMBRE FUNESTO que no supo contener los asesinatos del 17 de julio de 1834, seguia á la cabeza del gobierno!

Contemplaba fray Patricio estos desastres, y en su rostro de demonio veíase esculpido el infernal placer que hacia latir su corazon de tigre.

No parecia sino que se tratase de reducir á escombros la capital de la monarquía, cuando hubiera podido vencerse á los sublevados con solo tenerles acorralados en la Casa de Correos, en donde debian carecer en breve de todo linage de recursos.

Aquellas autoridades que tanta energia ostentaban desplegar, ¡qué vergüenza! ¡qué baldon! después de haber puesto en la mayor alarma y conflicto á todo el vecindario, suspendieron de repente sus

...ques, y haciéndoles desconfiar del éxito las pocas sim-
...bian sabido grangearse en el pais, imploraron ...
...la reina gobernadora el perdon ámplio, completo,
...amotinados. Otorgóle en efecto la reina madre y
...¡cosa inaudita! ¡con sus quinientos setenta
...la Casa de Correos, y con el general Solá á la ca-
...por las calles de la Montera y Fuencarral á ...
...ra desplegada, recibiendo los honores de la
...cisa formadas en los mismos puntos!!!
...pero el ministro ... continuó á la cabeza
...al ... entre los cuales descolló el
...con visos de humanitario y benéfico
...tesoro nacional. El ... talento del
...los males de la patria, en términos
...adquirió preponderancia sobre las tropas
...funesto hubo de comprender por fin su inep-
...para el gobierno, y depuso la cartera; pero para mayor des-
...fué á parar el 13 de junio en manos del célebre Toreno.

CAPITULO XI.

¡ABAJO EL MINISTERIO!

Durante los siete años de lucha fratricida entre liberales y carlistas, jamás la causa de la civilizacion habíase visto en el inminente peligro á que los malos gobernantes la habian conducido,
como en el mes de agosto de 1835.

Mientras las provincias se insurreccionaban todas contra el despótico, orgulloso é inepto ministerio que presidia Toreno, mientras
la nacion se alzaba contra el Estatuto Real, mientras la justa indignacion de los pueblos y la terquedad del poder daban cima á escándalos inauditos, en una palabra, mientras la espantosa anarquía
reinaba entre los liberales; los carlistas, hábilmente auxiliados por
la poderosa sociedad del *Angel esterminador*, envalentonábanse con
sus triunfos. Las facciones del Principado, las de Aragon y Valen-

cias y particularmente las de los cabecillas Carnicer, Quilez, el Serrador, y sobre todo la del feroz Cabrera, invadían á su placer. montes, valles y poblaciones, sin ver nunca los ejércitos de Isabel II.

Y no se crea que la faccion se redujese como en un principio á hordas de salvages, no. Eran tropas aguerridas, uniformadas, llenas de entusiasmo, constantes, valientes y sufridas, porque el sufrimiento, el valor y la constancia jamás abandonan al soldado español, cualquiera que sea la causa que defienda.

Estas tropas tenian poderosos auxiliares en todas partes, desde el villorrio mas infeliz hasta la cápital de la monarquía. En Madrid estaba el foco de todas las maquinaciones carlistas; en las córtes y en las dependencias del gobierno, en las oficinas de las autoridades, en el ministerio y hasta en Palacio mismo tenia agentes activos y vigilantes la sociedad del *Angel esterminador.*

Esta sociedad que representaba al partido absolutista y clerical de toda Europa, recibia inmensos recursos de todas partes, é instrucciones directas de Roma.

El esterminio de los que no pensasen como ella, era el emblema de sus individuos, y los mas de ellos, sin embargo, honrábanse con el título de ministros del Salvador, como si el Divino Salvador, todo bondad y mansedumbre, ordenase la desolacion y la matanza.

Esta sociedad era dirigida por un gefe de travesura, audacia y talento. Este gefe era fray Patricio, cuya posicion en Madrid habia variado por los medios que se esplicarán mas adelante.

Jesuíticamente montada esta asociacion de hombres ambiciosos y sagaces, tenia grandes ramificaciones, como hemos insinuado ya, y la mayor parte de sus individuos habian aprendido en los conventos á ser embusteros, hipócritas y egoistas, y á saber amoldarse á toda clase de condiciones. Los que por su desgracia hayan tenido que tratar con frailes, saben muy bien hasta qué punto llega la habilidad de ciertos hombres para embaucar á los demas con sus modestos ademanes, con su melífluo acento, humildad fascinadora, y fingida práctica de todo linage de virtudes.

La sociedad del *Angel esterminador* no admitia como sócios mas que á estos hábiles en esta escuela; pero recibia como auxiliares, ó por mejor decir, instrumentos de sus disposiciones, á toda clase de hombres por criminales que fuesen.

El *Angel esterminador* ejercia en consecuencia, aunque oculta-

108

mente, poderoso dominio sobre el partido liberal. Agitaba las pasiones, encendia ódios, fomentaba desórdenes, y en las mismas juntas de los verdaderos patriotas, resonaba siempre alguna voz díscola que proponia medidas de perdicion. Esta voz era el eco del *Angel esterminador.*

Era el 15 de agosto, dia de la Asuncion de Nuestra Señora.

Aquella tarde debia haber estallado una conspiracion contra el ministerio Toreno, que aunque aparecia en sentido liberal, habia sido fraguada en el club de los esterminadores. Figuraban en ella patriotas esclarecidos, llevados de buena fé por su amor á la libertad del pueblo.

El objeto de la tenebrosa reunion de sacerdotes verdugos, era que los liberales empezáran á degollarse entre ellos, y cuando la sangre corriera por las calles de Madrid, completar la obra, es decir, el esterminio de cuantos no fueran sus afiliados, lanzando á la lucha sus feroces auxiliares.

Los milicianos urbanos que estuvieron de piquete en la plaza de los Toros, debieron haber dado el grito de ¡abajo el ministerio! y aunque allí no se atrevieron, retiráronse concluida la funcion á su cuartél, victoreando la Constitucion del año 12.

Inmenso gentío seguíales entusiasmado.

Era el anochecer.

El cuartel de los urbanos estaba en la plaza Mayor. Las dos compañías permanecieron formadas, alegando que no romperian filas ínterin no fuese depuesto el ministerio, y satisfecho el general clamor de la nacion.

Aquí creció el entusiasmo de todo punto. Disparáronse varios tiros al aire, y el vecindario entero de Madrid se conmovió. Los tambores de la Milicia Urbana recorrieron las calles aumentando la alarma con el toque de generala. En breve se vió la plaza Mayor no solo llena de milicianos, sino de toda clase de gente armada. Cinco batallones de milicianos llegaron á formarse.

Construyéronse barricadas en las bocas calles de la plaza Mayor, que estaba iluminada. Pusiéronse avanzadas centinelas, y se borró la inscripcion de *Plaza Real.*

Agolpóse el pueblo madrileño á las inmediaciones de la plaza; pero los mismos pronunciados destacaron patrullas para mantener el órden y alejar á las masas que se mostraban interesadas en el triunfo de los insurrectos, que se entregaron aquella noche al mas ardiente entusiasmo, lisonjeándose de que el éxito coronaria sus esperanzas.

Amaneció el 16, y apareció en la *Gaceta* una alocucion de la Milicia Urbana al pueblo y guarnicion de Madrid, manifestándole que su levantamiento era el eco glorioso de la nacion entera, que no se trataba mas que de derribar un ministerio criminal que conducia el trono á un precipicio, un ministerio que alentaba á los enemigos de la libertad, y con su orgullo, sus actos arbitrarios y desacertadas disposiciones sumergia á la patria en el caos de la anarquia. Protestaba sobre todo su amor al órden y su respeto á Isabel II.

La guarnicion de Madrid que habia permanecido formada en el Prado en fuerzas imponentes con el general Quesada á su cabeza,

hizo movimiento en la tarde del 16, y fué aproximándose á la plaza Mayor la infantería y artillería. Colocáronse varias piezas

en disposicion hostil, y á media noche empezaron los milicianos urbanos á retirarse á sus casas después de varias intimaciones del general Quesada, en que se daba á entender que el voto de la nacion
no seria despreciado.

Al amanecer del 17, la plaza Mayor fué pacíficamente ocupada
por la tropa de la guarnicion.

No era este el resultado que esperaban los *esterminadores*.

Mientras en la plaza Mayor se victoreaba á la libertad y á la
union de sus defensores, una turba de sacerdotes homicidas fra-
guaba en las tinieblas planes de sangre y desolacion.

En la calle del Divino Pastor, la sociedad del *Angel esterminador*
hallábase reunida. Conduciremos á ella á nuestros lectores para que
se covenzan del espíritu de asesinato que dominaba á los defensores de *Carlos V*, particularmente á ciertos religiosos sacrílegos, que
en vez de predicar la paz, la reconciliacion, la mansedumbre que
recomienda el Evangelio, holgábanse en agitar la tea de la discordia y aguzar impíos el fratricida puñal.

CAPITULO XII.

LOS ESTERMINADORES.

Un salon largo y angosto, de bastante capacidad, estaba rodeado de hombres enmascarados, vestidos de negro á la manera de los nazarenos que van en las procesiones de semana santa. Sentados en un prolongado banco, permanecian silenciosos con las manos cruzadas y la vista fija en el suelo. Llevaban todos ellos una medalla de plata cincelada, en la que se veia un ángel con una espada en la mano, el pié sobre un dragon, y una inscripcion en latin que de-

cia: *¡ Omnes qui sicut nos non cogitant, exterminentur!* ¡ ESTERMINE-
MOS Á LOS QUE NO PIENSAN COMO NOSOTROS! Esta medalla colgába-
les del cuello por medio de una cinta verde. En un cinturon del
mismo color veíase cruzar un rosario y un puñal.

Veíase en el fondo del salon una mesa entapizada de negro, en
la cual habia un crucifijo de plata, el libro de los santos Evange-
lios, tintero, varios papeles, y dos candeleros con velas verdes, que
iluminaban opacamente aquel siniestro recinto.

Detrás de la mesa y de frente á los concurrentes, una figura
obesa, repantigada en enorme sillon forrado de badana verde, ocupaba la presidencia. Otras dos ejercian las incumbencias de secreta-
rios. Uno de estos individuos escribia aceleradamente sin distraerse
jamás. El otro, puesto en pié, leia con voz bronca, melancólica y
pausada, lo siguiente:

«DEFENDAMOS EL ABSOLUTISMO DE LOS REYES, PORQUE DIRIGIEN-
DO NOSOTROS SUS CONCIENCIAS, APARENTANDO QUE PROPENDEMOS ÚNI-
CAMENTE Á LA MAYOR GLORIA DE DIOS, NOSOTROS SEREMOS LOS SE-
ÑORES DE-LA TIERRA.»

«HALAGUEMOS LOS VICIOS Y PASIONES DE LOS PRÍNCIPES, DISI-
MULEMOS SUS CRÍMENES; ELLOS BUSCARÁN NUESTROS CONSEJOS. SERÁ
CONDUCENTE ADVERTIRLES QUE SIENDO EL REPARTIMIENTO DE HONO-
RES Y DIGNIDADES EN LA REPÚBLICA UN ACTO DE JUSTICIA, OFENDE
EN GRAN MANERA Á DIOS EL PRÍNCIPE QUE NO CONSULTA Á SU DI-
RECTOR ESPIRITUAL, PORQUE ES FÁCIL QUE SE DEJE LLEVAR DE
RUINES PASIONES.»

«TODO HERMANO DE ESTA SOCIEDAD PROTESTARÁ CON SEVERIDAD
Y FRECUENCIA NO QUERER MEZCLARSE EN LA ADMINISTRACION DEL
ESTADO; PERO QUE POR LLENAR LA MISION DE BENÉFICO CONSEJERO
SE VE Á PESAR SUYO EN EL CASO DE ESPRESAR LO QUE SIENTE EN
BENEFICIO DE LA HUMANIDAD.»

«ENTONCES DARÁ UNA IDEA DE LAS VIRTUDES DE QUE DEBEN
HALLARSE ADORNADOS LOS ESCOGIDOS PARA LAS DIGNIDADES Y PRIN-
CIPALES CARGOS PÚBLICOS, PROCURANDO RECOMENDAR Á LOS AMI-
GOS DE LA SOCIEDAD, Ó Á LAS PERSONAS DOMINADAS POR ELLA.»

«LOS CONFESORES Y PREDICADORES AFILIADOS EN ESTA SOCIEDAD SE ENTERARÁN MINUCIOSAMENTE DE LAS PERSONAS HÁBILES PARA EL DESEMPEÑO DE CUALQUIER CARGO.»

«DEBE APARENTARSE AMOR Á TODO EL MUNDO SIN ESCLUIR Á LOS ENEMIGOS DE LA SOCIEDAD; PERO CON MAÑA Y PRUDENCIA SE ESCITARÁN CONTINUAMENTE LAS MASAS AL ESTERMINIO DE CUANTOS NO PIENSEN COMO NOSOTROS.»

«ES LÍCITO Á LOS INDIVIDUOS DE LA SOCIEDAD MEZCLARSE EN CUALQUIERA LUCHA PERSONAL CONTRA NUESTROS CONTRARIOS; PERO EN ESTE CASO, SI EL HERMANO ES RELIGIOSO, DEBERÁ DISFRAZAR-SE EN TÉRMINOS QUE NO COMPROMETA LAS MÁXIMAS DE MANSEDUM-BRE QUE EL PUEBLO DEBE CREER EN TODO SACERDOTE.»

«EL HERMANO QUE POR SU PROPIA MANO CLAVE EL PUÑAL EN EL CORAZON DE UNO DE NUESTROS ENEMIGOS SIN COMPROMETER NUES-TRA CAUSA, MERECERÁ BIEN DEL ANGEL ESTERMINADOR, POR-QUE DESTRUIR Á LOS MALVADOS ES UN MÉRITO PARA CON DIOS.»

«LOS CONFESORES TENDRÁN SIEMPRE PRESENTE QUE SE DEBEN COMPORTAR AMABLE Y CARIÑOSAMENTE CON LOS PENITENTES, IM-BUYÉNDOLES MÁXIMAS SALUDABLES EN OPOSICION DE LA MODERNA FILOSOFÍA.»

«PROCURARÁN ENTERARSE POR MEDIO DE LA CONFESION DE LOS DÉBILES DE ESPÍRITU, DE TODO CUANTO PASA EN LO INTERIOR DE LAS FAMILIAS, PONIENDO MUCHO CUIDADO EN NO DIRIGIR CIERTAS PREGUNTAS SINO Á LOS ÁNIMOS APOCADOS, Á LOS NIÑOS INESPERTOS, Ó Á LAS AMILANADAS VIEJAS.»

«EL PÚLPITO Y EL CONFESONARIO SON LAS ARMAS MAS PODERO-SAS PARA COMBATIR LOS PRINCIPIOS LIBERALES.»

«ES PRECISO COMBATIRLES CON VIGOR SI SE QUIERE SALVAR LA IGLESIA.»

«ES MAS FÁCIL DOMINAR Á LOS REYES QUE Á LOS PUEBLOS.»

«Procuremos pues que los reyes triunfen y seremós los soberanos del orbe, porque los pueblos serán esclavos de los reyes y los reyes esclavos nuestros.»

«Aparentemos pobreza y amontonemos tesoros, porque las riquezas en nuestras manos realzan la religion, y en las de nuestros contrarios fomentan los vicios.»

«Finjamos humildad para humillar al universo.»

Aquí llegaba la lectura de las máximas de aquella reunion de asesinos, cuya inmensa mayoría componíase de *ministros del altar*, cuando el sordo sonido de una hosca campana anunció la llegada de un emisario.

Abrióse una puertecilla frontera á la presidencia, y se presentó un nuevo personage negro, sin mas diferencia de los que estaban presentes, que el llevar en su diestra un puñal desenvainado y un papel en la izquierda, que después de hacer una profunda reverencia, dejó encima de la mesa, y se fué pausadamente por la misma puerta.

—Hermanos —dijo el que estaba en medio del triunvirato que presidia aquella infernal reunion— suspéndese la lectura de nuestras instrucciones para daros cuenta del parte de nuestro emisario.

Sentóse el que habia leido las instrucciones de la sociedad, y levantándose el otro secretario leyó el parte en cuestion concebido en estos términos:

«Viva la religion, viva Cárlos V, son las dos de la madrugada.»

«Los sucesos de la plaza Mayor han terminado por desgracia demasiado pacíficamente. Las tropas se disponen á entrar en ella sin oposicion, porque se ha retirado ya la Milicia Urbana. Es lás-

de este documento, hasta que poniéndose uno de los concurrentes en pié, hizo una respetuosa reverencia.

Este era el signo de pedir la palabra.

El del medio del triunvirato dirigió una pausada cruz con la mano derecha, á guisa de bendicion, al hermano que permanecia aun profundamente inclinado. Era el permiso para que hablase, en cuya consecuencia el esterminador que se habia levantado esclamó:

—Yo creo, hermanos mios, que debe aprovecharse el entusiasmo de nuestros auxiliares; pues aunque ya el éxito no es tan seguro como si se hubiese empeñado una lucha sangrienta entre los liberales, nada arriesgamos nosotros.

Un rumor de general aprobacion dispensó al orador de apoyar con razones su dictámen. Solo añadió:

—Noto con placer, hermanos mios, que no tengo necesidad de pronunciar un largo discurso, porque á todos os veo sedientos de la sangre de nuestros enemigos.

—Sí, sí—esclamaron todos los religiosos esterminadores, agitándose en movimientos convulsivos, que destellaban el encono de su corazon de tigre.

Diéronse en consecuencia órdenes atroces de incendio, robo, violacion y matanza, que fueron transmitidas á una taberna de la calle de la Palma Alta, y disolvióse el sanguinario club del *Angel esterminador*, yéndose cada uno de sus individuos á ocultar su cobardía en su casa; esperando poder salir en breve de ella para saborearse sin peligro en el triunfo de los asesinos.

CAPITULO XIII.

LOS DEFENSORES DE LA RELIGION.

Una de las calles de mas nombradía por la gente de trueno que acude á ella en el célebre barrio de las Maravillas, es la calle de la *Palma Alta*. Las tabernas abundan en proporcion de los aficionados que del verdadero populacho de Madrid acuden á revolcarse en el cenagal de la inmoralidad.

Hemos dicho el *verdadero populacho*, porque nosotros no confundiremos nunca á las clases pobres del pueblo, á las masas laboriosas, á los jornaleros honrados, á los artesanos virtuosos, con la hez de esas turbas soeces y repugnantes, hijas de la holganza, de la prostitucion y del crímen.

Abundan por desgracia en Madrid, como en todas las capitales populosas de los paises mas civilizados, entes salvages, cuyas bárbaras y depravadas costumbres horrorizan. Esta asquerosa sociedad suele componerse de mozalvetes rateros, mozuelas pervertidas, barateros, viejas inmorales, tahures, mugeres adúlteras, rufianes, presidiarios, desertores, ladrones, asesinos y malhechores que no debieran existir donde tanto oro cuesta la policía civil.

Entre los desiguales casuchos de la calle de la Palma Alta, cuyas ennegrecidas paredes vénse agujereadas por balconcillos rotos y ventanas informes, en cuyas carcomidas vidrieras por milagro se nota un vidrio entero, descollaba por su aparente aseo la taberna del *tio Gazpacho.*

Esta taberna, si bien no tenia mas que un solo piso con su correspondiente sótano, era de una capacidad inmensa. Su fachada presentaba una puerta cuadrada con ventanillas colaterales. Estaba recien blanqueada, y como dos palmos en rededor del portal, pintada de amarillo. Encima de la puerta veíanse las inscripciones siguientes: (1)

Distinguíase desde la calle la primera pieza con su correspondiente aparador á la derecha, y á la izquierda una mesa de pino,

(1) Estas inscripciones desatinadas abundan en Madrid por indolencia de la autoridad; pues nada mas fácil que nombrar una comision para corregir semejantes barbaridades, que hacen concebir una pobre idea de nuestra civilizacion.

encima de la cual... estaban varios platos... estaban colocados con algunos comestibles, como bacalao frito, huevos duros, chorizos..., chuletas asadas y chorizos; intercalados con... pepinos y tomates, descollando entre estos... del Valde... algunas sardinas que por lo... de la sal parecían destinadas á fuego.

En el espacio que mediaba entre la mesa y el aparador, habia una puertecilla... como la nieve, sujeto á tres... Esta puerta conducía á un salon de bastante capacidad, en el que habia más mesas... métricamente colocadas con bancos al rededor.

Otra puertecilla en el fondo, daba á un pasillo que tenia á derecha é izquierda varios dormitorios, y remataba en unas escaleras que conducían á un vastísimo sótano, donde el tio Gaspacho tenia escelentes vinos.

El tio Gaspacho era un hombre atroz, de unos cincuenta años, muy amigo de frailes y curas, y habia sido sargento de realistas en los tiempos de Calomarde. Era hombre corpulento, estremadamente moreno, ojos espresivos, pelo canoso, mucha patilla, aire y acento andaluz que habia adquirido en Sevilla, donde se enriqueció en su juventud ejerciendo la profesion de baratero. Llevaba sombrero calañés, pantalon blanco, camisa de color á cuadros, faja encarnada y chaqueta sobre el hombro. Era sin embargo hijo de Madrid, y hacia veinte años que estaba casado con la señora Damiana, muger de unos cuarenta años, bien parecida aun, y se conocia que en sus quince habria sido una... moza. Todavia presumia con su regalejo corto, mantilla de ancha tira de terciopelo echada á la espalda, peineta terciada y... de trenzas.

Este digno matrimonio no habia tenido sucesión.

La muger servia á los parroquianos de arriba, y el marido se entendia con los del sótano; porque es preciso ya decir que esta era una madriguera de carlistas auxiliares del Angel esterminador.

El tio Gaspacho habia recibido órdenes superiores para reunir un buen número de sus dignos parroquianos y prodigar el vino y aguardiente entre la... turba de que hemos hablado al principio de este capitulo, hasta encender en ellos un santo y fervoroso entusiasmo en pro de la religion y de Cárlos V...

Este objeto iba lográndose maravillosamente.

Figúrese el lector en aquel inmenso, lóbrego y abovedado subterráneo, una multitud de indómitos salvages avezados á todo linage de escesos, entregarse sin freno á la embriaguez.

Lo mas repugnante era ver entre aquellos bárbaros á infinitas manolas, con su cigarro en la boca y el vaso en la mano, animar aquella escena de corrupcion.

Cuatro candiles colgados de sus correspondientes clavos en las paredes, iluminaban las distintas mesas en que se hallaban los convidados repartidos.

—Hoy me he de beber la sangre de los negros—decia *Juana la Esgalichaa*, poniendo en jarro el brazo izquierdo, y alzando la mano derecha con un vaso de vino—lo mesmito que cuela por mi gaznate este jarabe de Valdepeñas.

—Pus yo, Juanilla—esclamó la Bernarda—no me he de quedar en zaga, porque tengo mucho rincol á esos malditos hereges, y quisiera verlos á toos asaos como esta chuleta que me engullo.

—No hay cudiao—añadió la *tia Espinilla*, vieja tan contrahecha como descocada y feroz—dende que esos flamasones degollaron á los probes frailes como si fueran marranos, les tengo unas ganas que me parece voy á hacer hoy morcillas con sus mondongos.

La *tia Espinilla* fingia olvidar que tambien ella y sus amigos figuraron en los asesinatos y profanacion de los templos.

La aparicion de un nuevo personage llamó en esto momento la atencion de los concurrentes. Era un personage siniestro, de una facha repugnante.

Llevaba en la cabeza un viejo sombrero redondo puesto encima de un pañuelo de color, anudado por detras, dejando caer dos largas puntas sobre la espalda. El ceño de este hombre era horrible. Un cigarro de papel estremadamente abultado que pendia de su boca, arrojaba una nube de humo que velaba ligeramente su encarnado rostro aterrador. El blanco de sus grandes ojos contemplaba con sus negras pupilas y pobladas cejas, que casi se juntaban. La patilla se redondeaba en cada estremo de la boca. Una sonrisa infernal dejaba ver sus dientes ennegrecidos por el humo del tabaco.

Presentóse embozado en una capa parda. Desembozóse de retirando á un rincon la capa, su desaliño interior ofrecia aun mas espantoso.

120

Quedóse en mangas de camisa; pero esta camisa estaba sucia, asquerosa, llena de manchas de sangre..... lo mismo que el pantalon sujeto al hombro por un solo tirante, si puede darse este nombre á un pedazo de orillo de paño. Este hombre siniestro llevaba en la mano una tremenda cuchilla, que tiró encima de la capa.

Al desembozarse, reconocieron todos en él á *Curro el Desalmao*, célebre carnicero, el mas temible entre los matones de Lavapiés, y le saludaron con espantosa gritería de cordial afecto.

—Aguardiente al *tio Curro!*...—gritó la Bernarda.

—Que beba, y que cante!—añadió la *tia Espinilla*.

—Sí, sí, que cante!—gritaron todos.

—Primero venga esta limonaa—dijo *Curro el Desalmao*, tomando un buen vaso de aguardiente—que hace un calor sorbitante, y necesita el estómago un refrigelio.

Apuró de una sola vez el vaso, sin hacer el menor gesto de repugnancia; sentóse en uno de los bancos y le rodearon los demas concurrentes.

—¡Ahora la quita-pesares!—esclamó:

—Aquí está esta, templaa por estas manos pecaoras—dijo la Bernarda, poniendo una guitarra en las del *tio Curro*.

—Templaa te quiero yo á tí, niña de mis ojos—contestó con trubaneria el *tio Curro*, y después de algunos preludios, quitó el fuego del cigarro, colocóse este detrás de la oreja, y haciendo mil visages y picarescos movimientos, entonó con voz bronca y acatarrada la siguiente copla, verdaderamente de taberna:

Tengo una jembra... ¡jinojo!
¡uy!... que jembra... ¡cachirulo!
que cuando menea el ojo
yo no cé lo que me dá.
¡Zanahoria!
¡ay!... cuando me yama nene....
entonse ci que me viene
zu grasejo á la memoria,
y me llego á encandilá.
¡Puñalá!
olá, olé,
olé olá...
¡Ay!... yo no cé, yo no cé
lo que me dá.

Una salva de palmadas, gritos y garrotazos en las mesas, fue-

con la justa ovacion que aquella animada sociedad rindió al mérito del trovador. ...

—Ahora que nos cuente su historia —dijo una voz de tiple.

—¡Que la cuente! —repitieron todos, y despues de cogerse con
el índice y el pulgar de la mano derecha el labio inferior, en ademan de reunir datos en su memoria, esclamó el *tio Curro*:

—Pues señor, habeis de saber que yo he sido siempre muy
travieso. A los seis años empecé á fumar, y á los once habia ya
probado aquello tan dulce....

Las risotadas de la multitud dieron á conocer que la modesta
reticencia del carnicero habia sido entendida.

Caséme á los diez y seis —continuó el *tio Curro* —con la muchacha mas linda del barrio. ¡Qué chica tan divertida y tan guapa!
No habia en Madrid quien bailase el fandango como ella, ni quien
repicase con tanta sandunga las castañuelas. Pero.... ¡lo que son las
cosas!... cuando está de Dios que uno ha de hacer fortuna... pués
señor, es el caso que habiéndome hecho yo monaguillo porque no
sabia oficio ninguno, llenóse luego mi casa de entes de sotana.

—¡Probecillos! —esclamó la *tia Espinilla*, y el *tio Curro* continuó:

—Uno habia entre estos siervos de Dios muy listo. ¿Querreis
creer que le atrapé un dia *freganti* con mi muger?

—¡Probecillo! —repitió la *tia Espinilla*, mientras los demas
celebraban este paso de la historia del carnicero con solemnes risotadas.

—Yo, ya se ve, como todos aquellos buenos religiosos que
rondaban á mi muger me traian rico chocolate y otros regalejos,
decia para mi sayo: los verdaderos zanguangos son ellos, que no yo
que triunfo sin necesidad de trabajar; porque habeis de saber que
á los pocos dias, en lugar de ir á encender cirios y ayudar misas,
me venia á gastarme en la taberna los buenos pesos que ganaba
mi amada esposa. Tuvimos por fin *entre todos* una hija, que fué
haciéndose tan buena moza como su madre, y esta hija es la que
ha completado mi fortuna.

—¿Cómo así? —pregunto uno de los concurrentes.

—La vendí hace pocos años por un talego á otro colaborador matrimonial... —prosiguió el *tio Curro* —á un jóven francés

gallos, movido de celos, la metiera una moja que la mandó á la
eternidad *peronia in séculis*. Yo quedé viudo y rico, me metí á carnicero, y me va tan grandemente como veis. Con que ¡ea!—añadió
levantándose—si hay aquí alguna real moza que quiera un buen marido, que levante el dedo.

—Yo, yo, yo—gritaron todas las mugeres.

Volvió á reinar la mas estrepitosa confusion.

—No puedo casarme con todas á la vez, hijas de mi vida—
gritó el *tio Curro*—pero si quereis seguir un turno riguroso, aquí
está todo un hombre de potencia.

—A la salud de la potencia del *tio Curro!*—gritó *Juana la Es-
galichan*, y tocando con su vaso otro que tenia en la mano el carnicero, apuró un trago de vino.

—¡Este cirio no arde!—esclamó Mendrugo enseñando una botella vacía.—Tio Gazpacho—añadió con voz estentórea—No. Gaspar paaa..... eño.... miste que por acá no pasa un alma ni..... ...... ecente, y el hijo e mi madre se está muriendo de sed.—¿?—

—¡Dad agua á ese bárbaro!—gritó una voz burlona.—¡Que venga un aguaor!

—¿Quién ha icho esa blasfemia?—respondió Mendrugo.—¿soy yo acaso real? ¡Mueran los aguaores!

—¡Mueran!—repitieron entusiasmados todos los concurrentes.

—¡Vivan las tabernas, y las taberneras, y los taberneros y los ta....... ta...... bernas....... acalos! ¡

—¡Vivan!

—Y el tio Gazpacho sobre too!—esclamó Juana la Bogotana.—¡Viva el tio Gazpacho!—repitió lanzándose á los brazos del tabernero.—Quiero abrazarle, ahora que no lo ve la señora. Da... niñas.

—¡Bien! ¡bien!—prorumpió toda la sociedad; y mientras permanecían abrazados los dos personajes de ambos sexos, otra prolongada esplosion de palmadas, gritos y golpes descompasados, era una muestra inequívoca de general aprobacion en aquella asamblea de defensores del altar y el trono.

—¡Muera la libertad!—gritó uno, oportunamente á buen seguro en semejante pocilga de embriaguez, de escándalo y de licencia!

—¡Muera!—respondieron los demás.

—¡Mueran los patriotas!

—¡Muera la independencia nacional!

—¡Muera la patria!

—¡Viva el aguardiente!

—¡Vivan los frailes!

—¡Viva la religion!

—¡Viva!

Eran las tres de la madrugada del 17 de agosto de 1835. El tio Gazpacho habia ya recibido las convenientes instrucciones del Angel esterminador, y notando que estaba en sazon el entusiasmo de su gente, ostentando una botella en cada mano, esclamó:

—¡Ea! ¡camaraas! ¡zonzonicbe! menoz palique y maz meneo. Vamoz á limpiá er gaznate pa echá er último blindiz.

Esto diciendo, llenó de aguardiente cuantos vasos se le presentaron, y después de una breve pausa, añadió:

—¿Eztaiz ya en dizpocision de no ejar titere con cabesa?

—Si —gritaron todos como energúmenos.

—¡Mu bien! ¡ea puez, ahora un blindiz á Carloz V, otro á la riligion..... y al avio! en un zantiamen ce degüeya á toiticoz loz liberalez, y aqui paz y dempuéz gloria.

Y dando desaforados alaridos, salieron de la taberna aquellos cafres desalmados, y se lanzaron iracundos á la calle, abriendo sus descomunales navajas y haciendo ostentacion de sus garrotes.

No bien llegaron á la esquina de la del Dos de Mayo y San Vicente Alta, presentóseles ocasion de hacer una de sus insignes proezas.

Un pobre tambor de la Milicia Urbana, un inocente niño de muy corta edad que se aproximó á la turba movido de su curiosidad, fué acometido por aquellos asesinos, y las mugeres, madres algunas de ellas, fueron las que mas se encarnizaron en la candorosa víctima; pues no contentas con verle cadáver, holgábanse en descargar enormes piedras sobre el cráneo del infeliz.

La *tia Espinilla* llevó su frenesí hasta el estremo de lavarse las manos con aquella sangre inocente (1).

Al grito de ¡*viva la religion!* dirigíanse los amotinados á las casas de los milicianos urbanos para saciar su apetito de sangre y de venganza, lanzando horrible griteria, cuando se arrojaron sobre ellos el teniente coronel mayor del segundo regimiento de la guardia, el capitan D. Fermin Aguado, un ayudante, un comisario y algunas fuerzas de urbanos y salvaguardias.

Aquella turba de furiosos asesinos fué completamente dispersada.

Aproximáronse los urbanos á recoger el cadáver del pobre tambor.

(1) Este hecho histórico, este asesinato horrible del cual hacian alarde sus abominables autores, se cometió, como queda espresado, el 17 de agosto de 1835, y no se castigó hasta el año 1838. De esta morosidad en el ejercicio de la justicia, hemos visto adolecer generalmente á los tribunales de España. No abogamos nosotros por la utilidad de la pena capital, que en nuestra opinion debiera abolirse, y á su tiempo y sazon lo espresaremos sobre el particular; pero es incontestable que cuando no se aplica oportunamente el castigo al delincuente, no produce el saludable efecto que se desea. Reproduciremos mas estensamente esta idea en el curso de nuestra historia, porque la falta de justicia á tiempo merece toda la severidad de la censura.

De repente oyóse un grito penetrante. Un granadero lanzó su fusil, y se precipitó desesperado sobre el cadáver, inundóle de lá-

grimas y de besos. ¡Este granadero era Anselmo *el Arrojado!*..... ¡el infeliz tambor..... era su hijo!!!

A las diez de la mañana estaba ya restablecido el órden en Madrid.

. . . .

El 14 de setiembre de 1835 cayó el ministerio Toreno y le reemplazó el de Mendizabal, cuyo programa fué acogido por la nacion con ardiente entusiasmo.

" La nacion no queria el Estatuto Real, torpe y servil incienso tributado al trono en mengua de la soberanía popular; y convencido el gobierno de la insuficiencia de aquel código mezquino, convocó los estamentos de próceres y procuradores del reino para el próximo 16 de noviembre, á fin de que estableciéran el sistema electoral para reunir inmediatamente Córtes constituyentes, que consignasen en leyes sábias y por medio de reformas en armonía con las exigencias del pueblo, sus derechos, su soberanía, su independencia y libertad.

CAPITULO XIV.

ILUSIONES. OROPELES. NADA.

A mediados de noviembre de 1835 la situacion política de España presentábase lisonjera y consoladora. Los ejércitos de Isabel II habian obtenido grandes triunfos en los campos del honor que reanimaron el bélico entusiasmo entre sus filas, é hicieron renacer la confianza del pueblo liberal. Protegiose momentaneamente la sabia institucion de la milicia ciudadana bajo el título de Guardia nacional. Dieronse mayores ensanches a la libertad de imprenta, y aunque habia vuelto a reconcentrarse todo en los estrechos límites del Estatuto Real, la creencia de que las próximas cortes iban a consolidar la libertad española sobre leyes arregladas á las exigencias del siglo, acalló el grito unanime que contra aquel insuficiente sistema de gobierno liberal resonaba por todos los ángulos de la monarquía.

Fundada en tan especiosa mira la confianza que inspiraba el nuevo gobierno, que todo el mundo desde la reina Gobernadora, hasta el mas ínfimo y campesino desde el acaudalado capitalista hasta el menesteroso jornalero, apresuróse á contribuir con generosos y espontáneos donativos al sosten de tan halagüeña situacion, porque jamás el pueblo habia sido fascinado por tan lisonjeras esperanzas.

Llegó el dia 16 bajo estos venturosos auspicios, y abriéronse con pomposa ó imponente solemnidad las Córtes generales del reino.

El salon del palacio de los representantes del pueblo estaba magnífico. Las varias filas de bancos cubiertos de terciopelo carmesi colocados en forma circular, veianse ocupadas por los señores próceres y procuradores del reino, en cuyos trages brillaba deslumbradora diversidad de uniformes cubiertos de bordados de oro, bandas, placas y cruces que alternaban con el vestido negro de los paisanos y hasta con el modesto uniforme de soldado de la guardia nacional, pues habiendo hecho alarde algun señor diputado de honrar con él tan solemne ceremonia, sus charreteras de estambre descollaban en términos que parecian eclipsar el brillo de todos aquellos oropeles hijos de palaciega vanidad.

Vistosísimas colgaduras de preciosas sedas azul celeste y damascos carmesíes, riquísimas alfombras que cubrian el marmóreo pavimento y profusion de adornos que embellecian las doradas paredes y robustas columnas del suntuoso edificio, completaban la lujosa magnificencia del salon.

Este edificio, derribado posteriormente porque amenazaba ruina, habíase erígido junto el solar en que estuvo el convento de Santa Catalina, que daba nombre á la plazuela que lleva hoy el de Cervantes, por la soberbia estátua que se ostenta en su centro, de cuyo notable monumento daremos una sucinta relacion á nuestros lectores.

Sobre un elevado pedestal dirigido por Velazquez, cuyos relieves son obra del acreditado escultor don José Piquer, que representan á la Diosa de la Locura guiando á don Quijote y su escudero, y la aventura de los leones, campea la imágen del justamente famoso escritor español. Esta obra maestra, cuyo modelo verificó en Roma el aventajado escultor catalan don Antonio Solá, fué fundida en bronce por los célebres artistas prusianos Hopsgarten y Jollage.

Grandes elogios prodigaron en Roma al artista español, y para gloria de nuestra patria declaró Betti, secretario perpétuo de la in-

128

signe y pontifical academia romana de San Lucas *que esta estátua es una de las mejores que se han hecho en este siglo.* Examinando minuciosamente todas sus perfecciones, merecieron particular encomio la actitud de mudar el paso con cierto aire marcial que recuerda las maneras españolas del siglo XI, y la feliz idea de cubrir la mano izquierda por un pliegue del ropage para ocultar su imperfeccion á causa de una herida que recibió Cervantes en la batalla de Lepanto. Este monumento es uno de los pocos buenos recuerdos que nos dejó Fernando VII poco antes de morir, entre los infinitos males que su despótico reinado causó á la España.

.   .   .   .

Era la una de la tarde.

El estampido del cañon confundíase con el lejano clamoreo de las masas del pueblo, que victoreaban á la reina madre doña María Cristina.

No tardó en presentarse en el palacio de los representantes del pais.

Cristina estaba entonces en la flor de su juventud. Aparecióse hermosa y radiante, rodeada de prestigio y magestad, acompañada del lucido séquito real, del cual formaban parte el infante don Francisco y su esposa doña Luisa Carlota.

Prolongado y general clamor de ¡viva Cristina! resonó por todos los ángulos del anchuroso edificio.

Este entusiasmo era sincero, nacia del corazon, era hijo de la dulce esperanza que alimentaba el pueblo de ver en breve el término de todos sus males. Contemplaba en aquella solemnidad el venturoso anuncio de un porvenir risueño. Embriagábase de ilusiones tan dulces como falaces, y sentia anticipadamente la felicidad que esperaba de los nuevos gobernantes. Cuando el entusiasmo popular rinde al poder ovaciones de amor, los gobernantes no tienen mas que realizar las esperanzas del pueblo para cumplir esos deberes que parecen de inmensa latitud; pero ¡ay del gobierno que no sabe entusiasmar á las masas! ¡Ay de los reyes que no merecen una mirada de gratitud de los pueblos!

Sentóse Cristina bajo el régio dosel, dejando á su derecha el aterciopelado cogin carmesí que ostentaba el cetro y la corona de oro.

El presidente del consejo de ministros, doblando el hinojo y besándole la mano, entrególe el discurso de apertura, que leyó la reina gobernadora con voz sonora y firme, con elegante y sentida espresion.

¡Cuán dulces promesas se deslizaron aquel dia de los régios lábios! Mejoras positivas, proteccion á la guardia nacional, socorro al egército, igualdad ante la ley, breve terminacion de la guerra civil, recta administracion de justicia, economias, saludables reformas, proyectos de ley importantes sobre elecciones, libertad de imprenta y *responsabilidad ministerial...* ¡Vanas ilusiones! ¡Dulces palabras que se perdieron en el espacio!

Continuaron los abusos, la devastadora guerra, las dilapidaciones...... Enriquiéronse, como siempre, los que mandaban, y el
pueblo gimió, tambien como siempre, esclavo de la ambicion é inmoralidad de hipócritas pandillas.

Terminada la fausta solemnidad de la apertura de las Córtes,
la reina madre, en medio de las bendiciones de una muchedúmbre
tan crédula como honrada y generosa, regresó al real palacio.

La ponderosa mole de este alcázar de elegantísima arquitectura
se eleva en el estremo occidental de Madrid sobre una altura que
domina el modesto Manzanares. Su primera piedra se colocó
el 7 de abril de 1737, bajo la direccion de D. Juan Bautista Sa-
cheti, natural de Turin. Forma un cuadrado de 470 piés de línea
horizontal y 100 de elevacion con salientes angulares á guisa de
pabellones y dos alas sin concluir en la principal fachada. Hasta
el primer piso llega el zócalo de piedra berroqueña, sobre el cual
se eleva el cuerpo superior entre multitud de pilastras y columnas
que sostienen la cornisa. Los capiteles de las pilastras son dóri-
cos y los de las columnas jónicos. Una galería de cristales, que da
paso á la capilla y á las habitaciones de las reales personas, forma
el segundo piso, y corona el edificio gran balaustrada de piedra.

En su inmenso patio arqueado campean cuatro bellas estátuas
colosales que representan á Teodosio, Honorio, Arcadio y Trajano,
célebres españoles emperadores de Roma. Estas estátuas se deben
al diestro cincel de Castro y Olivieri.

La escalera principal es de mármol matizado de negro, y hay
enfrente de ella otra estátua tambien marmórea de Cárlos III, y dos
leones en el tramo en que se divide la escalera en dos paralelas que
conducen al salon de guardias.

Mas de treinta espaciosos salones, ademas de la magnífica capilla y riquísima biblioteca, vastos aposentos no solo para todas las
personas de la real familia y sus servidores, secretarías y familias
de todos los empleados de la casa real, sino tambien para todo
linage de oficios, constituyen el interior de este vastísimo alcázar.
Renunciamos, pues, á la minuciosa descripcion de tan suntuoso
edificio, en cuyo recinto se encierran cuantos caprichos puede
inventar la adulacion para halagar el orgullo de los reyes. Obras
maestras de los pintores mas famosos desde la mas remota antigüedad hasta nuestros tiempos, primorosos relojes, espejos de asom-

brosa estension, profusion de cristalinas arañas, muebles costosos, riquísimas colgaduras y otros elegantes adornos, donde entre el mármol, el estuco y porcelana, brillan la plata, el oro y primorosas joyas sembradas de corales, rubíes, záfiros, esmeraldas, topacios y diamantes que constituyen una riqueza inmensa.

A este recinto, que el servil orgullo de los magnates ha tratado de divinizar, se arrastran como asquerosos reptiles los despreciables ESCLAVOS que se llaman SEÑORES, y cometen todo linage de bajezas y de crímenes, para obtener una leve sonrisa de su soberano! Allí los títulos..... los grandes de España..... los que se llaman *escelencias*..... pasan horas enteras de planton en las antesalas, recibiendo recados cual miserables porteros, y ejerciendo los degradantes oficios de un vil lacayo. ¡Grandes de España! un pundonoroso artesano es mas GRANDE que vosotros. ¡Cuánta miseria en medio de la ostentacion! Huyamos, pues, de esta atmósfera pestilente de lujo, abundancia y vanidad, de tiranía y corrupcion, para visitar la pobre morada del jornalero Anselmo, donde reinan la indigencia, el hambre y la virtud.

CAPITULO XV.

LA DESPEDIDA.

N año y ocho meses habíanse deslizado desde el fatal momento en que la virtuosa cuanto infortunada María, lacerado el corazon con la vista de su amante ensangrentado, retrocedió estremecida al hogar paterno, y hallóle invadido por el *cólera-morbo*, muertos dos de sus hermanos y casi agonizando la ciega Luisa su buena madre.

Afortunadamente, en medio de tantas desgracias, salvóse esta buena muger, ya ciega é inútil como su digno esposo, cuya herida habíase enteramente cicatrizado, aunque dejándole el brazo derecho resentido de agudo dolor, siempre que amagaba la atmósfera con algun temporal.

La familia de Anselmo *el Arrojado* hallábase reducida á los dos fieles esposos, la interesante María y tres hermanitos. Los otros

muerto del cólera, menos el segundo, que fué asesinado por los carlistas el 17 de agosto de 1835. El mayor de estos se llamaba Manuel; rayaba ya en la edad de doce años. Era bueno como sus padres, despejado y travieso; y sin apoyo ni recomendacion de nadie, habíase proporcionado colocacion en una imprenta, donde ejercia el oficio de cajista, que le proporcionaba cuatro reales diarios, y los llevaba á su casa, orgulloso ya de ser el consuelo de sus padres y hermanos.

Aquellos cuatro reales sufragaban para todos los gastos de la casa.

Al contemplar Anselmo la bella presencia de María y sus encantadoras gracias juveniles, no podia contener una lágrima de desconsuelo, reflexionando que aquella hermosa niña, en la flor de su edad y con tantos hechizos, malograba su juventud encerrada en aquel probre recinto.

María no babia podido olvidar la memoria del jóven rubio. Besaba continuamente el medallon que contenia su retrato, única prenda que mitigaba su vehemente padecer.

Mil veces la desconsolada vírgen habia concebido la idea de presentarse en la Fontana de Oro y reclamar su canario..... aquella candorosa avecilla que habia sido en otro tiempo su fiel compañera.... aquel tierno pajarilo cuya asombrosa inteligencia mitigaba los sinsabores que ocasionaban á María sus desgracias. Esta jóven hubiera tenido una dulce distraccion en medio de sus padecimientos, pero ¿cómo probar que el canario era suyo? ¿Hubiéranla creido solo por su dicho tratándose de una avecilla de tanto mérito? María vacilaba entre la desconfianza y el ardiente deseo de volver á poseer aquella prenda que tenia ademas de los atractivos ya espresados, el bello aliciente de haber sido regalo de su querido padre. En pos de mil acerbas luchas, habíase decidido á reclamar su canario al dueño de la Fontana de Oro; pero ¿con qué derecho podia la infeliz efectuarlo? Ademas, una idea aterradora la contuvo cuando en un momento de exaltacion dirigia ya sus pasos á la morada de su malogrado amante. Allí debia vivir, en su concepto, el execrable fray Patricio, puesto que habia sido uno de los testigos de aquel funesto lance; y María huia de este hombre, como huye la inocente oveja del lobo devorador. Abandonó, pues, definitivamente semejante idea, y lloraba la pérdida de su canario.

mo la muerte de don Luis de Mendoza, de cuyo acontecimiento
nada habia osado decir á sus padres.

Creyendo Anselmo que la acerba melancolía de María provenia
de la falta de sociedad, que suele ser el mas bello elemento de vida
de una linda jóven, le dirigió la palabra cariñosamente en estos
términos:

—Hija mia: bien sabes tú cuál seria mi felicidad si lograse verte
en un estado cómodo, aunque humilde; que te proporcionase á lo

menos, ya que no esos adornos de lujo que una jóven hermosa como tú no necesita, algun trage modesto mas digno de tus gracias
que esos pobres vestidos que te cubren. Tampoco ignoras que tanto
tu madre como yo sentimos el mas dulce placer en tenerte á nuestro lado; pero tu tristeza aumenta nuestros sinsabores, y es imposible, hija mia, que jamás puedas estar alegre presenciando este espantoso cuadro de la indigencia. Tal vez, María, te seria fácil

encontrar una casa donde colocarte en clase de doncella..... Mucho repugna á mis sentimientos el ver á mis hijos en el servil oficio de sirvientes; pero, hija mia, yo fio mucho en tus virtudes y me lisonjeo que en cualquiera casa donde lograses entrar, te amarian luego como yo te amo.... Como yo te amo, no.... he dicho un disparate..... porque yo te amo con frenesi, hija mia; pero te amarian mucho, y lejos de tratarte como á una sirvienta, te mirarian en breve seguramente como hija. Nosotros tenemos lo suficiente para no morirnos de hambre con lo que gana tu hermanito, porque ya ves, nuestro tiempo ha pasado ya..... estos guiñapos que nos cubren nos acompañarán al sepulcro, sin que turbe nuestro sosiego el deseo de vestir lujosamente. Teniendo un colchon donde tendernos, una manta con que abrigarnos y algunas legumbres para saciar el hambre, estamos contentos. Creeme, hija mia, para colmar nuestra ambicion, solo falta que seas tú feliz.

—¿Y quién le ha dicho á usted, padre mio, que no lo soy?

—Tu tristeza, María, y esa tristeza es muy natural.

—La idea sola de separarme de ustedes...... de abandonarles en tan deplorable situacion me horroriza.

—Eso no es abandonarnos, María, ni es nuestra situacion tan deplorable como todo eso. Ademas, ¿tú á nuestro lado puedes aliviar nuestras urgencias?

—Puedo cuidar á ustedes en sus enfermedades.

—¿Y dime, si como es muy fácil, encontráras una buena casa y te diesen un salario regular, yo creo que no dejarías de socorrernos con alguna parte de él..... no es verdad, María?

—Oh! si! si! padre mio, todo seria para ustedes.

Al decir esto, los rasgados y negros ojos de la graciosa morena arrojaron destellos de halagüeña esperanza, y como si la asaltára repentinamente alguna idea de ventura, sonrióse por primera vez despues de largo tiempo de profunda tristeza.

—Sí, padre mio, tiene usted razon —esclamó con ademan resuelto.— ¡Yo estaba loca!.... Aquí de nada sirvo.... sumida en una melancolía espantosa que debe ser un acerbo martirio para cuantos me rodean, soy un mueble inútil; una carga pesada para ustedes. Mi hermanito Manuel, tierno niño aun, me está señalando con su ejemplo mi deber. En medio de las privaciones que nos rodean, él se contempla feliz! El inocente niño ha sabido procucionarse una colocacion decente. Empezó por ganar un real diario, bien pronto fueron dos, y últimamente se le ha aumentado el jornal á cuatro reales con esperanzas de ver en breve doblada esta cantidad. El otro dia no pude menos de darle un estrecho abrazo cuando le oí hablar de su aplicacion y de sus deseos. ¿Se acuerda usted, padre mio? Con qué orgullo, con qué entusiasmo dijo: «Padres, hermana, ya gano cuatro reales diarios; el señor regente de la imprenta está muy contento de mí, me quiere mucho, y me ha manifestado que en breve se me aumentaria aun mas el jornal. Tengo unos deseos de aprender mucho y de ganar mucho, porque, la verdad, no hay placer comparable al de proporcionar el bienestar de nuestros padres.»

—Es verdad, María, es verdad—esclamó Anselmo enternecido.—¡Oh! Manuel, mi querido Manuel vá á ser en breve todo un hombre de provecho.

—Pues bien, padre, él me ha trazado la senda que debo seguir. Usted tiene razon..... iré de puerta en puerta..... pondréme á servir en la primera casa en donde se me admita, y Dios hará lo demas. Si no vuelvo antes de anochecer será prueba de que tengo colocacion.

Poseida María del ardiente entusiasmo que habia encendido en ella el amor filial, besó cariñosamente la mano de su padre y se dirigió á su cuarto. Encerróse en él, no ya para verter copioso llanto ante la adorada imágen del jóven rubio, sino para hacer sus preparativos de marcha.

Todo el equipage de María reduciase á dos camisas bastante viejas, dos pares de medias de algodon llenas de zurcidos, dos pañuelitos, uno de seda de la India con fondo encarnado y flores amarillas, y otro de una tela ordinaria á cuadros que se ponia en el cuello. Tenia ademas otros dos pañuelos de color para la mano. No tenia mas que un par de zapatos y en bastante mal estado. Dos vestidos de percal, uno muy oscuro y otro de color de mahon con listas moradas; y una mantilla bastante deteriorada completaban las galas de aquella virtuosa criatura, que á pesar de la escasez de su ropa presentábase siempre bien compuesta y limpia.

Embebida en la idea de que iba á mejorar con el fruto de su trabajo la suerte de su familia, recobraron sus facciones cierta animacion singular. Su corazon habia dado treguas al dolor, y tuvo el humor suficiente para acicalarse con esmero con todo lo mejor-cillo de su modesto equipage, sin olvidar el retrato de su malogrado amante que llevaba siempre oculto al lado del corazon, pendiente del cuello por medio de un cordoncito negro.

Cuando salió Maria de su cuarto, toda la familia del jornalero hallábase reunida, porque Manuel acababa de salir de la imprenta para volver al trabajo, despues de hora y media de descanso que se concedia á todos los cajistas para ir á su casa á comer.

Anselmo habia ya participado á la ciega Luisa la resolucion que María acababa de tomar, y ambos esposos se alegraban de esta ocurrencia, que hacia tiempo anhelaban, no por desprenderse de una hija cariñosa á quien amaban con delirio, sino porque les afligia su incesante tristeza, y la atribuian á la vida miserable que la pobre jóven pasaba á la flor de su juventud. El carácter dulce, amable y oficioso de María, hacíales concebir por otra parte grandes esperanzas, que rayaban casi en seguridad, de que en cualquiera casa donde fuese admitida, la amarian desde luego. Ademas, tenia María prevision, talento despejado, y estas prendas unidas á su energía varonil y á su nunca desmentida virtud; la ponian al abrigo, en el concepto de sus buenos padres, de ser víctima de la seduccion, á pesar de los encantos de su rostro y de su talle, que una vez puesta en sociedad, no podrian dejar de tener numerosos admiradores.

Esta era otra de las razones que los padres de María tenian para desear que su hija abandonase el hogar paterno, donde oculta y desconocida hubiérase visto condenada á presenciar eternamente y formar parte del cuadro desolador que una familia pobre y numerosa ofrece, cuadro horrible que en vez de ser socorrido por las almas generosas, ahuyenta á guisa de feroz contagio, á los poderosos que prefieren prodigar el oro en sus orgías á emplearlo en socorro de los desvalidos.

Aislada en su pobreza la familia de María, era imposible que esta jóven hallase un partido digno de su belleza y de sus virtudes, cuando colocada en la sociedad, aunque en puesto humilde, podia ser probable que ya que no contragese un enlace brillante, encontrase á lo menos algun artesano honrado que aspirase á ser su esposo y pudiese proporcionarla con su trabajo un porvenir tranquilo y feliz cual sus virtudes merecian.

I.

138

Pero á pesar de que todas estas circunstancias hacían la despedida de María, lejos de ser considerada como un infortunio, fuese preludio de lisongeras esperanzas, el momento de la separacion fué acerbamente doloroso.

Es imposible describir el magnífico grupo de aquella virtuosa familia. Despúes de un largo rato de silencio interrumpido por los sollozos de todos, mientras María y su madre la pobre ciega, permanecian estrechamente abrazadas, despues de haber abrazado y besado á todos sus hermanitos, lanzóse María al cuello de su padre, inundóle tambien de besos y de lágrimas.... Arrodillóse á sus piés, recibió su bendicion y huyó precipitadamente á la calle.

FIN DE LA PARTE PRIMERA.

PARTE SEGUNDA.

EL GRAN MUNDO.

CAPITULO PRIMERO.

LA CORRESPONDENCIA.

ON motivo de la ocurrencia del desafío entre don Luis de Mendoza y el francés de las barbas, abandonó fray Patricio la Fontana de Oro, y se bospedó en casa de una de sus hijas de confesion que se llamaba la tia Esperanza.

Esta muger era una de esas viejas, inicuos instrumentos de la desmoralizacion y sensualidad, que pasan la mitad del dia seduciendo á inocentes y candorosas niñas, y la otra mitad rezando en el templo de Dios. Con sus rezos y la absolucion de su padre espiritual fray Patricio, vivia la tia Esperanza muy grandemente en este mundo, con la seguridad de alcanzar la gloria eterna en el otro.

Pero desde que fray Patricio habia dejado el confesonario y los hábitos convirtiéndose en *Don* Patricio, la tia Esperanza era no solo su ama de gobierno, sino su confidenta hasta de los mas íntimos secretos de su corazon. Así es que esta maldita vieja estaba enterada de la vida y milagros de aquel santo varon; pero hacia muy pocos dias que sabia los deseos del fraile respecto de la hija del jornalero. Habíale confiado fray Patricio este secreto porque esperaba que lo que no habia sabido él alcanzar por sí mismo, podria acaso lograrlo por la acreditada astucia de la vieja, que tenia un talento privilegiado para pervertir doncellas, y eso que el aspecto de la tia Esperanza prevenia muy poco en su favor. Ensayémonos en hacer su retrato.

El rostro de la tia Esperanza era pálido y descarnado. Su pelo rojo con algunos mechones de canas dividíase encima de su arrugada frente. Tres ó cuatro canas y otras tantas cerdas rojas formaban las cejas que entoldaban sus asquerosos ojos verdes, ribeteados de encarnado y sin pestañas. La nariz sumamente abultada á guisa de cabeza de carnero, estaba en continuo roce con su barba, que remataba con una berruguita peluda que parecia un pincel. Su boca enteramente exhausta de muelas y dientes estaba acentuada por un bigote canoso que podrian envidiar algunos veteranos. Su voz era acatarrada y temblona. Tenia corto cuello; pero le sobraba en cambio una joroba regular, ladeada hácia el hombro derecho. A escepcion de este promontorio, todo su cuerpo era igual, por manera que el vestido de estameña negra que llevaba tanto en invierno como en verano, caia perpendicularmente á pesar de la correa que le ceñia por donde las demas mugeres tienen la cintura. Un manton tambien de estameña negra, servíale de mantilla, y cuando iba por las calles se cubria el rostro de tal modo que solo descubria su descomunal nariz, cuya palidez contrastaba con la oscuridad de su trage.

La casa de la tia Esperanza, habitacion de fray Patricio, estaba situada en la Concepcion Gerónima.

Fray Patricio ocupaba un cuarto decentemente amueblado, con

.... alcoba y gabinete que tenia muy buenas luces.

...... gabinete, cuyo balcon daba á la misma calle de la Con-
.... tenia fray Patricio su mesa de despacho, por-
.... convertido en hombre de grandes negocios.

...... siervo de Dios hacia lo que hacen infinidad de per-
...... Madrid que pasan por muy honradas.

...... dinero al *módico* interés de cincuenta por ciento, de-
.... dejar en garantía cualquiera alhaja que ascendiese á la
cantidad convenida, fijando un plazo, vencido el cual sin que se
.... aquella suma, quedaba dueño de la alhaja.

...... esta escandalosa usura y las grandes cantidades que reci-
...... de la córte de don Cárlos para trabajar secretamente en *favor*
...... causa, fray Patricio se habia hecho millonario, y tenia bas-
.... y prevision para acertar algunas jugadas de bolsa.

...... ademas este seráfico padre un establecimiento de público
...... en la Red de San Luis, servido únicamente por agraciadas
...... jóvenes, y no eran por cierto pocos los incautos que
...... la tal red. Allí, entre otras diversiones *inocentes*, jugá-
...... suerte de juegos prohibidos.

...... que fray Patricio sacaba de este establecimiento era
...... importancia inmensa.

...... de San Isidro acababa de dar las tres de la tarde.

...... mes de marzo de 1836 espiraba. El dia era hermoso y apa-

...... mismo dia en que habia abandonado María el hogar pa-

...... fray Patricio en un sillon que habia junto á la mesa de
...... tomó un polvo, cogió luego la pluma y escribió lo si-

†

...... Tristany: Le doy el parabien y conmigo todos los
...... la religion y de su caudillo nuestro soberano y señor
...... (Q. D. G.), por el nuevo triunfo obtenido junto á
...... habiendo sido heróicamente degolladas por nuestros
...... del altar y el trono, dos compañías de hereges
...... tropas cristinas y milicianos. Esto y el rasgo ......

nos del francmason Mina, han sabido responder fusilando á los prisioneros y arrojando sus cadáveres sangrientos á los piés de aquel general judio, ha llenado de terror pánico á todos los liberales de por acá. El mismo efecto habrá causado en todas partes cuando tan graves desórdenes ha habido en Barcelona. La sangre de nuestro héroe de Olot (1) pide venganza. Ánimo y no cejar en la senda empezada. Ninguna compasion merecen los que profanan los templos y asesinan bárbaramente á los ministros de Dios.»

«Los liberales andan atortolados y no se entienden, todos quieren ser ministros para robar. La desunion es grande..... yo y mis amigos sabemos fomentarla..... no nos descuidamos..... de todo se saca partido.»

«Los milagros de sor Patrocinio han producido resultados escelentes (2). La niña hacia su papel á las mil maravillas!... No es por adularme, pero ya sabe usted que era discípula mia.... Yo la induge á que por medio de cierto cáustico se ulcerase el cútis de los piés, y con otros untos irritantes sostuviese las llagas para lograr nuestro objeto. Como la monjita era jóven y bien parecida, interesaban sus dulces palabras, y sus pronósticos eran creidos como el Evangelio por ciertas gentes. Tan buenos efectos lograba la causa de nuestro amado soberano don Cárlos, con este virtuoso en-

---

(1) O'Donell, gefe de los carlistas, que cayó prisionero en Olot y habia sido trasladado á la ciudadela de Barcelona, desde Figueras, fué víctima del desenfreno de las turbas del pueblo catalan, que al saber las atrocidades de los facciosos invadieron las cárceles y con bárbara algazara asesinaron á todos los presos carlistas.

(2) El PANORAMA ESPAÑOL, CRÓNICA CONTEMPORÁNEA, en la página 78 del tomo tercero refiere este acontecimiento histórico, que por su ridiculez parece fabuloso, del modo siguiente:
«Tiempo hacia que se hallaba en la capital del reino una monja de franciscas de la calle del Caballero de Gracia, llamada sor Patrocinio, la cual tenia unas llagas abiertas por milagro, que nada alcanzaba á curar, resistiéndose á todos los remedios con ciertas palabras que misteriosas salian de la carne lastimada, segun el decir del vulgo. Contábanse ademas de esta monja varios milagros, conversaciones y vuelos con los demonios, y otros absurdos, hijos de la credulidad y superstición, trayendo los que esto creian en olor de santa á la monja fundadora. Ni el gobierno, ni la gente sensata hicieron nunca caso de ella, ni de sus llagas, ni de sus milagros, hasta que la echo de profetiza y empezó á meterse en la política, vaticinando triunfos á los carlistas, que hacian grande impresion entre los partidarios del Pretendiente. Ni aun con esto hubiera dado el resultado alguno, á no haberse ocupado el Diario de Roma de los vaticinios en este sentido, y el haberse añadido que entre los reagregados de Teplitz se .... delitos y tropas .... del suceso que los ....

gaño, hecho en beneficio de la religion, que los milagros de sor
Patrocinio alarmaron al gobierno, y una comision de facultativos
pasó de su órden al convento de franciscas, y despues de haber
examinado las úlceras de nuestra *santa*, las calificó de superche-
rías; en cuya virtud se trasladó á la pobre monja á una casa particular bajo la vijilancia y curacion de un tal Argumosa, médico
afamado.»

«Por esta relacion verá que aquí no nos dormimos en las pajas,
que todos los resortes se tocan, todos los medios se emplean, y
esto unido á la desunion, desaciertos y ambiciones de los liberales, nos dará en breve el triunfo.»

«Mi posicion es ventajosísima; frecuento las mas altas sociedades, los primeros personages de la córte, inclusos los ministros,
me dispensan su amistad. Tengo á Mendizabal embaucado, y con-
tribuyo á que cometa mil desaciertos. Su programa que con tanto
entusiasmo fué recibido, está ya desacreditado. De nada le servirá
el voto de confianza que le han dado las Córtes..... el desaliento
se ha introducido en los ánimos de los liberales.»

«Ya sabrá mejor que yo las ocurrencias de Barcelona y las de-

---

á tal altura el negocio, el gobierno nombró una comision de facultativos, compuesta de los señores Seoane, Argumosa y Gonzalez, los cuales con el juez de
primera instancia don Modesto de Cortasar y un piquete de nacionales se tras-
ladaron al convento de franciscas para examinar las llagas.»

«Poco tuvieron que hacer para penetrarse de que eran las tales llagas una
superchería de la monja, la cual por sí ó por consejos de algun fautor de milagros, se aplicaba cierto cáustico con que se ulceraba la piel, y luego sostenia
con untos irritantes las úlceras, como se practica con los fontículos ó fuentes
que se abren por remedio. En virtud de esta declaracion, la monja quedó sujeta,
trasladándola en coche y con recato á una casa particular á la vigilancia y curacion que dirigió el señor Argumosa. Las llagas se curaron muy pronto, sin haber pronunciado la menor protesta contra la medicacion. Esta monja habia cumplido 24 años, y era de muy buen parecer. Hija de una familia liberal, arrui-
nada en 1824, se vió precisada á servir, y empezó en casa de un capellan de
guardias. Luego sirvió en el convento de monjas comendadoras de Santiago (calle
de Alcalá), donde empezó á distinguirse por su aficion á las prácticas religiosas,
y tal fué ya su vocacion, que manifestó deseos de profesar. La humilde comu-
nidad con todo, á pesar de las buenas disposiciones de la aspirante, se encontró
con un obstáculo invencible para admitirla. Patrocinio era plebeya, y para con-
sagrarse al Señor en las comendadoras de Santiago debia de ser de alta alcurnia.
Viéndose la devota sirvienta burlada en sus esperanzas, dirigió sus miradas á los
conventos democráticos, y supliendo la falta de fondos un devoto director de rentas que franqueó 14,000 reales, fué recibida en las franciscas del Caballero de
Gracia á la edad de 16 años. En este nuevo asilo se acrecentó su elevacion ascé-
tica: se hizo grande devota de nuestra señora del Olvido, cuyo culto á sus instancias fué mas activo y celoso, comunicándose la devocion á las demas religiosas y sus relacionados. Tanto fué al fin su celo y entusiasmo religioso, que acabó
por estar en éxtasis continuo y hacer milagros, segun el vulgo decia. Sus hermanas la tenian en olor de santa. Mas descubierta su superchería, nadie se acordó ya
ni hizo caso de la monja sor Patrocinio, á escepcion de algunos pocos fanáticos.»

portaciones, hechas con la fragata Artemisa, de varias personas á Canarias.»

«Es preciso fomentar estas deportaciones tan crueles como arbitrarias. Así se destruyen mútuamente los partidos moderado y exaltado y desacreditan su causa.»

«En todas partes hay síntomas de agitacion. Las Córtes......»

Al llegar aquí, la pluma de fray Patricio iba muy mal.

Levantóse y aproximóse al balcon para cortarla..... en el momento en que pasaba María por la acera de enfrente. Vióla fray Patricio y fuese apresuradamente á tirar de un cordon que había en su gabinete.

Sonó una campanilla y presentóse inmediatamente la tia Esperanza.

—¿Señor?—dijo esta en voz humilde.

Asióla fray Patricio del brazo, la llevó al balcon, y señalando con el dedo á María, esclamó:

—¿Ve aquella jóven alta, morena?.....

—¿La del vestido color de mahon?

—La misma. Es la jóven de quien la he hablado hace poco.

—Vamos, vamos, que no tiene usted mal gusto. ¿Y qué se ofrece?

—Es preciso que la siga, que la hable..... en fin..... ¿para qué mas esplicaciones?

—Ya lo entiendo—dijo la tia Esperanza sonriéndose.—¿Quiere usted que la hable..... que la tantee..... que la catequice..... que la haga entrar en razon?....

—Corriendo, hermana—dijo con impaciencia fray Patricio—no sea cosa que se aleje demasiado y la perdamos de vista.

—No hay cuidado. ¿No ve usted qué pausadamente anda la pobrecilla? ¡Parece un pichoncito perdido!.... Y me suelta usted contra ella como si fuera yo un gavilan de doncellas.....

—Vamos, vamos por Dios, hermana Esperanza, no es ahora tiempo de chanzonetas. Dése prisa.

—Allá voy, señor, allá voy.....

—A ver cómo luce esa travesura de ingenio.

—Seria el primer pez que no cayese en mis redes.

—Pues como logre ablandarla y hacer que corresponda á mi pasion, habrá un regalo estraordinario.

—Ya sabe usted que yo no hago estas cosas por interés, sino por bondad de corazon.

La tia Esperanza pronunció estas palabras con dulzura, cruzando una mirada de amistosa inteligencia con fray Patricio, y después de ponerse el negro manton, echóse apresuradamente á la calle en pos de la hija del jornalero, mientras fray Patricio concluia su carta al cabecilla Tristany.

CAPITULO II.

LA PUERTA DEL SOL.

Nada hay seguramente en Madrid tan famoso como la *Puerta del Sol.* La celebridad de esta plaza se ha hecho europea, y sin embargo es de las mas irregulares de Madrid; pero como está situada en su centro y desembocan en ella las calles principales como son la Mayor, la de Preciados, la del Cármen, la de Carretas, Alcalá, Montera y Carrera de San Gerónimo, es tan numerosa la concurrencia, que las mas de las veces se transita por ella con dificultad.

En este sitio fabricóse por los años de 1520 un castillo que tenia por objeto defender á Madrid de las turbas de bandidos que infestaban sus cercanías. Encima de su puerta habia un sol pintado; pero desapareciendo después este castillo con el aumento de la poblacion por aquella parte, quedó solo para recuerdo el nombre de *Puerta del Sol.*

Aunque esta plaza es irregular, como hemos dicho, la elevacion de las casas, el inmenso edificio de Correos, y sobre todo las brillantes vistas que ofrecen las hermosas y anchas bocas calles que la rodean, justifican su celebridad.

La *Puerta del Sol,* bullendo siempre de holgazanes de buen humor, de toda suerte de carruages que se cruzan, de aguadores que clamorean, de ciegos que se desgañitan, de políticos que disputan, de cesantes que bostezan, de manolas que rondan y en fin de toda clase de gentes de ambos sexos y de todas edades y condiciones que transitan, presenta el cuadro mas animado de Madrid.

Cuando María abandonó la casa paterna, iba por las calles sumergida en profundas meditaciones, sin direccion, sin plan, hasta que llegó maquinalmente á la *Puerta del Sol*, donde el bullicio y general alegría de la multitud, contrastaba acerbamente con el doloroso afan de aquella infeliz criatura.

Arrollada por una turba de curiosos que se agolpaban en der-

redor de unos ciegos; vióse María obligada á seguir la direccion de los demas y quedó encerrada en el apiñado círculo que formaban.

Templó un ciego su violin, y á poco rato entonó á duo con su compañera de oscuridad, que tocaba la guitarra, las siguientes seguidillas interrumpidas por los aplausos y risotadas de los oyentes, cuya mayoría se componia de mugeres andrajosas, soldados de rostro abrutado, aguadores y mozos de cordel.

La muger que pretenda
salir de agovios
es preciso que entienda
de cazar novios,
    Que hay malandrines
que cortejan á todas
con malos fines.

—

«Yo soy como una malva»
dice el que es ducho,
y agota luego en salva
todo el cartucho;
    Pero el demonio
hace que huya á la idea
del matrimonio.

—

Una graciosa niña
de ojitos bellos,
debe saber la viña
que tiene en ellos.
    Con tales ojos
toda hermosura alcanza
ricos despojos.

—

Mire á los sacristanes
con dulce gesto,
pues no hay en sus afanes
nada indigesto.
    Cada piropo
sabe á cosa bendita
con el hisopo.

Este canto que escitaba la general hilaridad, acibaraba el tormento que sufria la desolada jóven. Logró por fin, no sin tener que emplear grandes esfuerzos, salir del recinto en que aquella turba de *diletanti* la tenia encerrada; pero abrumada de tristes pensamientos, sin saber á donde dirigir sus pasos. En tan penosa incertidumbre observó que la puerta principal de la iglesia del Buen Suceso estaba abierta, y animada por cierta esperanza verdaderamente angelical, introdújose en el templo para dirigir á la Virgen sus plegarias, á fin de que se dignase iluminarla en tan apurado trance.

Serian ya las cuatro de la tarde.

La iglesia de *Nuestra Señora del Buen Suceso* es de mezquina construccion y nada absolutamente tiene de recomendable su decoracion artística; pero el sitio privilegiado que ocupa en la *Puerta del Sol*, hále dado celebridad. Particularmente su fachada es raquítica y de mal gusto. En ella está colocado un reloj que es el que generalmente sirve de norma á los demas. Este reloj está alumbrado de noche.

El egército invasor de Napoleon dejó el interior de este templo escesivamente mal tratado: despues se repararon los daños que en él babia hecho la perfidia y el espíritu de profanacion y de venganza; pero se le habilitó con estremada sencillez.

Dícese que la imágen de Nuestra Señora que se venera en el altar mayor fué hallada en un monte por dos hermanos de la congregacion de los Obregones.

Dejemos por un momento á María postrada ante esta veneranda imágen, orando con fervor, para dar cuenta á nuestros lectores de un suceso, que aunque ageno de esta historia, merece quedar consignado en ella, toda vez que algunos de los héroes españoles que figuraron en él fueron fusilados, unos en esta misma iglesia, y otros en su patio.

. . . .

El 2 de mayo de 1808 dió Madrid el grito de *¡independencia nacional ó muerte!* y un puñado de valientes, á cuya cabeza se hallaban los capitanes don Pedro Velarde y don Luis Daoiz, osaron desafiar al aguerrido, numeroso y vencedor egército francés, que bajo las órdenes de Murat ocupaba la capital de España.

Refugiados en el parque, armaron al pueblo con los fusiles de 80 soldados franceses que rendidos á discrecion fueron encerrados en un patio, y colocaron algunas piezas enfilando la calle de San Pedro.

Presentáronse fuerzas francesas, y fueron abuyentadas por una descarga de fusilería. Desde este momento el entusiasmo inflamó el pecho de todos los valientes madrileños, empeñóse la lucha por todas partes, y la sangre corrió á torrentes.

Una nueva columna francesa aproximóse al parque y fué destrozada por el fuego de los cañones.

Entonces dirigióse contra él la primera division wesfaliana al mando del general La-Grange. Empeñóse un vivísimo fuego de artillería y fusilería, y en aquel momento fué cuando encontró Velarde su gloriosa muerte recibiendo un balazo en el pecho á los 28 años de su edad.

Esta desgracia, la falta absoluta de municiones, el cansancio y la enorme superioridad de los franceses, obligaron á oir á un general francés que al frente de otra division hizo señal de parlamento.

Recibióle Daoiz, vióseles hablar algunos segundos, y repentinamente ponerse en guardia y batirse. En este acto precipitáronse contra nuestro valiente multitud de granaderos franceses, de los cuales se defendió solo con sin igual denuedo, hasta que cayó mortalmente herido.

Entonces los franceses, abusando de su triunfo, colmaron su venganza...... salpicaron todas las calles, paseos y hasta los templos de Madrid, de sangre española, de esa sangre que solo circula por las venas de los héroes, de esa sangre de los Cides y Padillas, que ha sellado la honrosa verdad de que EN ESPAÑA SE MUERE CON VALOR, PERO NO SE SUFRE EL YUGO DE LOS ESTRANGEROS. Hasta en los templos de Dios, hemos dicho, llevaron la matanza nuestros enemigos, y en la iglesia y patio de *Nuestra Señora del Buen Suceso* fueron inhumana y cobardemente fusilados varios desgraciados madrileños, segun consta en la inscripcion que se puso al lado de la epístola.

El 2 de mayo de 1808 fué un dia de luto para España; pero lo fué tambien de gloria y heroismo.

. . . .

Postrada María ante la imágen de la Vírgen, seguia orando cuando se le aproximó una vieja vestida de negro y le dijo:

—Hija mia, ese fervor con que te encomiendas á esa santa imágen me llena de alegría, porque....... la verdad....... en el dia son tan pocas las jóvenes que pisan estos santos lugares!.....

Estas palabras fueron pronunciadas con tanta amabilidad, que

María no pudo menos de dirigir una mirada llena de dulzura á la vieja.

—Señora—respondió la afligida jóven—me veo en una situacion tan lamentable, que solo Dios ó su divina Madre pueden inspirarme alguna idea de consuelo. Esto es lo que estoy suplicando á esta inmaculada Virgen.

—¿Y qué es, hija mia, lo que causa tu desasosiego?—preguntó la vieja.

—Señora—respondió María—me veo abandonada. He tenido que dejar la casa de mis padres á fin de no morirme de hambre con ellos, y quisiera hallar una colocacion en cualquiera casa, que me proporcionase mi subsistencia, y algo si pudiera ser para dar algun socorro á mi pobre familia.

—Pues has de saber, hija mia, que esta divina imágen ha oido ya tus plegarias.

—¿Cómo así, señora?—esclamó María.

—Porque yo sé una casa, en donde esta misma noche te recibirán, y con tal de que sepas coser medianamente y tengas disposicion para aprender lo que allí se te enseñe, estarás como el pez en el agua, y podrás reunir algunos ahorrillos para socorrer á tus padres.

—¡Ah! ¡señora!..... ¡dice usted bien!... ¡sin duda la Vírgen ha oido mis plegarias!... ¿Cuál es, señora, esa casa que dice usted?

—Casa de la marquesa de Turbias-aguas, en la Red de San Luis. A cualquiera que preguntes te dará razon.

Dicho esto desapareció la vieja, que ya habrá adivinado el lector era la tia Esperanza.

María dió gracias á la Vírgen por aquella singular aventura, y aguardó á que anocheciese para ir á casa de la marquesa de Turbias-aguas.

CAPITULO III.

EL PALACIO DE LA MARQUESA DE TURBIAS-AGUAS.

Al dar comienzo á la descripcion de las costumbres sociales de eso que se llama EL GRAN MUNDO, con las ridiculeces de ciertas notabilidades llenas de presuncion, sin mas elementos de figurar que la depravacion y estravagancia de sus actos, no llevamos otra idea que poner en cotejo á esos entes corrompidos, con la buena sociedad de Madrid, cuyas virtudes describiremos á su tiempo para vergüenza de los que siguen la senda de la inmoralidad.

Desde la tienda mas humilde hasta los marmóreos palacios de la elegante aristocrácia de Madrid, nótase franqueza, amabilidad y esmerados modales en la mayoría de las gentes, que indican la cultura de que han tratado de despojar á los españoles ciertos estrangeros de ruin calaña, y si hay vicios en Madrid, si se cometen crímenes, distan mucho, tanto en su gravedad como en su número, de los que se perpetran en Londres, Paris y otras capitales, hallándonos sin embargo nosotros á merced de las revueltas políticas que tienen enconadas las pasiones.

Es preciso sin embargo confesar, aunque pese á los grandes señores, que hay mas ilustracion en las masas populares y trabajadoras, que en las dos aristocracias que con ridículo empeño se disputan en la actualidad la primacía. Mientras admiramos las virtudes de los artesanos que no tienen otra ambicion que la de atender con su trabajo á las precisas urgencias de sus familias, y sa-

...appas y gastos, recarse en las aras de la patria para ...de toda dominacion opresora, vemos con indignacion que una turba de miserables especuladores que han sabido apro- ...de las públicas calamidades para atesorar riquezas, quieren probar que no hay mas positiva aristocrácia que la del oro, y lan- ...mirada de desden á la aristocrácia de la sangre. Esta por su parte defiende con tesón la importancia de sus viejos pergami- nos. En una y otra aristocrácia descuellan los entes mas ridícu- los de la sociedad; creen los unos que el dinero les dá dere- cho á figurar en los primeros puestos de la nacion, y ensartar sandeces en la tribuna parlamentaria; y llevan los otros su im- becilidad hasta el estremo de suicidarse de hambre en la mesa para lucir asiático lujo en el coche, agoviados de trampas y de pleitos. Estos mentecatos llegan á figurarse que porque despre- cian á la multitud, porque no saludan á los que nacieron en hu- milde cuna sin las riquezas que ellos despilfarran, han alcanzado tan elevada posicion en el mundo, que les debe el pueblo el mismo respeto y veneracion con que acata la efigie de la Divinidad; pero el pueblo, que ha compadecido hasta ahora la demencia de tan va- nos como estúpidos personages, va cansándose ya de los críme- nes á que les conduce su orgullo, y acaso no está lejos de con- vertirse en ira y venganza el desprecio que á su vez ha prodi- gado hasta ahora al insonme delirio de los magnates opulentos ...oprimen para divinizarse. No tratamos de escitar el en- ...del pueblo contra ciertos monopolistas.... nuestro objeto es ...antes ambiciosos el peligro que corren, para que mo- ...sus costumbres, porque lo que ellos llaman costumbres del ...con bacanales de asquerosas orgías, nombre que han ...palaciegos al espectáculo de sus indecentes crápulas.

Hablemos ya del origen de una de esas casas donde se reunen ...de alta gerarquía, tipo de intrusas usanzas, que for- ...contraste con la proverbial gravedad y honradez españolas, ...finura y elegancia de muchos capitalistas probos y per- ...condecoradas con títulos de nobleza, cuyos bellos senti- ...pondremos en accion en la tercera parte de nuestra his- ...toria...

...de los amos sirve generalmente de norte á los ...con frecuencia suelen verse, entre las familias honradas,

20

á esos criados fieles de una probidad á toda prueba, que .... por amor que por interés, sirven con esmero y cariño á los ..... ben tratárles con la dignidad que toda humana criatura se mere-ce. Pero cuando los que mandan, engreidos por su alta posicion en la sociedad, por su riqueza, ó por una vanidad insensata, se erigen en señores para tratar como esclavos á sus sirvientes, y lejos de grangearse gratitud y respeto, son el objeto del secretas mur-muraciones, el blanco de la maledicencia y del escarnio entre las personas que se ven humilladas porque nacieron mas pobres.

De esta calaña eran los criados de la marquesa de Turbias-aguas.

Todas las tardes solian salir á paseo en coche la marquesa y su hija, y entonces era cuando el mayordomo Ambrosio y la cama-rera principal, llamada Inés, entre quienes mediaban relaciones mas que amistosas, mezclaban en sus amorosos coloquios los mas atrevi-dos sarcasmos contra la reputacion de sus dos amas.

Mientras el negro Tomás, mozo de cuadra de la marquesa, dormia como un liron, hé aquí la conversacion que tenian los dos criados de mas confianza de la casa, á la misma hora en que Ma-ría oraba en la iglesia do *Nuestra Señora del Buen Suceso.*

—Te aseguro, mi querida Inés, que estoy harto ya de impertí-nencias de la vieja marquesa y de su hija —dijo Ambrosio.

—¡Pues digo! —repuso Inés —¿qué dirias si tuvieses que agoan-tar las que yo sufro? Tener que llenar todos los dias de perifo-llos á esas dos tarascas.... La vieja, sobre todo, me da mucho co-rage. Con mas años que Matusalen......y aquella caratula atroz que parece la luna llena con un pepino por nariz!.....Luego...... la buena señora, empeñada en tener buen cuerpo á pesar de su estremada gordura..... Si vieras cómo suda cuando la aprieto el corsé!...cada gota es como un garbanzo !.....

—Y que no olerá á esencia de rosas —esclamó Ambrosio sol-tando una carcajada.

—Figúrate tú —añadió Inés. —Además..... peina todos los dias su peluquita negra.....limpia su dentadura...

—¿Cómo su dentadura? ¡pues qué ¿es efectivamente suya?

—¡Vaya si lo es! como que yo la pagué de su dinero. Y ven-ga el chal, y las flores, y los flecos, y.... ¡Malditas sean las vie-jas presumidas!

—Amen; y mas cuando están gordas. Las viejas de gran volúmen debieran ser arrojadas al mar, que es la mansion de los pulpos y de las ballenas.

—Dices bien, y sobre todo si son zalameras y vanidosas.

—¡Pues vive Dios, que tiene motivos para toda esa vanidad y orgullo! Mira —añadió Ambrosio bajando la voz— hay quien asegura que en su juventud iba con su botijo debajo del brazo vendiendo agua por los tendidos de la plaza de toros.

—¡Si querrás tú contarme su historia... á mí —dijo Inés— que la sé como el padre nuestro? ¿A qué no sabes tú á quien debe su título de marquesa?

—¿A quién?

—Al señor don Patricio.

—¿Ese señoron tan aficionado á las hijas de Adan?

—Él mismo..... él corrió las diligencias..... compró los pergaminos..... en una palabra, él la hizo noble. Cuántos nobles habrá en Madrid por este estilo, ¿no es verdad?

—Ya se vé que sí..... en teniendo dinero..... todo se consigue. Ya ves tú..... cuantos condes, y duques y grandes frecuentan esta casa,..... Es una de las tertulias del buen tono de Madrid..... Aquí vienen una porcion de bellezas, que todas tienen su chichisbéo..... aquí se juega el oro con profusion; pero como el ama de la casa es marquesa y los que la visitan son del gran mundo..... la policía hace la vista gorda. Si un pobre entra en un garito á probar fortuna y me lo atrapan los celadores, me lo mandan á Melilla con cajas destempladas; pero los marqueses tienen carta blanca para burlarse de la justicia..... esto será seguramente de muy buen tono. La alta sociedad, amiga mia, está tan alta que no la alcanzan las leyes.

—Está visto —dijo Inés— que lo peor de este mundo es ser pobre.

—Por eso debemos aprovecharnos de la ocasion. No digo yo precisamente que robemos..... ¡Dios me libre!..... ademas..... el robar con talento..... no es robar.

—¿Pues qué es?

—Conquistar.

—Conquistemos, pues, mucho, y luego que el fruto de nuestras conquistas pueda proporcionarnos un decente porvenir, nos casamos, y vivimos en santa paz y gracia de Dios; pues si las impertinencias de la vieja me tienen fastidiada, los melindres y fatuidad de su hija me aburren que es por demás. Verdad que se casa por fin con el marqués de Casa-Crestal.... Dice los cria y ellos se juntan.

—¡Bah! bah!.... conquistemos cuanto podamos.... y á la iglesia luego por la bendicion del cura, que tengo unos deseos de ser el dueño de mi casa.... y unas ganas de....

—Calla esa lengua, bribon, que vas á decir un disparate—esclamó Inés interrumpiendo á Ambrosio en ademan de taparle la boca con la mano derecha.

—Tienes razon; las cosas se hacen y no se dicen—repuso

Ambrosio besando la mano de Inés que en este momento llegaba á sus lábios.

—Anda allá, buena alhaja.

Una campanilla que sonó á la puerta de la escalera interrum-

pió esta conversacion y el sueño del negro, que corrió á abrir
apresurado, figurándose que volvian de paseo las señoras.

—Ave María purísima—esclamó al entrar la tia Esperanza.

—Sin pecado concebida—contestó Inés.

—¿Tanto bueno por acá?—dijo Ambrosio.

—Vengo del Buen Suceso—respondió la tia Esperanza—de
hacer mis acostumbradas oraciones, y me he llegado hasta aquí
con el deseo de ver á mi señora la marquesa.... Dios

—¡Siempre rezando!—dijo Inés.—Es usted una santa muger.

—No, hija mia, no, soy muy pecadora—esclamó la vieja con
gazmoñería;—pero confío en la misericordia de Dios y en la in-
tercesion de su santísima Madre.

La tia Esperanza pronunció estas palabras con acento enternecido, y sacando su tabacoso pañuelo de colores á cuadros, se llevó
á los ojos en ademan de enjugarse las lágrimas.

—La verdad, tia Esperanza—dijo maliciosamente Ambrosio—
¿á cuántos hombres ha engañado usted en su juventud?

—¡Uf!—respondió escandalizada la vieja hipócrita:—¡Dios me
libre! y para que veais el ódio que me han inspirado siempre los
hombres, os diré en breves palabras mi historia. Si aborrezco á
los hombres, no es porque no hayan solicitado mi mano mas de
cuatro; pero yo siempre he dado calabazas á todos. Siempre he
tenido horror al pecado carnal. Apenas tenia doce años, un hijo
de un boticario, que vivia en frente de mi casa, empezó á decirme
chicoleos. Yo, ya se vé, niña inocente, que acababa de salir del
cascaron, como quien dice, escuchaba con placer los requiebros
del galopin, que tenia dos ó tres años mas de edad que yo. Ya se
vé, como los hombres han sido tan malos en todos tiempos, el mo-
cito no se dormia en las pajas, y yo, tonta de mí, dejábame llevar
como una ovejilla. Un santo confesor que me mostraba mucho
afecto, y á quien revelé un dia nuestras picardigüelas, abrióme
el ojo, y desde entonces..... ¡bendito sea el Señor!.....desde entonces he procurado siempre con mis rezos y oraciones conjurar
las tentaciones del demonio; pero como este espíritu maligno está
siempre en acecho para perder nuestras almas, se me presentó
á los diez y seis años en forma de gallardo jóven. Su presencia
encantadora, sus tiernos halagos, sus promesas de ser mi marido,
influyeronme en términos que concebí por él una pasion violenta

Hizo de mí cuanto quiso, Dios me perdone, y despues de haber satisfecho sus torpes deseos, me abandonó. Lloré meses enteros mis faltas haciendo firme propósito de no volver á pecar, pasando, segun mi costumbre, la mayor parte del dia en la iglesia, hasta que un dia vino á enjugar mis lágrimas un sargento de la guardia real, muy buen mozo, y sobre todo muy honrado. Este era todo un hombre de bien..... sus intenciones eran sanas.... muy temeroso de Dios..... como que ayunaba toda la cuaresma. Nuestro matrimonio estaba aplazado para dos meses despues.... y..... ya se vé, como somos de frágil barro..... cometimos cierto desliz....', que me ha costado despues muchos años de silicio.... el infeliz murió en la célebre accion de Bailen sin haberme podido dar el nombre de esposa, dejándome no obstante un angelito que dos años despues falleció de sarampion. Rabioso siempre el demonio al ver mi constante devocion y mi amor á las cosas religiosas y santas, no se contentó con las pasadas tentativas, sino que en diferentes épocas se ha valido de todos los infernales medios de seduccion, presentándome multitud de espíritus malignos en forma encantadora de hombres; pero gracias á mis oraciones y á mi santo temor de Dios, he triunfado de todos sin haber respondido á cada uno mas que el tiempo necesario para conocér sus malas mañas. De este modo llegué á los cincuenta años siempre rezando, siempre amante de la religion de nuestros padres y de los reverendos ministros del altar. Cansado el diablo por fin, ha dejado de perseguirme, y viendo yo que los hombres, ya desengañados, nada me decian, tomé el hábito para consagrarme enteramente á la vida contemplativa y penitente hasta que el divino Salvador tenga á bien disponer de esta miserable pecadora.

—Lindamente, tia Esperanza —esclamó Ambrosio sonriéndose con aire de truan.—El resultado es que hasta los cincuenta años les ha sido la vida de usted un tegido de amorosas travesuras, que ha tenido fruto de bendicion sin estar casada, que jamás ha estado sin alguno de esos hombres á quienes aborrece, y que se ha retirado usted del mundo y sus vanidades cuando ya estos hombres malvados, considerándola á usted como flor marchita y deshojada.....

El ruido de un coche que paraba á la puerta de la calle interrumpió de repente esta conversacion.

—¡Las señoras!—esclamó Inés, y el negro Tomás se dirigió precipitadamente hácia la puerta.

A poco rato aparecieron la marquesa de Turbias-aguas y su hija doña Eduvigis.

Ya sabe el lector que la señora marquesa era una vieja coqueta llena de presuncion. Su estremada obesidad, haciase tanto mas notable cuanto que la buena señora tenia un particular empeño en ostentar delgada cintura. Haciase en, consecuencia apretar el corsé en términos, que dividiendo la abultada espálda en dos mitades, formaba dos globos como el pecho; por manera que solo por la cabeza podia conocer el que la miraba si estaba aquella vision, de frente ó de espaldas. Su rostro era mas ancho que largo, sus ojos de un azul tan claro que aparecia que no tuviesen pupilas, eran saltones, ribeteados de coral y tenian por cejas dos acentos circunflejos de canas teñidas: Es inútil en consecuencia decir que sus negros y lustrosos bucles eran postizos así como su dentadura. Esta veiase rodéada de unos lábios abultados y rugosos porque los apretaba con zalamería á fin de aparentar mas graciosa y pequeña su boca descomunal. Tenia en la nariz varias berrugas que la hacian asemejar á un pepino, como ha dicho oportunamente Inés, y, debajo de la barba un sobrante de gordura descansaba sobre su pecho formando simetría con las abultadas megíllas, en las que luchaba el mas encendido colorete con los estragos de la vejez. No hemos hablado del cuello de esta joya del bello sexo, porque la marquesa de Turbias-aguas no tenia cuello, su barba estaba al nivel de sus anchurosos hombros. Su estatura era muy limitada, y á pesar de que sus riquísimos trages estaban hechos por la mejor modista de Madrid, cuanto mas engalanaba la buena señora su físico, mayor era el contraste de sus elegantes adornos con la monstruosidad de su volúmen sin formas.

De una capota de gró blanco con dos grandes plumas amarillas separadas por un lazo de cinta carmesí, salian abultados bucles de llustrosa seda que cubrian en parte sus megillas: Un vestido de tafetan oscuro tornasolado con tres volantes color de rosa, de cuerpo fruncido á lo virgen, chal encarnado de cachemira, guantes amarillos y encima de ellos multitud de sortijas en los dedos de entrambas manos, gran ramillete en una de ellas, reloj rodeado de perlas que pendia de una gran cadena de oro y caia sobre su corazon, y por fin una pulsera de la que colgaba un lante, con el cual hacia la beldad en cuestion mil donosuras y monadas, eran los principales atavios de aquella coqueta atavi cada.

— Toma.... — esclamó dirigiéndose á Inés. — Si Otelo tiene ya la cama hecha, dále algo.... siquiera para el abrigo del estómago, y acuéstale en seguida, que está el angelito muerto de sueño.

Esto diciendo dió la marquesa un cariñoso beso á un chiqui to que llevaba en brazos, y le entregó á la doncella, que desapa reció con doña Eduvigis, de quien daremos una leve pintura.

La señorita doña Eduvigis, solo podia creerse que era hija de la marquesa porque así lo afirmaba su madre; pero en nada ab solutamente se le parecia, esceptuando su presuncion y amor al lujo y elegancia, en lo cual no iba en zaga de su querida mamá. Con todo, es preciso confesar que la señorita doña Eduvigis era un modelo de buen gusto, y sus preciosos atavios daban siempre realce á su hermosura. Esta jóven rayaba en los 18 años de su edad. La blancura de su rostro contrastaba agradablemente con el lustre de sus negros y largos rizos; pero.... ¡cosa singular! sus ojos, á pesar de ser tambien negros como sus pobladas cejas, no destellaban espresion alguna. Permanecian casi siempre inmóvi les. Rara vez asomaba la sonrisa en los lábios de la señorita doña Eduvigis, efecto todo esto seguramente del continuo mimo y exa geradas lisonjas que le prodigaban su madre y sus amigos, y del necio orgullo que la impelia á creerse la mejor, mas y mas ele gante de Madrid. Estaba en vísperas de casarse con el marqués de Casa-Cresta, presumido, fatuo y camaleon en política.

La marquesa de Turbias-aguas, sin dejar de ser escesivamente vanidosa al par de su hija, como muger esperimentada y de gran mundo, estaba dotada de cierta amabilidad, que unida á un talento bastante despejado, hacian su conversacion amena y aun sumamen te chistosa y divertida cuando se trataba de murmurar del pró gimo. La marquesa de Turbias-aguas la echaba tambien de filar mónica, literata y política. Era una muger enciclopédica.

Al ver á la tia Esperanza no pudo ocultar cierta espresion de respeto é inferioridad.

— Señora marquesa..... — dijo en tono humilde la beata

—¿Qué se ofrece, Esperanza?—preguntó la marquesa de Turbias-aguas.

—Deseo hablar un momento á solas con usted.

A esta indicacion asió la marquesa de la mano á la tia Esperanza, la condujo á su gabinete, y encerráronse solas en él para conferenciar acerca de María en favor de fray Patricio.

CAPITULO IV.

LAS INSTRUCCIONES.

E L gabinete de la marquesa de Turbias-aguas estaba ya iluminado por dos bujías con simetría colocadas en un magnífico tocador de ébano con profusion de adornos de plata preciosamente cincelada. Hermosos espejos de anchísima luna cuadruplicaban los adornos de aquel recinto embalsamado de mil esencias. Cruzábanse cortinages de raso color de rosa con otros blancos de preciosísimas telas bordadas y transparentes. Cuadros de estampas voluptuosas iluminadas, con marcos dorados, y grandes y cómodas butacas, y sofáes forrados de floreadas sedas matizadas de vivos colores, circuian aquella habitacion, donde se ostentaba mas lujo que elegancia, mas riqueza que buen gusto.

Al entrar en este gabinete, que hasta entonces no habia aun profanado la mugrienta beata, hízole la marquesa de Turbias-aguas seña para que se sentára en el sofá. Sentóse la santurrona, pero se levantó de repente dando un grito de espanto.

A este grito dió la marquesa un prolongado chillido retrocediendo hasta la puerta por donde habia entrado. Esperanza la siguió y se abrazó á ella.

—Despues de un breve silencio en que haciendo ridículos visages de terror presentaban las dos viejas un grupo singular...

—¿Qué ha sido eso?—preguntó la marquesa.

—No lo sé—dijo la tia Esperanza—pero al sentarme en ese
banco, le ha sentido desaparecer á mi peso, y me he creido hundir
en un abismo.

Esta esplicacion fué acogida por una carcajada burlona, de la
marquesa.

—Sosiégate—dijo á su amiga sonriéndose—sosiégate, Esperanza.. ¿Con qué pensabas ya que habia llegado tu hora y que te
hundias en los infiernos? Todavía puedes hacer tu papel en este
mundo engañador. Eso que tan buen susto te ha dado, es que todos estos asientos están construidos de modo que siguen el movimiento del que se sienta en ellos. Ya se vé, los recibí de Paris..., es invencion de los franceses para que la almohada que
forma el asiento esté siempre blanda y mullida. Ya verás, ven
conmigo. Sentémonos ahora.

—Y esto diciendo asió la marquesa á su amiga de la mano y
se repantigaron ambas á un tiempo en el sofá.

—Vive Dios que tienes razon, Colasa—dijo la tia Esperanza
á la marquesa.—Mejor estoy yo aquí que en mi cama. Vaya,
vaya tenois unas cosas las señoronas... ¡Qué diferencia de cuando yo con mis naranjas y tú con tu botijo de agua, íbamos por
aquellos tendidos de la plaza de toros!....

—Malo era aquello, querida mia, pero á lo menos éramos
entonces jóvenes.....

—Jóvenes éramos en verdad; pero ningun hombre nos hacia
caso... y eso que dicen que no hay quince años feos. Nosotras
desmentimos este refran seguramente.

—Calla, tonta—replicó la marquesa—que no hemos pasado
tan mal nuestra juventud..... y á fé á fé que tú no te has dormido en las pajas. Crees que he olvidado tus trapicheos con el
boticario y el comerciante, y el sargento aquel.... y tantos y tantos otros....

—Tambien diste tú bastantes escándalos con el alguacil y el
barbero que te trataban á un tiempo mismo.

—Ya vés, pues, cómo teniamos pretendientes á pares—dijo
la marquesa con aire de triunfo.

—Sí; pero eran feos, viejos ó muy pobres; en fin, hombres desesperados que Dios envia al mundo para consuelo de tontos como hemos sido siempre nosotras. De otro modo no nos hubiéramos metido ambas á *agentes de negocios*, es decir, de negocios amorosos..... Pero amiga, tú, merced á tu despejo y desenvoltura, estás mas en grande que yo, pobre de mí, cubierta siempre de fúnebres bayetas, yendo á pié de iglesia en iglesia, mientras tú, ostentando asiático lujo en tus trages, triunfas y gastas en festines, yendo en carretela á los paseos, bailes y teatros, rodeada siempre de fausto y de placeres..... y sobre todo, figurando en Madrid, tú, miserable aguadora *in illo tempore*, figurando, repito, como una de las señoronas de la alta aristocrácia. Confiesa, Colasa amiga, que debes estar muy agradecida á la generosidad de nuestro amo don Patricio.

—Agradecida estoy en efecto; pero tambien debes conocer que mis desvelos le proporcionan ganancias de una importancia inmensa. Atraidos por el aliciente del juego y *del amor*, reúnense en mi casa las personas mas ricas y por todos conceptos mas notables do Madrid. Empleados de alta categoría, procuradores del reino, próceres, generales, ricos contratistas y hasta ministros favorécenme, no solo con sus visitas, sino hasta consultándome los mas graves negocios del Estado. Como todos estos personages me dan en la abundancia, vénse las mesas de juego cubiertas de oro. A la generosidad de los jugadores queda el dejar en una bandeja de plata parte de sus ganancias para las atenciones de la concurrencia. Esta especie de contribucion continua, asciende todas las noches á una suma exhorbitante, que unida al lucro que me proporcionan las *bellezas* que tengo contratadas para dar realce á mi sociedad, y atender á la sensualidad de los elegantes jóvenes que me favorecen, forma un total suficiente para mantenerme yo en el boato que me corresponde y entregar á don Patricio mi sobrante.... que deja muy bien pagados cuantos beneficios haya podido dispensarme.

—Me dejas absorta, Colasa, y confieso que nuestro digno amo no podia haber hecho mejor eleccion al ponerte al frente de esa Babilonia infernal.

—¡Babilonia infernal!—esclamó sonriéndose la marquesa de Turbias-aguas. Me hace gracia el epíteto con que acabas de lificar mi sociedad: No ignoras tú que soy marquesa y que soy como cualquiera otra de las que mas figuran en Madrid.¡ Esperanza mia, metida tú siempre entre solídeos, no sabes lo que es el gran mundo. Eso que tú llamas Babilonia infernal, es el tipo de algunas tertulias de la alta sociedad de Madrid. Mi palacio corresponde á la mas elevada aristocrácia, y todo respira en él elegancia y buen tono.

. . . .

La marquesa de Turbias-aguas decia en parte la verdad. Nosotros respetamos como el primero á los que son nobles por sus virtudes, respetamos á los que nacieron en distinguida cuna, siempre que su nobleza no engendre inmoralidad y orgullo. Abundan en Madrid personages de elevada alcurnia, dignos por sus actos mas que por sus pergaminos de toda consideracion y respeto; pero desgraciadamente descuellan tambien entre la aristocrácia, fátuas notabilidades de nuevo cuño, que despues de haberse elevado por medios indecorosos á la misma altura que la marquesa de Turbias-aguas, insultan con su desmoralizacion y escandaloso lujo á la miseria de las clases proletarias. En estos años de revolucion particularmente, se han improvisado fortunas colosales, y los ladrones del pueblo virtuoso, de esas masas honradas y trabajadoras, se han erigido en magnates para hundirle en horrible esclavitud.

Espantoso contraste ofrece el del poderoso revolcándose por el cenagal de los vicios, nadando en la desmoralizacion, rodeado siempre de placeres inmundos, soltar una carcajada insolente contra el artesano infeliz. Lanzado el primero á toda suerte de escesos, juégase impunemente millones mal adquiridos, y si á un infeliz padre de familia se le atrapa en un café aventurando acaso un real de vellon con el ansia de doblar su mísero capital para saciar el hambre de sus hijos, se le manda á presidio!!! (1).

. . . .

, Pero volviendo al coloquio de las dos viejas, la tia Esperanza interrumpió el placer con que la marquesa de Turbias-aguas contaba sus grandezas, diciéndole en tonillo de superioridad:

—Todo eso es muy bueno, amiga Colasa, pero va hacién-

(1) Solo del actual gefe político sabemos que haya dictado alguna providencia contra el juego de las tertulias elevadas.

dose tarde, y tengo que darte órdenes severas de nuestro amo.

—¿Qué órdenes son esas?

—Préstame atencion. Dentro de pocos instantes se presentará en esta casa una jóven que se llama María, solicitando que se la admita en calidad de doncella. Es indispensable no solo admitirla, sino ataviarla lujosamente y tratarla con las mayores atenciones.

En una palabra, esta niña está destinada esclusivamente para la felicidad de nuestro amo. Hace años que la adora con delirio, y quiere poseerla á toda costa. Ella no le corresponde y es preciso cautivarla á fuerza de beneficios; pero conviene que no sepa todavía la procedencia de ellos. Sucesivamente iré dándote instrucciones sobre este particular; pero lo que por de pronto conviene, es que esta noche se la admita con la mayor amabilidad, se la destine un aposento lujoso con ricos trages á su disposicion, y se la trate con el mayor esmero. ¿Estás bien enterada?

—Fácil me será dar cumplimiento á estas órdenes, pues no es la primera vez que se egecutan —respondió la marquesa.— Con la jóven que pasa por hija mia hicimos otro tanto, si bien es verdad que el objeto era diferente, y dentro de tres dias se casa con el marqués de Casa-Cresta. Hemos hecho una bonita especulacion.

—Me alegro que estemos entendidas. María podrá pasar á los ojos de la sociedad como sobrina tuya, y á la misma Eduvigis se le puede hacer creer esta circunstancia.

—Fíalo todo á mi buen cuidado.

—Nada mas tengo, pues, que decirte.

Abrió la marquesa la puerta del gabinete, y acompañó á la tia Esperanza hasta la de la escalera.

Mientras la marquesa de Turbias-aguas toma las disposiciones convenientes para preparar los ánimos de sus criados y el de la señorita doña Eduvigis á fin de que no les choque la acogida que para complacer á don Patricio era preciso dispensar á María, mientras se arregla la habitacion de esta improvisada sobrina á quien iban á prodigarse todas las comodidades y placeres del gran mundo, mientras la marquesa de Turbias-aguas aguza toda la travesura de su ingenio en coordinar en su mente el diabólico plan para seducir á María, deslumbrándola con la profusion de todo linage de riquísimas joyas y brillantes galas, mientras con singular talento tiende esta vieja infernal á la pobre hija del jornalero un lazo fascinador, al cual desgraciadamente pocas bellezas resisten, mientras se alzará la hermosura de la jóven María un trono cercado de deleites, una nueva desgracia acibára el corazon de sus desventurados padres.

Dejemos, pues, por un momento el lujoso palacio de la marquesa de Turbias-aguas, donde medra el vicio y se fomenta impunemente la desmoralizacion, para trasladarnos con nuestros lectores á la infeliz morada de Anselmo el *Arrojado*, donde la indigente virtud es atrozmente atropellada.

pena..... ¡Ay Anselmo!..... tengo presentimientos de nuevas desgracias.

—¿De nuevas desgracias? ¡Válgame Dios!—repuso Anselmo con amabilidad.—¿No ves cómo te afliges sin motivo? Sé prudente, Luisa mia—añadió Anselmo dando un abrazo á su esposa—sé prudente y no te anticipes soñados sinsabores, cuando tal vez está mas próximo que nunca el término de nuestros infortunios.

—¿Quieren ustedes que salga por ahí—dijo Manuel—á ver si encuentro á mi hermanita?

—¡Ah! no! no!... hijo mio!.....—respondió Luisa sobresaltada.....—Ya que María me ha abandonado..... no me dejeis vosotros..... os necesito á todos á mi lado..... estais todos ¿no es verdad?—Al decir esto iba la pobre ciega tentando á sus hijos y á su marido.....—Sí, sí, todos, todos estais aquí..... aquí conmigo.... menos María!!!

—Sí, pero verá usted, madre, como María vendrá mañana á decirnos que tiene ya una buena casa. Verá usted.....

En este momento oyéronse recios y repetidos golpes á la puerta de la calle.

—¡Ay!... ¡ella es!—esclamó Luisa.—¡Ella es!—repitieron todos con general esplosion de alegría.

Manuel se lanzó precipitadamente á abrir á María.

No era ella.

Un hombre vestido de negro, seguido de fuerza armada, presentóse en la habitacion de aquella desventurada familia.

—¿Sois vos Anselmo Godinez, conocido por el apodo de *el Arrojado?*—preguntó el hombre negro al jornalero.

—Yo soy—respondió Anselmo sin inmutarse.

—Daos á prision.

—¿Quién lo manda?

—La justicia—dijo el hombre negro con severidad.

Es imposible describir exactamente el efecto que hicieron estas fatales palabras en el ánimo de aquellas virtuosas gentes. La ciega se levantó y alargaba los brazos en busca de su marido resuelta á no dejárselo arrancar de ellos. Los dos niños menores lloraban amargamente asidos de las rodillas de su padre. Manuel se aproximó al hombre negro en ademan suplicante y juntando las manos esclamó:

I.

22.

i—Por piedad, señor, dejad á mi padre y llevadme á mí en su lugar.

El pobre muchacho fué á arrodillarse á los piés del hombre negro..... pero un grito de reprobacion que lanzó Anselmo con todo el orgullo de un honrado demócrata, le hizo levantar.

—Manuel, yo de nada sirvo ya en esta casa, tú debes ganar la manutencion de tu madre y de tus hermanos. Luisa mia, va-lor! De nada me acusa la conciencia..... Tranquilízate.....

Los dos esposos se abrazaron estrechamente.

El dolor de Luisa era demasiado agudo para que pudiese arti-cular una sola palabra. Sus sollozos se mezclaban con el llanto de sus hijos, á quienes Anselmo besó con paternal ardor.

De repente enderezó Anselmo su gallardo cuerpo, púsose los

yemas de los dedos por los ojos, tomó su gorra de miliciano, y dirigiéndose al hombre negro, esclamó con serenidad:

—Llevadme ahora donde gusteis.

El hombre negro, Anselmo y la fuerza armada abandonaron aquella triste habitacion, dejando sumidos en la amargura á la ciega Luisa y á sus inocentes hijos.

Anselmo, sin hablar una sola palabra, siguió con paso firme al hombre negro.

Al pararse en la cárcel de Córte, no pudo dejar de hacer un movimiento de terror. El valiente militar que habia prestado grandes servicios á su patria, el miliciano urbano, egemplo de subordinacion y pundonor, el marido fiel, el padre cariñoso, el ciudadano pacífico, el honrado jornalero fué encerrado en un húmedo é insalubre calabozo.

—¿Por qué se me encierra así?—preguntó al fin el desdichado.

El hombre negro respondió con aspereza al desaparecer:

—Por asesino.

—¡Por asesino!—gritó Anselmo estremecido, y ocultó su rostro entre sus manos.

. . . .

Era la verdad. A Anselmo se le encarcelaba por haber sido acusado de cómplice en los asesinatos de los conventos cometidos en 17 de julio de 1834. Pero....: ¡maldad inaudita! ¡horrible infamia! Fray Patricio, el abominable fray Patricio que le detestaba, acababa de acusarle valiéndose de otro malvado!..... solo un fraile diabólico..... era capaz de tan detestable calumnia.

—¡Espantosos efectos de la delacion! ¡En España ha bastado muchas veces la delacion de un infame para hundir á personas inocentes en lóbregos calabozos!!!

Puesto que en el dia está todo el mundo espuesto á ser arrebatado del seno de su familia y conducido á la cárcel pública, fueran mas humanos los hombres que gobiernan á esta nacion de mejor suerte. Las cárceles de Madrid son un baldon de incuria, de falta de civilizacion, de falta de humanidad. La de Córte está imperiosamente reclamando remedio; remedio pronto y eficaz por su hediondez, por su insalubridad, hasta por su estado ruinoso. La del *Saladero*, si bien mas ventilada por su situacion, es pequeña en demasia, porque la muger decente y rubierosa que desea estar separada de las que son la degradacion de su sexo, cuyas reyertas é insolente lenguage hacen insufrible su compañia, la que ha sido injustamente encarcelada y quiere evitar el roce de las malas mugeres, no puede por no haber aposentos á propósito. A esta infeliz no le queda mas recurso que fingir alguna dolencia y huir del crímen para aspirar la hediondez de los enfermos.

Esto es espantoso... es imperdonable... mayormente cuando es ya un axioma que las cárceles son lugares de segura detencion; pero no de castigo. Y cuando no recae mancilla ninguna contra el individuo encarcelado, merced al abuso que la arbitrariedad ha hecho de esta medida contra ciudadanos pacíficos en los últimos años de políticas revueltas, es criminal abandono no mejorar las cárceles de Madrid, cuando Barcelona y Sevilla están dando en esta parte un noble ejemplo que acredita su filantropía é ilustracion.

¿Qué importa que haya en Madrid un presidio-modelo mejor montado que la escuela politécnica de Paris, si solo sirve para hacer mas chocante el contraste escandaloso que forma con esos tristes lugares de pestilencia, de tormento ó insalubridad?

En uno de estos calabozos fué encerrado el infeliz Anselmo, acusado por fray Patricio, de haber sido uno de los que asesinaron á los frailes en el mes de julio de 1834.

Cuando estos crímenes se perpetraron, los culpables quedaron impunes... porque en España siempre suele andar cobarde y torpe el gobierno. Rara vez se aplica el castigo á la inmediacion del crímen; y mientras la impunidad alienta á los delincuentes, se deja que el tiempo borre la memoria de los atentados para hacerlos espiar. El castigo que aplicado oportunamente hubiera producido saludable escarmiento, produce despues compasion hácia los delincuentes, é indignacion contra los hombres del poder.

Dejemos al pobre Anselmo anegado en las desgarradoras reflexiones que su acerba posicion debia producir en su mente al verse encarcelado por asesino, habiendo sido siempre modelo de virtud, y conduzcamos el lector al embalsamado y rico aposento de la comendadora Marea.

CAPITULO VI.

LOS CONTRASTES.

Mientras el infortunado Anselmo a-
prisionado por asesino en la cárcel
de Córte, yacia en profunda amargura, avasallado por melancólicas
imágenes que á guisa de espantosas
pesadillas atormentaban su corazon
inocente, aquella misma noche y á
la misma hora entregábase María á
las mas dulces y lisonjeras esperanzas de felicidad.

La incauta jóven habia sido recibida por la marquesa de Turbias-
aguas con arreglo á las instruccio-

174

nes y deseos de fray Patricio, y como la maldita vieja ████████
sus glorias, cuando se trataba de tender algun lazo ████████ y
á nadie hubiera cedido nunca su primacía en el arte de ██████
á las jóvenes y educarlas conforme á sus miras interesaba, ██████
plegó esta vez todos los recursos de su satánico ingenio para ██████
lumbrar á la hija del jornalero. A pesar de la fealdad de la marquesa de Turbias-aguas, era en semejantes casos tan ██████ y
dulce su amabilidad, sus maneras tan cariñosas y hasta su acento
era tan maternal, que sus hipócritas acciones y palabras ██████
ban por todas partes una bondad llena de encantos, que ██████
desde luego. La alta sociedad suele ser fecunda en este género de
feas sirenas, si esto puede decirse, que seducen con ██████ halagos á los inespertos que solo abren los ojos después de ██████
sido víctimas de su candorosa credulidad. En los salones del ████
mundo rara vez se pronuncia la verdad..... allí se prodiga ██████
cienso de la lisonja hasta á los objetos que se detestan....., ██████
bilidad asoma siempre en los lábios, pero aquella ██████ ████
suele ir emponzoñada por el aliento de un corazon ██████ ██████
dor. La marquesa de Turbias-aguas era maestra en el ██████
fingir... Habia aprovechado á las mil maravillas las ██████ ██████
ciones de las notabilidades diplomáticas que ██████ ██████
tolía.

Ella misma condujo á la absorta María á su ██████ ██████
preciosos adornos deslumbraron á la pobre jóven. ██████ ██████
habitacion en tres piezas muy reducidas, que constituian ██████
nete, la alcoba y el baño.

Las paredes del gabinete estaban cubiertas de damasco ██████
llo. La sillería y el tocador eran de caoba y dorados los ██████
de algunas láminas que representaban escenas ██████ ██████
córte de Cárlos IV. Habia una butaca ██████ ██████
vidrieras corredizas que daban entrada ██████ ██████
cortina recogida por un lado sobre ██████ ██████
era tambien de damasco, pero ██████ ██████
oro con abultadas bellotas ██████ ██████
gues.

En el lecho de la alcoba ██████ ██████
estaba agarrada una paloma, ██████ ██████ desplegada
ba caer el cuello hácia abajo, ██████ en su pico ██████

tinages de finísima muselina labrada, que formaban un pabellon en cuyo centro se ocultaba una pequeña cama de acero con preciosos adornos dorados.

Una puertecilla inmediata á la cama daba paso á otro cuartito, donde habia un limpísimo baño de mármol con sus dos grifones, uno para dar salida al agua fria y otro á la caliente, con el objeto de atemperar una con otra á medida del deseo.

Despues de infinitas esplicaciones que iba haciendo la marquesa de Turbias-aguas para satisfacer las curiosidades de María, que como cándida criatura, habia olvidado ya todos sus pesares á la vista de los prodigios que la tenian embelesada, habíase abandonado á una confianza ciega en vista de la maternal franqueza con que *aquella buena señora* la trataba, atribuyendo acaso todo aquello que le parecia un sueño, á una consecuencia de sus oraciones en el Buen Suceso ante la inmaculada Vírgen.

Así es que en breve perdió María aquel rubor y vergüenza que suele tener una niña de pobre condicion delante de los grandes señores, y animada por la jovial dulzura con que le hablaba la marquesa, recobró toda su serenidad, y escuchaba á su *buena protectora* sin la menor timidez, y con la confianza que se escucha y obedece á una madre cariñosa.

Poco trabajo, pues, le costó á la marquesa hacer que María se introdugese en el baño, prudentemente atemperado, cuyo cristalino líquido exhalaba deliciosos perfumes.

Despues del baño hizo la marquesa que María se pusiese una finísima camisa, medias correspondientes y elegante bata, y que tomase un ligero alimento con una copa de esquisita malvasía de Sitjes, que no dejó de fomentar las alegres ilusiones de aquella inocente criatura: enseñóle despues á María una porcion de riquísimos trages y preciosas joyas destinadas todas para engalanar su hermosura.

—Adios, hija mia—le dijo la marquesa—estás fatigada y debes descansar. Duerme bien..... hermosa, y ya que no puedo aspirar al dulce título de madre, porque vive la tuya, me concederás al menos el nombre de tia ¿verdad que sí?

—Con mucho gusto—dijo María con candor—¡pero qué! ¿me deja usted ya?

—Sí, sobrina mia, necesitas reposo. Acuéstate, y no olvides

que hoy empieza tu felicidad y la de tu familia, que será socorrida desde mañana. Adios! adios!.....

Y al decir esto dió un sonoro beso en cada megilla y otro en la boca de María..... y desapareció.

Ya, está sola María en aquel recinto de riqueza y de felicidad, embriagada de placer, rodeada de encantos, sumergida en halagüeñas ilusiones, llena de esperanzas lisonjeras, creyéndose la mas feliz de las mugeres..... La inesperta jóven no pudo resistir al deseo de probarse alguno de los nuevos trages. Eligió el mas sencillo temerosa de ajar los demas, y sin entretenerse en recomponer el cabello que se le habia desordenado algun tanto en el baño, se puso un collarcito de ambar y acercó á su cabeza algunas flores artificiales, mirándose en el espejo con graciosa coque-

tería. Vióse tan hermosa que no pudo menos de sonreirse de satisfaccion. El nuevo trage hacia su cintura tan delgada, que parecia iba á quebrarse. María embclesada rebosaba de alegría, mientras su pobre padre sepultado en oscuro calabozo lloraba amargamente.

La hija embriagada de perfumes..... ¡rodeada de flores!.... acostóse después en el mullido lecho..... sobre la blanda pluma..... Allí soñaba felicidades..... y el padre, tendido en el húmedo suelo, con una piedra en la cabeza por almohada, cargado de cadenas y de grillos sollozaba de dolor!

Estaba María rezando en accion de gracias á la inmaculada Vírgen del Buen Suceso por la dicha que la habia deparado, cuando súbita gritería de jovialidad vino á turbar sus oraciones.

Era el efecto del ponche en la tertulia de la marquesa de Turbias-aguas. El salon donde pasaba esta báquica escena estaba contiguo á la alcoba de María.

Al prolongado clamoreo de los alegres tertulianos, seguíase de vez en cuando una pausa, en la que solo se oia una voz, si bien confusamente. Esta voz era acogida con estrepitoso palmoteo, con vítores y otras demostraciones de júbilo y entusiasmo.

De repente reinó un silencio profundo.

Sonoros preludios de piano, egecutados con mano maestra, hirieron los oidos y el sensible corazon de María. Una hermosa voz de soprano entonó.con arrebatadora gracia la cancion siguiente:

¡Ay! deslízanse fugaces
los dias cual dulce ensueño,
cuando el destino halagüeño
nos circunda de placer.
Y en pos de alegres solaces
llega la muerte sombría,
y perece la alegría
cuando acaba de nacer.

—

Bella flor encantadora
que entre amores y entre risas
los halagos de las brisas
recibes en el abril.
Fiel imágen seductora
de juventud peregrina,
tras del aura matutina
deshójate el cierzo vil.

—

Mas si vuelan tan veloces
dias, horas y momentos,
vivamos siempre contentos
sin zozobra ni inquietud.
    No desperdiciar los goces
es lo que en el mundo importa,
ya que la distancia es corta
de la cuna al atahud.

—

    ¡Muera la melancolía
que nuestras almas enerva!
¡muera toda pena acerba!
¡muera el bárbaro dolor!
    ¡Viva la dulce alegría!
¡viva el placer! ¡viva el gozo!
¡viva el jovial alborozo!
¡viva Baco! ¡viva Amor!

No fué menos mágico el efecto que causó en el sensible corazon de María la letra de esta cancion, que la melodía de su música y el dulcísimo metal de la voz que con tanta gracia y afinacion interrumpia el profundo silencio de la noche. No parecia sino que un acento de ángel pronunciaba tan deliciosos consejos, para que aquella niña, llena de buena fé y de honradez, los acogiese con entusiasmo, convencida de que, sin faltar á los principios de virtud que habia aprendido al lado de sus adorados padres, iba á entrar en una senda sembrada de flores, que debia conducirla al templo de la felicidad.

No era por cierto un egoismo punible el que habia inundado de gozo el corazon de aquella vírgen. En sus creencias religiosas juzgaba la inesperta jóven que sus fervorosas oraciones habian ascendido al cielo, puras cual sube en vagarosas nubecillas el odorífico incienso que el buen sacerdote tributa al Altisimo ante los sagrados altares.

—Dios es justo—decia para sí la inocente María—y en su bondad inmensa, quiere sin duda poner término á los infortunios de mis padres, y para galardonar sus virtudes me rodea de goces, de felicidades, de riquezas que participarán conmigo. Mañana mismo iré á abrazarles, veré á mis pobres hermanitos, les consolaré á todos..... La indigencia..... el hambre huirán para siempre de su virtuosa morada, donde reinará solo en adelante la abundancia y la alegría. Y al decir esto empezaba el sueño á vencerla.

¡Cuán diferentes eran estas dulces ilusiones de los tristes pensamientos que destrozaban el corazon de su padre!

Anegado en llanto este infeliz, no por sus propios padecimientos, sino por la idea de verse separado de su esposa y de sus hijos, cuyo dolor debia ser profundo, la amargura de estos pedazos de su alma, era la que acibaraba sus tormentos.

Mientras velaba el padre abrumado de horrorosos presentimientos, mientras se presentaba á su imaginacion delirante el patíbulo de los asesinos como único término de sus desgracias, dejándo á los suyos por herencia la infamia..... y la deshonra!..... ¡durmióse la hija al arrullo de las mas felices ilusiones!.....

CAPITULO VII.

LA NOCHE.

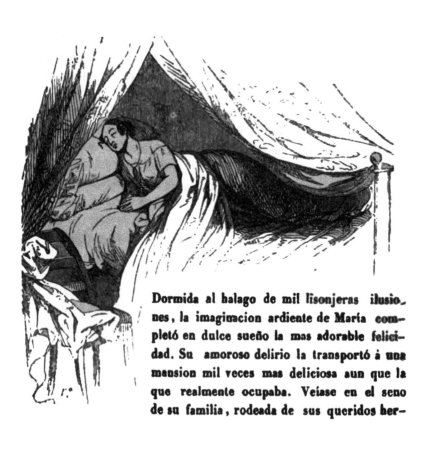

Dormida al halago de mil lisonjeras ilusio_
nes, la imaginacion ardiente de María completó en dulce sueño la mas adorable felicidad. Su amoroso delirio la transportó á una
mansion mil veces mas deliciosa aun que la
que realmente ocupaba. Veíase en el seno
de su familia, rodeada de sus queridos her-

manos y de sus padres cariñosos; pero sus padres y sus hermanos eran tan felices como ella; y todos vivian alegres en una habitacion magnífica, en medio de la abundancia y de inocentes placeres. Su padre ejercia un empleo brillante que se le habia concedido en galardon de sus méritos y buenos servicios..... Su madre habia recobrado la vista, y para colmo de ventura, soñaba ademas de todo esto la cándida jóven, que su amante no habia muerto en el desafio en que ella misma le vió caer víctima de una herida mortal.

Elevada á una categoría que no desmerecia del alto rango que ocupaba su amante en la sociedad, contemplábale María á su lado fiel como siempre, mas rendido que nunca, gallardo y elegante como el que mas. Tratábanse íntimamente las familias de entrambos enamorados, y no solo aprobaban su enlace todos los parientes, sino que habíase ya fijado la hora en que el sacerdote debia bendecir estos vínculos ante las aras de la Divinidad.

La alegre algazara que resonaba en el salon contiguo al dormitorio de María, alternando con el dulcísimo canto de selectos aires y las voces melodiosas del piano, fomentaban poderosamente la embriaguez que sentia aquella vírgen fogosa, cuyo corazon puro y adolescente sentíase agitado por la fiebre de amor. Fiebre que la contemplacion apasionada del retrato de su amante habia encendido en su alma.

Aquellos suavísimos cantares, aquella armonía celestial que arrollaba su dichoso ensueño, parecíanle himnos de amor que un coro fraternal de castas y modestas vírgenes dirigia al dios del Himeneo, cuyas antorchas reflejaban sus dorados resplandores sobre el lecho nupcial. La festiva gritería que sucedia á los cánticos aumentaba la ilusion, asemejándose al bullicio de la jovial muchedumbre que suele acompañar á los prometidos esposos al templo del Señor.

Pisaban ya el marmóreo pavimento del santo alcázar, rodeados de lucido acompañamiento. Resonaba el órgano por todas las bóvedas del edificio, confundiendo sus festivas modulaciones con el incesante clamoreo de las campanas y los vítores de una inmensa multitud apiñada en la plaza de la iglesia, cuando cesa de repente aquel bullicio atronador y sucédele profundo y solemne silencio, ligeramente interrumpido por la pausada voz del sacerdote.

Pronunció por fin María aquel sí lleno de encantos cuando

nace de una voluntad tan libre como enamorada, y al oir el mismo sí de los labios de su amante,, sobrecogióla un estremecimiento delicioso, á cuyo violento impulso despertó fatigada, desfallecida y bañada en copioso sudor.

¡Pobre María!... ¡Acerbo llanto sucedió á su felicidad soñada!... acerbo llanto que tributó á la memoria de su desventurado amante.

—¡Ay!—esclamó la infeliz—¡todo ha sido un sueño! No vive, no, el Jóven encantador á quien todavía adoro!..... ¡Acostéme felis y despierto mas desgraciada que nunca!..... Pero mis padres..... mis hermanos..... tampoco están conmigo!.....¡Y creíme rodeada de todos ellos!.... ¡y mi pobre madre permanece ciega!.... ¡Dios mio! ¡Dios mio! dáme fortaleza; pero no; no debo quejarme de mi suerte..... Seria esto ofender á la Divina Providencia, á la inmaculada Vírgen del Buen Suceso, mi protectora, que acogiendo benigna mis plegarias, me ha proporcionado la ocasion de salvar á mis padres y hermanos de la espantosa indigencia que les abrumaba. ¡Oh cuánto tarda la luz del dia! La amable señora que tan buena acogida me ha dispensado, no me negará el permiso de ir á ver á mis padres y de enjugar sus lágrimas llevándoles algun socorro. «Desde mañana será tu familia socorrida» me ha dicho al despedirse. ¡Oh! quiero que tengan el consuelo de recibir este beneficio de mis propias manos. Nada saben de mí... y amándome como me aman, su inquietud debe ser acerba!... ¡Y luego me verán tan aseada y elegante!... Pero mi pobre madre no podrá verme... Ha de ser un tormento horrible la falta de la vista.

Esta última reflexion hízola María con amargura; pero de repente lanzaron sus facciones destellos de alegría, y soltando una ligera y candorosa carcajada esclamó:

—¡Oh, no! ahora no podrá mi padre rehusar semejante beneficio, porque al cabo mi bienhechora es una muger..... y aun cuando fuese hombre... esta adorable tia, ya que quiere que le dé este título, es tan fea, que poco adelantaria á buen seguro en conquistas amorosas.

Una sonrisa inocentemente burlona acompañó estas palabras, y luego en tono compasivo y tierno añadió:

—Lástima es ciertamente que tan benéfica señora no sea agraciada y linda. ¡Qué hermosa seria si correspondiese la belleza de sus facciones á la belleza de su corazon!

—En esto, y otras reflexiones semejantes, que alternaban con algunos momentos de apacible sueño, pasó María la noche.

Levantada ya, y sin ningun adorno sobre la bata que se habia puesto la noche anterior al salir del baño, pues hasta su adorado medallon llevaba oculto, María contempló minuciosamente á la luz del sol con admiracion y gozo, los preciosos vestidos y brillantes joyas que tenia en derredor. Repetidas veces frotóse los ojos con la yema de sus virginales dedos, como para cerciorarse de si todos aquellos atractivos eran sueño ó realidad. Giró la vista en torno de su magnífica habitacion, y no la extasiaron menos los ricos adornos de las pulidas paredes, cautivando particularmente su atencion los cuadros que representaban escenas amorosas, cuya voluptuosa esplicacion al pié de las iluminadas láminas, leia la adolescente vírgen con singular avidez. Mas de una lágrima deslizóse por sus megillas, tributada al objeto de su primer amor.

En esta ocupacion la sorprendió la marquesa de Turbias-aguas.

—¿Qué tienes sobrina mia?—le dijo con acento maternal.— ¿No estás contenta?

—¡Ah, mi buena tia!—respondió la inocente jóven vertiendo nuevas lágrimas.—Este llanto que derramo es llanto de gratitud. ¡Son tantas las bondades que usted me prodiga!...

—Todas las merecen tus virtudes, querida mia. ¿Has pasado bien la noche?

—Sí señora; pero deseaba la llegada del dia para ver á usted.

—Gracias, hermosa María, no puedes figurarte cuánto estimo tu buen afecto.

—Deseaba ver á usted para besarle la mano—repuso María besando con ternura la mano de la marquesa—y pedir á usted un nuevo favor, ya que tantos se digna usted dispensarme.

—Habla querida sobrina, habla con franqueza, pues no tengo mas deseo que complacerte.

—Quisiera, mi amada tia, que me diera usted permiso para ir ahora mismo á llevar á mis padres el socorro de que me hablé con la generosidad de usted. Deseo con ansiedad abrazarles, llorar de júbilo en su seno, presenciar la dicha que les aguarda y...

—¡Pobre niña!—esclamó la marquesa interrumpiéndola.—Tu

buen corazon te desvia de la senda que conviene seguir. 'No tardarás en ver á tus padres; pero has de saber que un esceso de alegría mata lo mismo que un cruel pesar. Tus padres saben ya que has encontrado una buena casa en donde se te tratará como hija. Yo misma les he escrito apenas me he levantado, y les he enviado un socorro, que han admitido, suficiente para remediar todos sus males.

Al pronunciar estas palabras consoladoras, la marquesa de Turbias-aguas mentia hipócritamente.

—Usted, señora, es un ángel de salvacion para nosotros —esclamó María enternecida, arrojándose á los piés de la marquesa é inundando sus manos de lágrimas y de besos.

—¿Qué haces, hija mia?—dijo la marquesa levantando á María y recibiéndola en sus brazos.—¡No llores por Dios!—Y al decir esto con fingida ternura, llevó el pañuelo á sus ojos. Despues de un breve silencio continuó:—Nadie desea como yo que llegue el feliz momento en que puedas abrazar á tus padres. Pero conviene dilatar algunos dias esta dulce entrevista, que como he dicho antes podria serles funesta, atendiendo á que su espíritu y salud están demasiado debilitados por sus padecimientos, para resistir las violentas sensaciones de un gozo estremado. ¿Tienes confianza en mí, hija mia?

—Sí señora, usted es mi segunda madre—respondió Maria.

—Pues bien, déjame hacer....... Tus padres entrarán poco á poco en la feliz posicion que les aguarda. Se necesitan para esto algunos dias....... Entre tanto debe consolarte el saber que han terminado todas sus desgracias....... Ellos tampoco ignoran tu bienestar....... y cuando sea la ocasion, yo misma te acompañaré á casa de tus padres..... tal vez para volvernos todos juntos á esta casa y no formar mas que una sola familia.

—¡Otro inesperado beneficio!... ¡Yo no sé lo que me pasa!..... ¡estoy loca de contento!...... Como usted guste, mi amada tia. Sus bondades de usted me tienen asombrada.

—Vamos, vamos al comedor, donde nos aguarda Eduvigis para tomar juntas una tacita de té con leche—esclamó la marquesa, y apoyándose en el brazo de María, salieron ambas de la habitacion.

La incauta jóven iba rebosando alegria. Ignorante de lo que es el mundo, criada en el seno de una familia tan pobre como honrada, juzgaba los corazones de los demás por su candoroso corazon, y cual inocente paloma que cae en el lazo del astuto cazador, dejábase alucinar por las encantadoras palabras de la vieja diabólica, digna cómplice de fray Patricio, é iba llena de júbilo á apurar entre falaces deleites, la copa del tósigo preparado para emponzoñar su virtud.

CAPITULO VII.

EL PRADO.

Era uno de los primeros dias de abril, uno de aquellos dias deliciosos, en que naturaleza ostenta sus lujosas galas, su encantadora lozanía, y aparece la primavera con su cetro de oro y su diadema de flores, iluminada desde el cenit por un sol esplendente y magnífico, halagada por las amorosas brisas, que meciendo los dilatados ramages de las tilas, llenan el ámbito de los jardines de aromáticos perfumes, y saludada en fin por el arrullo de las cristalinas fuentes y el dulcísimo canto de los pajarillos, que gorgean melodiosos en la verde espesura de los argentinos álamos y frondosidad de los sauces.

El Prado, esa deliciosa llanura de cerca de diez mil piés de estension, dividida en anchurosas calles simétricamente marcadas por añosos y gigantescos árboles, embellecida por las amenas vistas de

hermosísimos jardines y edificios suntuosos, ostenta en su recinto
cuyo colosales y bellísimas fuentes de primorosa egecucion, in-
ventadas y diseñadas por don Ventura Rodriguez en el reinado de
Cárlos III. Todo es sorprendente y magnífico en este grandioso
paseo, célebre ya en la más remota antigüedad por los amoríos
caballerescos y palaciegas tramas á que dada ocasion la córte que
permanecer solia en el Retiro.

aquel hermoso dia declinaba ya; pero si bella habia sido la
mañana, la tarde era apacible y ofrecia solaz en pos de la siesta,
aunque ni se hubiese adelantado el rigor del estío. Esto suele ser
frecuente en Madrid.

Recien regado aquel espacioso recinto, destellaba por todas
partes amenidad y frescura.

Numerosa concurrencia ocupaba particularmente el centro de
aquella prolongada estension. Solo este centro, que comprende
desde la fuente de Cibeles hasta la de Neptuno, tiene unos dos
mil piés de longitud y doscientos de latitud.

La fuente de Cibeles es de asombrosa arquitectura. Sentada la
Diosa en una carroza tirada por dos leones, ofrece un grupo de
magnífico efecto. Los leones fueron egecutados por don Roberto
Michel y la Cibeles por don Francisco Gutierrez. Varios juegos
de agua caen sonoramente en una anchurosa pila.

La fuente Neptuno ostenta á este Dios de formas colosales
puesto de pié sobre un carro de concha tirado por dos caballos
marinos. Nueve delfines juguetean en torno. Saltos de agua gracio-
sísimos caen tambien en una pila circular. Esta fuente forma perfecta simetría con la Cibeles. Cierto erudito y entendido escritor
ha dicho de Neptuno que «por no haber dado mas altura al pilon
abultajado mas la base de toda la máquina, ha resultado que el
carro, los caballos y delfines ruedan y nadan, no en el agua
como debieran, sino sobre peñas» (1). Nosotros no encontramos
semejante defecto en esta obra sublime del famoso Juan de Me-
na porque vemos que este sábio escultor ha querido hacer tambien el agua de piedra para darle el movimiento que debia recibir de la agitacion de los caballos y delfines y de la violencia de
la tempestad. Esta agitacion está perfectamente desempeñada en el

_____

(1) Manual de Madrid, pág. 405.

encrespado movimiento y las ondulaciones que representa la piedra y que no alcanzaria el agua, siendo en tal caso impropio que permaneciese tranquila, azotada por tan diversos objetos.

En medio de este predilecto sitio conocido por el salón, sosténtase otra grandiosa fuente, la de Apolo. Una estátua de este Dios, obra maestra de don Alfonso Vergaz, descuella entre otras cuatro estátuas que representan las estaciones, no menos estrañamente egecutadas por don Manuel Alvarez. El juego de las aguas está combinado con tanta inteligencia, que ademas de la buena vista que ofrece al derramarse de pila en pila, produce un murmullo armónico y agradable.

Divídese la estension de este ameno salon en varios paseos, separados por las hileras de frondosos árboles que se pierden en las nubes y entoldan en verano gran parte de tan deliciosa llanura. Uno de aquellos paseos esteriores, está esclusivamente destinado para los coches y caballos.

Entre el salon del Prado y el Retiro hay un espacio al cual se le ha dado el nombre de *Campo de la lealtad*, por haberse erigido en él el glorioso monumento que encierra las cenizas de Daoiz, Velarde y demas patriotas, inmolados la mayor parte en aquel mismo sitio, el 2 de mayo de 1808, por la tiranía del egército usurpador.

En 1822 se aprobó por el ayuntamiento el modelo que presentó don Isidro Velazquez, y en 1840 se terminó esta obra fúnebre, de la cual vamos á ensayar una ligera descripcion.

En el centro de un hermoso jardin circular, de elegante verja cercado, levántase una gigantesca pirámide cuya cúspide se pierde de entre las nubes. El verde esmeralda que ofrecen las plantas del jardin, matizado por los variados colores de flores selectas, seméjase á una magnífica alfombra perfumada de esencias que embalsaman el ambiente.

La elevada pirámide que parece unir la celestial morada de las almas con la de los restos de aquellos héroes, divídese en cuatro cuerpos. El zócalo octagonal forma el primer cuerpo, es de piedra berroqueña azulada, y tiene diez piés de elevacion y cincuenta y uno de diámetro. Cuatro escalinatas conducen al sobretecho, en el cual campean otras tantas piras de elegante arquitectura.

"Forma el segundo cuerpo, un imponente sarcófago de veinte y tres piés de línea en cada una de sus cuadradas faces, por veinte y uno y medio de alto, de igual piedra, pero imitando en su matiz el granito oriental, con sus molduras de mármol blanco.

·En la principal de las cuatro faces, cobíjase bajo un espacioso rehundido la urna que atesora las veneradas cenizas de las víctimas. Las dimensiones de esta urna marmórea tienen ocho y medio piés de elevacion y ocho y tres cuartos de latitud. · · 'a l

En otro rehundido de la parte posterior campea, en relieve de piedra blanca del Colmenar, el leon de España agarrado á las armas nacionales. Bellísimas antorchas y lacrimatorios, que destellan dulce melancolía, completan los fúnebres adornos; y en dos fachadas laterales se leen las siguientes inscripciones:

LAS 'CENIZAS DE LAS' VÍCTIMAS -DEL 2 DE MAYO DE 1808 DESCANSAN EN ESTE CAMPO DE LEALTAD REGADO CON SU SANGRE. HONOR ETERNO AL PATRIOTISMO.

Á LOS MÁRTIRES DE LA INDEPENDENCIA ESPAÑOLA, LA NACION AGRADECIDA. CONCLUIDO POR LA MUY HERÓICA VILLA DE MADRID EN EL AÑO DE MDCCCXL. «l

Los retratos de Daoiz y Velarde, las armas de la villa de Madrid, ramos de ciprés y coronas de laurel, son los relieves de las cuatro faces del fronton.

Otro zócalo octagonal de tres y medio piés de alto y diez y seis de diámetro forma el cuerpo tercero, en el cual descansa un dórico pedestal de quince piés de alto con cuatro estátuas que simbolizan las bellas dotes del pueblo español: Patriotismo, Valor, Virtud y Constancia. Estas estátuas son de los escultores Perez, Tomás, Elías y Medina.

Un obelisco de poco mas de cincuenta y dos piés de altura, construido de piedra imitando el granito oriental, termina la imponente elevacion de este magestuoso monumento, en el cual se celebra todos los años, el DOS DE MAYO, un aniversario solémne, al que concurren las autoridades y el pueblo madrileño, con toda la pompa fúnebre que merecen tan tristes como gloriosos recuerdos.
. . . . ' . . . . '. . . . . . ' — .

¡Fragilidad humana! En Madrid abundan los teatos de cierto género, como en todas las populosas capitales. Hay gentes que

enorgullecidos unos por sus rancios pergaminos, y deseosos otros
de aparentar ser mas de lo que son, desdéñanse de alternar con
la honrada multitud , y prefieren aproximarse mas á los irracionales
que á las personas. Hacen bien en buscar á sus semejantes.

Estos entes ridículos, llevaban su fatuidad hasta el estremo de
apiñarse en la parte esterior de uno de los paseos y limitarse á
una angosta callejuela que rozaba con los caballos y coches, su-
friendo continua nube de sofocante polvo. Este paseo era conocido por el nombre de París. Por algunas palabras y coloquios
sueltos que solian oirse de trecho en trecho, los lectores que no
hayan tenido la fortuna de conocer personalmente esta Babilonia,
podrán formarse una idea de los títeres que bullian en el París
de Madrid.

—¿Estuviste ayer en el teatro del Príncipe, marqués?

—Oh no , ciertamente, *mon ami*..... Dios me preserve de volver
al espectáculo español.....

—Pues se representó una linda comedia jocosa.....

—Yo la conozco perfectamente, á fé mia..... es un saineton.....
Me apestan las comedias..... me dan esplin..... Yo estoy por las óperas, *mon cher*..... ¡Qué duo tan precioso el de los *Puritanos!*.....

> Suoni la tromba, e intrepido
> Io pugnerò da forte.
> Bello è affrontar la morte
> Gridando: Libertà!

Y entusiasmados ambos filarmónicos y llamando la atencion de
todos con sus gorgeos y contorsiones, zambulléronse entre aquella
animada multitud.

—Yo no sé fingir—decia otro mozalvete á una vieja presu-
mida, cuyas riquísimas blondas y multitud de brillantes que la
ataviaban, indicaban que su vetusta fealdad corria parejas con su
inmensa riqueza.

—¿Con que me quiere usted?

—Con delirio; pero baje usted la voz, que nos acecha su marido de usted.

—No importa..... es un pedazo de atun. ¡Ah picarillo!..... me
tiene usted trastornada. El fuego de mi amor es un volcan!.....

—Pues tambien siento yo abrasarme.....

—¡Agua! agua!—gritaba una muger.—Ahora viene fresquita de la fuente. ¡Panales y agua fresca!

—¿No va usted esta noche al concierto?—preguntaba un verdadero enamorado á una agraciada niña, cuyo bello semblante estaba empañado por el mal humor.

—No sé—respondia la niña abriendo y cerrando con impaciencia el abanico.

—¿No lo quiere mamá?

—No sé..... ni á usted le interesa saberlo. ¿Qué importa que yo no vaya? Allí estará la Conchita.....

—¿Y qué me interesa á mí la Conchita?—repuso el amartelado amante aproximándose al ángel de su amor.

—¡Déjeme usted en paz!—esclamó la desdeñosa jóven.

—¿Que la deje á usted? Vamos, bien mio..... sea usted compasiva ó doy un escándalo!..... Mire usted que hago aquí mismo una atrocidad.

Y se aproximaba mas á su querida y la tiraba del vestido.

—¡Jesus qué pesadez! Tenga usted la bondad de apartarse, caballero.

—¿Lo dice usted de veras?

—¡Sobre que me sofoca usted!.....

—¡Adios! ¡Usted sí que me sofoca con sus desaires!... ¡Cruel!

—¡Horchata!—gritaba á lo lejos un ente de zaragüelles.

—¡Adios para siempre!.....—repitió el amante infeliz.—El canal no está lejos.....—añadió en tono misterioso. Algunos momentos despues, aquel desesperado jóven..... ¡qué horror! habíase arrojado..... en el café de Solís, y saboreando un vaso de cerveza con limon, estaba diciendo á sus amigos:

—¡Qué conquista! ¡qué conquista acabo de hacer! La señorita N....., acaba de entregárseme á discrecion.

Volvamos al Prado.

—¿Vas esta noche á la *soirée?*—preguntaba un elegante á otro.

—¡No, chico! y lo siento en el alma—respondió el preguntado.

—¿Cómo así?

—Calla, que me ha sucedido esta tarde un chasco terrible. Te vas á reir. Es una calamidad; pero es una calamidad del género jocoso.

—Tendrás alguna cita en otra parte.

—Nada de eso... El maldito sastre, por una sola cuenta que le debo, ha estado en mi casa y se me ha llevado toda la ropa, menos lo que tengo puesto..... ya ves ¿cómo he de presentarme con este leviton?.....

—¡Qué demonio! ¿Y por una sola cuenta te ha aligerado de todo tu equipage?

—Es que en esa cuenta estaba el importe de todo, porque desde que me viste, y hace mas de un año, no le he dado un maravedí.

Un leve murmullo interrumpió este coloquio. Era una elegante carretela abierta, que llamaba la atencion general.

Este airoso carruage de color de lila con ruedas blancas y ribetes azules, apareció por la calle de Alcalá rápidamente tirado por dos soberbias yeguas tordas normandas, enjaezadas con estraordinario lujo. Vestian los criados librea amarilla con botones y bordados de plata, sombrero apuntado, con elevado plumero tambien amarillo, en forma de desmayo, el cazador. Eran de igual color las mantillas de las yeguas, galoneadas de finísima plata, y en sus ángulos, lo mismo que en las portezuelas del coche, veíase un precioso escudo de armas que indicaba la elevada nobleza de la marquesa de Turbias-aguas, antes Gofasa la aguadora.

Cuatro individuos ocupaban esta magnífica carretela, á saber: la marquesa, María, don Venturita Riñones, y Otelo. Daremos una idea de estos dos últimos actores, que hacen su brillante papel en la escena del gran mundo.

El caballerito Riñones era digno cortejo de la marquesa mamá; era un jóven buen mozo, el tipo de la elegancia y buen gusto. Los sastres mas afamados solian vestirle de balde para adquirir parroquianos.... en una palabra, era un verdadero figurin de carne y hueso. Así como en las rocas que baña el Nilo hay jóvenes osados que se dedican á la arriesgada pesca de los crocodilos, hay en la patria del Cid espíritus, ó por mejor decir estómagos fuertes, aficionados á la pesca de las viejas. Don Venturita se llevaba la palma en esta difícil profesion, pues era infinito el número de deidades sesentonas que traia al retortero, y sacaba de ellas tan buen jugo, que vivia en Madrid como un conde, despilfarrando la plata en francachelas, con mugercillas locas y compinches de su calaña. Don Venturita era el ídolo del bello sexo, pues el metálico de sus respetables Dulcineas, servíale para obsequiar á las beldades de quince primaveras, por manera que jóvenes y viejas se entusiasmaban ante las gracias de nuestro jóven héroe; pero como la marquesa de Turbias-aguas estaba entonces en disposicion de saciar el espíritu esplotador de aquel caballerito de industria, ella era, en la apariencia al menos, la sultana del diseminado serrallo.

Don Venturita frisaba en los 30 años de edad; era alto, pero bien formado, color pálido, pelo negro rizado con afeminacion, espeso bigote, ojos pequeños pero espresivos, y cierta sonrisa picaresca que manifestaba inteligencia de su galante profesion. Sus finos modales respiraban amabilidad y buen tono; su genio jovial y bullicioso hacíale interesante en las sociedades del gran mundo. Tan diestro en el manejo de los naipes como en las intrigas amorosas, era el juego otro recurso que le producia ————— como la credulidad de sus añosas y perifolladas víctimas. ————

Este venturoso amante no tenia mas que un rival, fortuna inaudita en estos aciagos tiempos en que rara es la muger que no ponga en práctica aquel célebre verso

Per tropo variar natura ó bella.

El corazon de la marquesa mamá estaba dividido entre don Venturita y Otelo, el consabido dogo que la marquesa solia llevar, á menudo consigo, prodigándole afectuosos mimos y caricias.

Este dichoso perrito no lamia en vano cuantos encantos temibles constituian la hermosura de la marquesa; porque era en cambio tratado con la consideracion y respeto debidos á su elevada alcurnia.

Otelo se desayunaba con sopitas de leche, y en todas las comidas se le ponia una silla junto á la de la marquesa, para que probase el animalito de los mas esquisitos manjares de la mesa.

Metiase en el perfumado baño con su señora, tenia su blando y limpio lecho, y jamás bebia agua sin que se le diese antes algun dulce para que no se le indigestase la bebida.

Sin duda el lector habrá notado la falta de un personage que pasaba por hija de la marquesa de Turbias-aguas. La ————— doña Eduvigis no estaba ya en compañía de la marquesa; por haber contraido matrimonio con el fátuo y presuntuoso marqués de Casa-cresta. Este individuo creyó hacer un lucido casamiento que halagaba completamente su ridícula vanidad. Entre personas humildes hubiera sido difícil ocultar el orígen del nacimiento de aquella jóven, porque se hubieran exigido las partidas de bautismo; pero sea que bastase la palabra de la señora marquesa, ó que fray Patricio con sus relaciones, su dinero y diabólica travesura, hubiese vencido esta dificultad, lo cierto es que el marqués de Casa-cresta creia tener por esposa á la hija de una gran señora, y el lector habrá acaso adivinado que la tal Eduvigis es la hija de uno de los mas soeces y despreciables entes que han figurado en la taberna del tio Garpacho. Doña Eduvigis era hija del tio Curro, ————— conocido por el apodo de el Desalmado. 4

Entre el animado y vistoso grupo de la carretela, en que contrastaba no solo la flexible delgadez de don Venturita con la obesidad de la marquesa que estaba á su lado engalanada de flores, joyas, cintas y plumas de distintos y brillantes matices, sino la diminuta y tísica faz del amante con el ancheroso cuanto inverosímil rostro de la monstruosa mamá, descollaba María hermosa y cándida. Su semblante encantador, animado por su natural sonrisa de angélica modestia, exhalaba cierta espresion de inocencia, que solo se encuentra en las vírgenes de Rafael.

Su trage era vaporoso y aéreo: sombrerito de paja sin mas adorno que una rama verde con lilas en capullo por la parte esterior y ligeros lazos de color de naranja que casaban lindamente con la morena tez de sus megillas, dejaba deslizar los sedosos rizos de su negra cabellera sobre sus torneados hombros: la falda de su gracioso vestido era de precioso tafetan con listas de color de rosa sobre fondo castaño: *spencer* de raso negro con jockrys en las mangas de transparente gasa: chal de cachemira de Persia que caia en gracioso y undulante abandono, como queriendo descubrir la angosta y flexible cintura de aquella candorosa jóven, formaban el trage de María. De una cadena de oro llevaba pendiente un medallon del mismo metal, prendido junto al corazon. Asía una de sus manos el abanico, y la otra un ramillete de flores naturales, puras y frescas como el seno virginal de aquella encantadora morena, mas linda que las rosas, jacintos, claveles y violetas, cuyo penetrante perfume aspiraba sin afectación ni coqueteria.

Su hermosura era seductora en tales términos, que en solo dos rápidas vueltas que dió la carretela junto al salon del Prado, María cautivó las miradas de todos los elegantes, no sin envidia de otras bellezas que cifran su vanidad en ostentarse blancas como la nieve y rubias como el oro.

Al anochecer se paraba la carretela á la puerta principal del teatro de la Cruz.

CAPITULO IX.

EL TEATRO.

LA España, cuna gloriosa de Lope de Vega, Calderon, Moreto, Tirso de Molina, Guillen de Castro y tantos otros varones ilustres que florecieron en el siglo XVII, esta España tan vilmente calumniada y combatida por la asquerosa envidia de los pedantes de otros paises; hace dos siglos que colocada en honroso predicamento suministraba ya modelos de buen gusto á todas las naciones civilizadas, y los mas célebres ingenios dramáticos de toda Europa, abastecian los teatros con imitaciones de nuestros esclarecidos poetas. Y no se crea que el ardiente amor que á nuestra patria profesamos nos ciega hasta el punto de aventurar en su elogio asertos exagerados. Es una verdad incuestionable que nos han hecho la justicia de confesar muchos sábios estrangeros admiradores de nuestras glorias; porque la verdadera sabiduría acata el mérito do quiera que germine, mientras solo la torpe ignorancia padece y se consume de ira al contemplar triunfos agenos.

«El Mentiroso, dice un escritor francés (1), imitacion de una comedia que escribió Alarcon con el título de La verdad sospechosa y la tragedia del Cid, tomada por el gran Corneille de Guillen de Castro, sacaron el arte dramático francés de una infancia de que no queria salir, y cada vez que el eminente poeta (Corneille) sentíase desfallecer, apoyábase en los modelos españoles y recobraba su energía. En pos de Guillen de Castro consultaba á Calderon, el mas sublime de los poetas trágicos, á Alarcon el mayor moralista cómico, y últimamente á Lope de Vega, modelo indispensable, repertorio encantador y universal.»

En la Historia filosófica y literaria del teatro francés por Mr. Hipólito Lucas, se dice, que hasta que Hardy se dedicó á traducir las comedias españolas, no dió la escena francesa señales de vida.

Mayret obtuvo un éxito asombroso con la traduccion de una comedia de Rojas. La-Serre alborotó París con otra traduccion.

Un ilustrado escritor italiano, el erudito Riccoboni, calificó el teatro español de mina inagotable para todas las naciones; y por último, traduciremos lo que dice Denina en el discurso que leyó á la academia de Berlin en sesion pública del 26 de enero de 1786:

«Si los españoles, con su fecunda imaginacion, no hubiesen suministrado asuntos y planes á los poetas de las demas naciones, la Francia hubiera visto largo tiempo sus teatros en el estado mas infeliz. Cuando se critica á los españoles la irregularidad de sus dramas, debiera hacerse una reflexion que les disculpa. Habiéndose prodigiosamente cambiado las costumbres desde los tiempos heróicos, esas unidades tan inculcadas no eran ya convenientes, y los españoles han creido que podian agradar ó instruir sin sujetar su prodigioso ingenio á tan mezquinas trabas. No es cues-

Mr. Puibusque, en su Historia comparada de las literaturas española y

tion de averiguar si las producciones de Lope de Vega, Calderon, Moreto y otros españoles están arregladas á los preceptos de Aristóteles y de Horacio como las de Corneille y Moliere, lo que se pregunta es, si estos restauradores del teatro francés se han aprovechado de lo que habian escrito antes que ellos los poetas españoles. De esto no cabe la menor duda, por manera que los franceses deben á los españoles todas sus glorias teatrales. Y lo mas digno de admiracion y elogio, es, que en ese número infinito de comedias españolas que han abastecido largo tiempo los teatros de París, Londres y Venecia, apenas se conoce una en la que no imperen los principios esenciales de moral y de religion. Esto no puede desgraciadamente decirse de las obras dramáticas originales de las demas naciones.»

Podriamos citar otros muchos escritores estrangeros que han rendido su homenage de justicia á nuestra ilustracion; pero no queremos fatigar la atencion de nuestros lectores, cuando queda probado que los dicterios que han prodigado á España sus detractores, se desvanecen ante la sana lógica, cual desaparecen las imágenes tenebrosas ante los rayos del sol.

Y no se culpe al pueblo español de la deplorable decadencia de su teatro. Unido á las vicisitudes políticas el fanatismo de sus gobernantes, vergonzosamente sometidos á la tirania monástica, la ineptitud de algunos reyes que no han tenido mas voluntad que la que su confesor les permitiera, las inquisitoriales tendencias de los teócratas que trataban de sumir al pueblo en la mas degradante ignorancia para enseñorearse sobre sus despojos, estas son las causas primordiales de la decadencia del teatro español, porque el teatro es la escuela de la sociedad.......en él aprende el hombre lo que vale, y esto no puede interesar á los que pretenden erigirse en señores para que el pueblo esclavo y envilecido lama sus piés, cual miserable can arrastrándose ante el amo que le azota. ¡Oh, no! ¡mil veces no! El pueblo conoce ya sus derechos, y cuando es de todo punto imposible que la ilustracion del siglo sea trocada, los gobernantes deben someterse á ella, so pena de ser ignominiosamente lanzados del poder.

El teatro, como escuela de civilizacion, como termómetro infalible de la cultura de las naciones, merece de un gobierno sábio y paternal la mas decidida proteccion. En España se ha levantado

una voz inteligente que la implora, una voz sábia que debe ser
oida y atendida, porque es la voz de la honradez y de la justicia,
porque es una voz solemne que, á nombre de infinidad de artistas,
hijos beneméritos de esta nacion que les dió el ser, aboga no solo por sus familias que perecen en la indigencia, sino por los progresos de la ilustracion española (1).

    Enteramente abandonado el teatro por el gobierno, entregado

(1) El benemérito y aventajado actor y literato don Juan Lombia ha pu-
blicado una escelente obrita acerca del orígen, índole é importancia del teatro
en las sociedades cultas. Toda ella es recomendable, y daremos por muestra
las siguientes líneas sobre la causa de la decadencia del teatro de España:

«¿En qué consiste que habiendo sido esta nacion la que ha producido los
mas insignes y famosos poetas y actores dramáticos, no ha conseguido sobre-
ponerse á todas respecto á un ramo que es peculiar del genio artístico de
sus hijos? ¿Cómo es que no se ha valido del predominio de su superioridad
creadora para llevarlo triunfante de nacion en nacion y estrechar y mejorar por
este medio sus relaciones sociales con muchas de ellas? Se me dirá que eso
ha consistido en los desastres é infortunios que ha esperimentado este pais
desde mediados del siglo XVII hasta hoy. Me recordarán una á una sus mas
notables desventuras. El desmembramiento del Portugal, que alcanzó al reinado de Felipe IV. La debilidad del supersticioso Cárlos II que cedió una parte
de nuestros estados á Luis XIV. Las guerras de sucesion y los continuos
disturbios del reinado de Felipe V. La inútil bondad de su hijo Fernando
el VI: el criminal abandono de Cárlos IV: los desbordamientos de su favorito,
la ambicion de Napoleon y la ciega credulidad del jóven Fernando VII, que
hicieron patentes á los españoles la necesidad de inhabilitar á la corona para
el mal y conservarla para el bien: pensamiento político para cuya realizacion
empezamos el año 1808 una revolucion que aun no hemos concluido. Todo
esto, no hay duda, debe de haber egercido un influjo funesto en el teatro,
como en todos los ramos del saber; pero si tenemos presentes los elementos
de prosperidad, los recursos con que la naturaleza ha favorecido siempre á
nuestro pais y los estraordinarios con que contaba al empezar su decadencia;
si reparamos en que ningun otro ha estado exento de desgracias y reveses
durante los mismos siglos y que aun en esa misma Francia, que en el dia
ostenta mas brillantez que ninguno, tanto respecto al ramo de que se trata
como á todos los demas que atestiguan la cultura de los pueblos modernos;
si recordamos que esa misma nacion ha pasado tambien por trances muy
amargos y convulsiones violentísimas, sin ahogar los progresos del teatro,
comprenderemos que debe haber otra causa mas eficiente y funesta para él
en este pais, y esta es *el abandono con que casi siempre lo ha mirado el
gobierno*, y al decir el gobierno hablo de todos los poderes del estado pasados y presentes. Es tan culpable esta apatía y dice tanto contra la mayor
parte de los hombres que han dirigido los destinos de la nacion, que su calificacion la dejo al juicio del público mismo y de los gobernantes celosos por
las glorias de su pais. Pues qué, ¿una institucion tan útil como el teatro,
hija de nuestra religion, identificada con nuestras costumbres, aun cuando en
un principio solo se comprendiese como mera diversion, en el solo hecho de
ser *diversion pública*, no debia de llamar la atencion del legislador para or-
ganizarla y darla la direccion mas útil que le fuera posible? Y mientras que
en Francia, desde los primeros pasos del teatro hasta hoy, el gobierno no
ha dejado de ocuparse de su fomento á través de todas las revoluciones y
trastornos políticos y aun religiosos, procurando siempre su mejora y acre-
centamiento, como puede verse en los anales legislativos del teatro de aquella nacion, ¿qué es lo que se ha hecho en España jamás por el gobierno en
favor de este importantísimo ramo? Puede decirse que nada; y aun algunas
veces, la ignorancia y el fanatismo de muchos gobernantes han hecho no poco
para destruirlo. Recórrase nuestra historia respecto á este punto y recórrase
á la par la de la nacion vecina, y se verá qué contraste ofrecen á nuestros
ojos: se verá en España al gran emperador Cárlos V en vez de dar organi-

al espíritu especulador de·los particulares, hemos visto en estos
últimos años· á varios capitalistas dergamar el oro á manos llenas
para hacernos oir todas las notabilidades filarmónicas estrangeras
destinando dos de los tres teatros principales esclusivamente á las
óperas y bailes, contratando para ellos los mas célebres artistas
de Europa, cuando en París, en Londres mismo, no se ha po-

zacion al teatro formular una ley por la cual prohibía á los actores que vis-
tiesen con arreglo á la categoría del personage que representaban, puesto
que mandaba que no se sacasen á la escena trages de lujo: se verá á la
madre de Cárlos II cerrar los teatros de todo el reino dando por razon para
ello que el rey su hijo era niño todavia; á Fernando VI haciendo consultar
sobre si eran ó no licitos, y despues de oir doscientas vaciedades teológicas
de espíritu ultramontano acerca del asunto, y establecer necias condiciones para
que continuase esta diversion nacional, traer al famoso Farinelli con su teatro lírico estrangero á palacio y dar con esto un testimonio público del abandono con que miraba el de su pais. Despues de Felipe IV solo Cárlos III lo ha
favorecido directamente dando impulso á la escena, mejorándola y estimu-
lando sus adelantos, creando establecimientos literarios, fomentando las letras
que son su elemento, y secularizándolo completamente al prohibir en él las
representaciones de autos sacramentales; y nótese como el casi único rey español que ha dejado gloriosa memoria en esos siglos fatales ha sido el que
ha procurado fomentar el teatro. Y no fueron estériles, en verdad, sus nobles
esfuerzos, porque de esa época datan nuestros últimos adelantos, mas ó menos tardíos: pero siempre superiores á lo que debia esperarse de la desorganizacion que aun existe. Y entre tanto ¿qué se observa en la vecina Francia?
En 4 de diciembre de 1402 Cárlos VI autoriza á la cofradía de la Pasion para
que represente públicamente sus dramas religiosos en París, en el palacio de
Borgoña; esto es, siglo y medio antes de que se abriera ningun teatro permanente en España. Despues Luis XII, apellidado el padre del pueblo, da
permiso para que los actores puedan egercer la sátira contra todas las personas de su reino, sin esceptuarse á si mismo. (*Hist. fil. y lit. del teat. francés
por H. Lucas* p.ª 2.ª) En 1518 Francisco I confirma los privilegios de la cofradía y una resolucion del parlamento de 19 de noviembre de 1540 reforma
aquellos decretos previniendo que en adelante solo se representen piezas y
asuntos profanos licitos y honestos y de ningun modo misterios sagrados,
de dos siglos antes que se tomase en España igual medida; bajo cuyas condiciones y á fin de fomentar los trabajos de aquella compañia, la mejor organizada á la sazon, manda que cualquiera otra que represente en París ó en
los arrabales sea bajo el nombre y provecho de la que servia de modelo.
(Riccoboni. Reflexiones históricas. página 104.)
Véase despues en la *historia filosófica y literaria del teatro francés*
por *Mr. Hipolito Lucas*, como fomentaron la escena los gobiernos y las acade-
mias, y por último, léase el *Tratado de la legislacion teatral ó sea colecion
completa y metódica de las leyes y la jurisprudencia de los teatros y espectáculos públicos de Francia* publicada en París por *Mr. Vivienne y Mr.
Blam* en 1830, y allí se hallarán leyes, órdenes y decretos para su sostenimiento y mejora dados en todos tiempos, tanto por el parlamento, como por
los reyes, asi discutidos por la Convencion en medio de la revolucion espantosa, como firmados por el emperador Napoleon en Moscou al reflejar en
las llamas de aquella ciudad que redujeron á pavesas sus propios hijos: esto
es lo que puede llamarse proteger el arte; esto lo que ha hecho que sea
tan notable importancia en aquel pais. Y lo que prueba la que podria ser
en el nuestro es el ver el incremento que ha tomado por sí solo, sin mas
ayuda ni amparo del gobierno, en estos últimos doce años, que en medio
de la revolucion, la libertad de imprenta y la de la discusion han dado
ejercicio, importancia y valor intrínseco á las letras y á las artes. Pero no se
advierte el conato, la desorganizacion lo confunde y anonada, y es lo
que prueba que el gobierno, cualquiera que sea su color político, espíritu
instintivo dado al teatro y que es un aviso de la opinion que debe
organizarlo en bien del pais, de su cultura y de su gusto.

dido nunca mantener mas que un solo teatro de este género. Tal vez por vanidad, ó por una moda ridícula en demasía, se han sacrificado inmensas sumas á un lujo incompatible con las escaseces del pueblo. Porque sépase que los teatros son para entretener ó instruir al pueblo y no para divertir esclusivamente á la aristocrácia. El pueblo trabajador tiene derecho á que se le proporcione un solaz á sus fatigas; pero, invadidos los teatros por esas legiones estrangeras de danzarines y cantantes, ha habido que subir los precios de estas diversiones, y sobre ser un sacrificio pecuniario el acudir á ellas, hemos presenciado el escándalo de ver lanzados del antiquísimo teatro de la Cruz, donde habian trabajado desde su fundacion, á multitud de actores españoles.

No solo el gobierno, sino hasta los particulares, que se llaman humanitarios, y que por su posicion social y por sus riquezas pudieran contribuir á los progresos de las artes nacionales, miran con desprecio á los artistas españoles, mientras á cualquiera estrangero se le prodiga apoyo y proteccion.

No es nuestro ánimo por cierto el escluir las óperas de los teatros nacionales. El que no es sensible á las delicias de la música, nos merece compasion; pero creemos que se conciliarian todos los estremos, destinando un solo teatro para las óperas, y aun haciéndolas alternar con funciones de declamacion. Creemos que si las representaciones españolas se decorasen con el lujo y esmero que se emplea en las óperas y bailes, el público concurriria á ellas, y de este modo se disfrutaria de todo, y hallarian una honrada subsistencia multitud de artistas que perecen ahora de hambre. Esta mejora alcanzaria á los escritores dramáticos, pues habria posibilidad de dar mas dramas nuevos, y hasta las mismas empresas adquiririan, en nuestro concepto, mas lucrativos resultados.

En medio de tan lastimoso abandono, vemos descollar en la escena de Isidoro Maiquez y Rita Luna, una infinidad de talentos privilegiados, dignos intérpretes de Talía y Melpomene. Citaremos en primer lugar á la inimitable doña Matilde Diez, que por la asombrosa naturalidad con que desempeña todo linage de caractéres, ha merecido la honrosa calificacion de *Perla del teatro español*. Doña Bárbara Lamadrid en el género trágico es notable. Doña Juana Perez ha sabido conquistar con sus aciertos un lugar honorífico entre las damas de primer órden. Doña

Gerónima Llorente es una *característica* que no tienes rival en España, y pocas habrá que la aventajen en los teatros estranjeros. Don Cárlos Latorre es sin disputa de los primeros trágicos de Europa. Don José García Luna es un actor aventajadísimo. Don Antonio de Guzman puede ponerse en parangon con los mas famosos *graciosos* de las naciones cultas. Don Luis Fabiani sabe cautivar las simpatías del público. Don Juan Lombía es inimitable en ciertos caractéres; pero en todos los que representa manifiesta siempre inteligencia esquisita, estudio profundo y gran conocimiento de los efectos teatrales. No acabaríamos nunca si tuviéramos que nombrar individualmente á todos esos jóvenes actores y actrices que descuellan en la escena española por sus aciertos y noble ambicion de gloria; y toda vez que es preciso concluir, citaremos con orgullo á D. Julian Romea, modelo de perfeccion en cuantos papeles toma á su cargo. No creemos que haya en Paris ni Lóndres quien aventaje á este jóven artista, por todos conceptos admirable.

¿Y qué proteccion ha dispensado el gobierno á los qué de un modo tan ostensible aumentan las glorias del país que les dió el ser? ¿Qué recompensas han obtenido su mérito, su aplicacion, sus afanes? Olvido, y nada mas que olvido... El premio, las condecoraciones, los ricos presentes..... ¡se guardan para las notabilidades estranjeras!

Cuando á pesar de tan escandalosa apatía de parte del gobierno, vemos en el arte dramático, sin mas aliciente que su noble ambicion de gloria, á tantos jóvenes poetas que avanzan por la senda de la inmortalidad, cuando tenemos actores que pueden rivalizar con los primeros de las naciones mas cultas, es verdaderamente lastimosa, es criminal la indiferencia con que mira el gobierno el teatro español.

Es urgente un buen edificio en sitio á propósito.

Los teatros principales de Madrid son el del Príncipe, el de la Cruz y el del Circo; pero ninguno de estos edificios es digno de la capital de España. El del Príncipe, despues de haber sufrido un incendio, fué reedificado en 1806 bajo la direccion del arquitecto Villanueva. Es mezquino en demasía. Solo caben en él unas personas. El de la Cruz se arregló en 1737, pero el poco gusto que ha dejado mil testimonios de su mal...

y no es el menos chocante este edificio, cuya estrambótica fachada y desordenado interior le hacen irremediable. Hay en él unas 1400 localidades. El teatro del Circo es de mucha mayor capacidad; pero tuvo principio el año 1835 para las funciones que daba la compañía gimnástica de Mr. Paul en la Plaza del Rey, y á pesar de sus mejoras, adolece siempre de su orígen.

Otro hay empezado entre la plazuela de Isabel II y la plaza de Oriente, que aunque demasiado escéntrico, se asegura que nada dejará que desear. Lo cierto es que el proyecto es grandioso y lo será tambien el edificio á juzgar por lo que de él va construido. Solo el escenario tiene cien piés de fondo. Parece que escederá en estension al de la academia Real de música de Paris y otros de los primeros coliseos de Europa. Habrá en él grandes salones de descanso y de baile. La fachada frontera á la calle del Arenal, es imponente y magestuosa. Pero Dios sabe cuándo estará este edificio habilitado para la *farándula*, aunque no han dejado de lucirse en él bastantes *faranduleros* desde que se destinó este teatro á la representacion de farsas políticas; porque hay que saber que en una de sus vastísimas salas celebra sus sesiones el Congreso de los señores diputados.

María asistió por primera vez al teatro de la Cruz á la representacion de la ópera de Bellini titulada *I Capuleti ed i Monte-*

chi. Su hermosura llamó igualmente la atencion de los espectadores. Todos los anteojos se dirigian á uno de los palcos princi-

204

pales. En este palco las naturales gracias de María formaban contraste con los ridículos dengues de la voluminosa márquesa de Turbias-aguas.

Hacia ocho dias que los encantos de María obtenian repetidísimos triunfos de esta naturaleza. Sus atractivos eran objeto de admiracion y elogios en la tertulia de la marquesa. Jóvenes y viejos rendian tributo de vasallage á la hechicera María; pero esta vírgen adorable, lejos de envanecerse con sus lauros; ruborizábase de ellos, sin que el haber pasado tan repentinamente del colmo de la indigencia á una mágica aglomeracion de satisfacciones, comodidades y placeres, hubiese pervertido en lo mas mínimo su candoroso corazon. Creia que su familia participaba de su bienestar; que no estaba lejos el momento de abrazar á sus padres y hermanos, de verles felices; y estas dulces ilusiones tenian para ella mas encantos que los goces materiales á su nueva y brillante posicion debidos. La incauta niña era demasiado buena para penetrar el lazo infernal que se le tendia bajo tan halagüeñas apariencias.

Dejemos á María radiosa y triunfante, dejémosla rodeada de pompa y magnificencia; y antes de trasladarnos al santo asilo de mendicidad, donde su madre y sus hermanos lloraban acerbamente su infortunio, hagamos una leve reseña del estado político de la nacion española en el mès de mayo de 1836. Revelemos la influencia que ejerció en los escandalosos acontecimientos de la córte, la sociedad de los *esterminadores*, y hablemos de las bellas esperanzas que bajo todos aspectos lisonjeaban el amor y la ambicion de su gefe fray Patricio.

CAPITULO X.

LAS ESPERANZAS DE FRAY PATRICIO

Abril espira.

El reloj de Santa Cruz está dando las siete de la mañana.

Radiante sol de un alegre dia de primavera empieza á iluminar la habitacion de fray Patricio.

Este individuo, envuelto en su bata de tela escocesa á cuadros de varios colores, repantigado en cómoda poltrona, saborea el riquísimo y aromático chocolate de Caracas, de que está lleno hasta el borde un cangilon mónstruo que tiene asido del asa con la mano derecha, mientras la izquierda sostiene un gran plato de blanquísima china, en cuyo centro deja de vez en vez descansar el cangilon, rodeado de espónjosos fragmentos de bollo, despues de haber sorbido la pocion deliciosa, elevando cada sorbo (como ha dicho nuestro digno amigo fray Gerundio) (1) mas y mas la cabeza, hasta el punto de clavar los ojos en las estrellas del firmamento, como quien dice: *desde aquí á la gloria.*»

Fray Patricio alternaba con magestuosa parsimonia los esto-

(1) La Risa tomo II, página 131.

macales sorbos y sabrosísimas mojadas con reflexiones halagüeñas acerca de su porvenir, que por todos conceptos anunciábase destellando lisonjeras perspectivas de próxima felicidad.

Las esperanzas que incesantemente hacíale concebir la marquesa de Turbias-aguas', rayaban casi en seguridad de ver correspondido en breve el amor que profesaba á María. Amor, sí, porque es preciso confesar que fray Patricio amaba frenéticamente á María, y los mismos desdenes de esta virtuosa jóven habian avivado el fuego de la vehemente pasion que nutria aquel hombre inmoral.

Por otro lado, puesto al frente de los *esterminadores*, habia acreditado su diabólica travesura, su tino, prevision y maquiavelismo en términos, que relacionado con los magnates de toda Europa interesados en el triunfo del absolutismo teocrático recibia inmensos recursos de todas partes, particularmente de Roma, para atender á las urgencias del ejército carlista, poniendo en juego las secretas ramificaciones, hábilmente eslabonadas, que en todas partes tenia el *Angel esterminador*.

Fray Patricio, en consecuencia, nadaba en oro, si nos es permitido valernos de esta vulgar espresion, y lejos de concretarse á la inmensidad de riquezas su prosperidad fascinadora, si bien es verdad que creia con ellas dominarlo todo, halagábale otro deseo ardiente..... el de ver premiada su ambicion con el destino de primer consejero de la corona, tan pronto como el triunfo laureáse sus desvelos.... triunfo que le halagaba muy de cerca, porque la tenebrosa sociedad de que era gefe, iba logrando el fruto de su diabólica actividad. El plan estaba sagazmente urdido.... las facciones iban tomando cada dia mayor preponderancia sobre las tropas liberales.... El cabecilla Gomez estaba en el secreto.... iniciado por fray Patricio en esta horrible conspiracion; Gomez era el que debia aproximarse á Madrid tan pronto como ciertos hombres ocupasen las sillas ministeriales; con él hubiérase acaso consumado la transaccion con D. Cárlos, si la nacion no se hubiese levantado en masa contra el gobierno que la conducia al precipicio. Sépalo la España..... sépalo el mundo entero, porque esta IMPORTANTE REVELACION justifica la existencia *de una sociedad* homicida, que bajo el manto de la religion, oculta *el puñal del esterminio.*

—Seré ministro—decia fray Patricio, y su anchurosa faz encendida como la grana, despedia por todas partes destellos de infernal alegría.—Seré ministro; pero ministro de un rey absoluto, de un rey que me deberá su trono, y esto equivale á decir: seré rey..... Oh! sí, esto es tan fácil como engullirme ahora esta sopa de chocolate.

Al hablar así, después de haber mojado en el consabido cangilon un fragmento asaz respetable de bollo, se lo tragó haciendo un espresivo ademan de invencible superioridad. Sourióse después con aire de triunfo, y añadió:

—¡Miserables! se contentan ahora con ocupar algunos meses las doradas sillas, siendo el juguete de las Córtes, la befa y escarnio de los periódicos, la irrision del populacho. Un centenar de ambiciosos, siempre los mismos, divididos en fracciones, acaudillan las diferentes pandillas de que se compone el partido liberal. Suben y bajan como los alcaduces de una noria. Fomentemos, pues, su desunion, introduzcamos la discordia en todas partes, aticemos odios y pasiones, sembremos la desconfianza, alimentemos el descontento, exasperemos esas ambiciones insaciables que conducen á la apostasia; en una palabra, acabemos de desmoralizar á los hombres del poder, y ellos arruinarán al pueblo, y el pueblo se cansará. Amortiguado el entusiasmo de las masas, será fácil encontrar hombres venales, que con tal de ocupar las doradas poltronas, entrarán en transacciones con nosotros.

En estas reflexiones habia vaciado fray Patricio la mitad del cangilon, y embaulando en su abdómen un vaso de agua pura y cristalina, dió un gutural resuello de satisfaccion, y continuó acompañando nuevas reflexiones con nuevos sorbos y mojadas.

—Sí, entrarán en transacciones, sí—decia fray Patricio—pero es preciso echar abajo el actual ministerio. Es cosa fácil tambien..... nuestros emisarios son activos..... fingen á las mil maravillas..... se introducen por todas partes..... El programa de Mendizabal no se ha cumplido..... la guerra debia haberse terminado á los seis meses..... Esta es un arma poderosa..... Nosotros atizamos el fuego, y sus mas íntimos amigos le hacen en los estamentos una oposicion encarnizada. En palacio avanza intereses que es un primor....... Dos hombres desean ser ministros

á cualquier precio... lo serán renegarán de sus principios (1)
y..... negocio concluido..... Gomez coronará la fiesta..... será mi
escabel.....

Sorbióse fray Patricio el poco chocolate que quedaba en la
jícara, y despues de apurar otro vaso de agua, sacó la caja de
tabaco y tomó á guisa de postres un solemne polvo de padre y
muy señor mio.

En esto presentóse la tia Esperanza, anunció al barbero y
se retiró llevándose el plato, los vasos y la jícara vacía.

Un instante despues apareció tarareando el *himno de Riego*
un jóven de unos veinte y cinco años de edad, alto, flaco, cara
trigueña, ojos espresivos, bigote y perilla muy poblados, pelo
negro. Llevaba sombrero redondo que dejó en una silla, chaqueta de paño azul con bordados y alamares, chaleco amarillo de
raso, pantalon blanco y faja de seda encarnada.

—A buena hora, señor rapista—dijo en tono de chunga fray
Patricio—has tardado tanto, que me he determinado á tomar
chocolate ahora mismo, de modo que no sé yo si será muy
bueno para la digestion el mojarse la cara.....

—Perdone usted don Patricio..... Vengo de palacio—respondió
el barbero.

—¡Hombre! ¿de palacio?

—Sí señor, soy barbero de cámara..... del cocinero de palacio, y ademas corto los callos á su muger, que por cierto es
una linda muchacha; pero, don Patricio, quisiera que despachá-
semos pronto, porque á las nueve he de estar en casa del señor
ministro de Hacienda.

—¿Tiene tambien callos el ministro?

—Tuvo un soforon, y hay que ponerle sanguijuelas.

(1) ... ... reños, los dos, que ninguno disculpa la repentina metamórfosis de aquel ... ...

—¿Al ministro de Hacienda?

—Sí señor—respondió el barbero, y luego con socarronería añadió:—Dios *las* cria y *ellas* se juntan.

Rióse fray Patricio del chiste del barbero, quitóse la bata para estar mas cómodo, y sentándose en mangas de camisa en su poltrona, esclamó:

—¡Ea! pues manos á la obra.

Empezó la operacion y concluyó acompañada del siguiente coloquio:

—¿Con que tenemos al señor ministro enfermo?—dijo fray Patricio.

—Es un berrinche que no vale nada...!... Consecuencia seguramente de la oposicion que algunos de sus amigos le hacen en las Córtes, particularmente Istúriz y Galiano.

—¿Y cae ó se aguanta el ministerio?

—¿Qué sé yo?

—¿Pues quién ha de saberlo si no lo sabe el barbero de cámara del cocinero de palacio?

—No se burle usted, señor mio....... Traigo noticias muy gordas.

—Vamos á ver.

—Los ministros han pedido á la reina Gobernadora que exonere de sus destinos al capitan general de Madrid y al inspector de infantería.

—¿A Quesada y á Ezpeleta?

—Si señor; pero parece que la reina Gobernadora ha dicho nones, y los ministros están en hacer dimision.

—¿Y se les admitirá?

—¡Qué disparate! Si tal sucediese, habria otra de San Quintin. ¡Poquito irritados estamos todos los patriotas exaltados contra los enemigos de Mendizabal! Este sí que es un grande hombre.

—¡Y tan grande!.... No necesita caña para coger nidos. Con los dedos desquiciaba las lámparas de las iglesias, y con una manotada echó abajo las campanas de los mas altos campanarios.

Entre estas y otras pláticas concluyó el barbero su operacion dejando como nuevo el lustroso y enjuto rostro del ex-fraile, y se despidió.

Fray Patricio vistióse precipitadamente, y se fué á recorrer varios circulos políticos, en los que figuraba tomando en cada uno de ellos distinto matiz.

Durante los primeros quince dias de mayo estuvo en sesion permanente en la calle del Divino Pastor una comision de los esterminadores. Los mejores talentos de esta sociedad tenebrosa, pusiéronse en movimiento con fray Patricio, y con su diabólica sagacidad influyeron poderosamente en la caida de aquel ministerio, en la manera que debia reemplazarse y hasta en las personas que debian sustituirle.

El 15 de mayo fué admitida la dimision del ministerio Mendizabal y entró á presidir el nuevo ministerio D. Francisco Javier Isturiz. Estos dos ministros disputáronse el poder á viva fuerza. Permitasenos esclamar con nuestro amigo, el ilustrado autor de la

historia de Espartero D. José Segundo Florez: «¡Brillante egemplo de moralidad y de respeto á las leyes, dado por dos primeros
ministros ó consegeros de la corona (1)!» Nosotros añadirémos:
si hubieran sido dos pobres artesanos se les hubiera condenado
á presidio.

Don Antonio Alcalá Galiano, *se convirtió*, como Isturiz, varió
de principios, y fué nombrado ministro de Marina.

Un ministerio de tan degradante orígen no podia ser dura-
dero. Emprendió la marcha ante-liberal y retrógrada que hubiera tal vez terminado en una transaccion vergonzosa con don
Cárlos, fraguada en el club del *Angel esterminador* (2) á no ser
el heroismo de *un sargento*, que erigiéndose en intérprete de la
soberanía nacional, como mas adelante esplicaremos, en premio de
haber salvado el trono de Isabel II y la libertad de su patria,
murió después abandonado, despreciado, escupido por los que
acaso se reparten los tesoros de la nacion para despilfarrarlos en
bacanales y orgías, mientras suda el pueblo gotas de sangre para pagar espantosas contribuciones.

(1) Historia de Espartero, tomo I, páginas 305 y 306.

(2) ....El ministerio Isturiz habia sabido grangearse la animadversion y
escitar contra si la animosidad de los pueblos por medio de su conducta reac-
cionaria. Hablábase de proyectos de transaccion con D. Cárlos, y se comentaba
de diversos modos el viaje del general Córdoba á la córte. . . . .
era una triste realidad la persecucion que aquel gobierno entabló contra
los mas decididos liberales, y el ataque directo que hacia á las instituciones,
señaladamente á la Guardia nacional y á la prensa. Los muchos liberales interesados en el progreso de aquellas, veian con dolor que lejos de reformarse el
raquítico Estatuto en sentido racional y dando la estension debida á los derechos del ciudadano, iba á retrogradarse, perdiendo por consiguiente en la carrera
de la libertad, segun las ideas que la fuerza y los amaños del gobierno hacian
triunfar en las elecciones. (Florez, hist. de Esp. t. I, pág. 333.)

CAPITULO XI.

SAN BERNARDINO.

Abido es que en todas las grandes poblaciones y precisamente en las que marchan al frente de la civilizacion europea, es en donde está mas arraigado el vicio. Hemos hablado ya de esos héroes de taberna, de esos bárbaros cuyas feroces costumbres son únicamente comparables con las que nos describe de los salvages el famoso Cooper, á quien Süe, el humanitario y justamente célebre Süe, apellida el Walter Scott americano.

Con todo, podemos decir con orgullo, á pesar de las calumnias que nos prodiga la *envidia estranjera*, suponiendo que en España estamos aun por civilizar, que si bien es verdad que en Madrid se cometen escesos de todo jaez, no son tan frecuentes ni repugnantes como los espantosos cuadros de esos tipos odiosos y sanguinarios que hormiguean en las capitales de Francia é Inglaterra.

Hay por desgracia entre nosotros entes pervertidos que deshonran la humanidad. Hay asesinos como los que hemos bosquejado en la taberna del tio Gazpacho. Hay en la alta sociedad personas inmorales á la manera de la marquesa de Turbias-aguas y sus contertulios. Hay beatas hipócritas como la tía Esperanza, sacerdotes crapulosamente desmoralizados y criminales como fray Patricio; pero esta escoria, este asqueroso fango de degradacion contrasta con mil heróicas virtudes que resplandecen en las clases todas de la sociedad madrileña

Hay tambien en Madrid sacerdotes, dignos discípulos de Jesucristo, llenos de moderacion, de caridad y mansedumbre evangélica; hay tambien en Madrid grandes y nobles, que lejos de envanecerse con sus títulos, liganse en vínculos fraternales á las clases industriosas..... El verdadero *buen tono* existe tambien en la aristocracia de Madrid; no ese *buen tono* ridículo, basado en una gravedad insoportable y en el desprecio de los demás sino el que destella por todas partes esmerada educacion, virtuosa franqueza, finos modales, elegancia y moralidad. Hay en la aristocracia de Madrid señoras benéficas, que no se desdeñan de socorrer á las clases menesterosas.

Hace un año que se estableció en Madrid una *Junta de beneficencia domiciliaria* bajo la presidencia de la señora duquesa de Gor, y esta sociedad filantrópica, compuesta esclusivamente de señoras de la aristocracia, ha hecho tales progresos, que durante el corto tiempo de su existencia, ha repartido mas de CIEN MIL REALES á las familias menesterosas de la córte.

Celebramos tener esta ocasion de tributar merecidos elogios á estas personas benéficas, á quienes mas que sus vanos títulos, colocan en posicion noble y elevada sus bellos sentimientos de humanidad. Véase pues como no tenemos empeño en humillar á los ricos para ensalzar á los pobres. Nuestra severa censura solo se dirige contra la maldad, do quiera que se oculte.

Dígimos en el capítulo primero de la primera parte de nuestra historia: «¿Por qué no se han de crear en Madrid y en todos los puntos populosos, sociedades benéficas?..... El pensamiento de facilitar á los pobres socorro en sus apuros, enfermedades y escaseces, no puede ser mas hermoso y humanitario. . . . . . Invitamos á los capitalistas españoles á que concilien sus beneficios con los que el pueblo reportaria de la propagacion de tan provechosas instituciones. Dediquen siquiera á tan filantrópico objeto una pequeña parte de esos millones que consumen los cantores y bailarines estranjeros......y su patria les bendecirá.»

Esto decíamos, y hemos visto posteriormente con la mas dulce satisfaccion en todos los periódicos de la córte, el anuncio de una empresa respetable, que con el título de Sociedad amiga de la juventud acaba de instalarse en Madrid con el objeto de libertar á los mozos de las quintas, y dotar á las jóvenes cuando contraigan matrimonio (1).

Nosotros auguramos á esta filantrópica empresa tan felices re-

(1) Sociedad amiga de la juventud.—Con este nombre acaba de constituirse una sociedad anónima, sobre el capital de cuarenta millones de reales, divididos en ocho mil acciones de cinco mil reales cada una.

Su duracion será de 90 años, ó de mas si conviniere á los interesados en ella, quienes en tal caso facilitarán y publicarán su prorogacion.

Los objetos á que por ahora se refieren sus operaciones en punto á seguros, son los siguientes:

1.º Satisfacer 6,000 reales vellon á los varones inscritos á quienes toque la suerte de soldados.

Para adquirir derecho á percibir estos 6,000 reales pagarán segun la edad en que se aseguren las cantidades siguientes:

	Reales.
Dentro de los primeros quince dias del nacimiento.	250
Desde el dia diez y seis del nacimiento hasta cumplir un año de edad.	500
Desde un año y un dia hasta cumplir tres años de edad.	600
Desde tres años y un dia hasta cumplir seis años de edad.	700
Desde seis años y un dia hasta cumplir nueve años de edad.	800
Desde nueve años y un dia hasta cumplir doce años de edad. . . .	1000
Desde doce años y un dia hasta cumplir diez y seis años de edad. . . .	1200

2.º Entregar á las hembras inscritas cuando contraigan matrimonio, segun la edad en que lo verifiquen, una de las dotes que á continuacion se espresan:

	Por una dote.	Por dos.	Por tres.
Si se casan á los 15 años cumplidos.	5000	10000	15000
Si á los 25 cumplidos.	7500	15000	22500
Si á los 35 cumplidos.	10000	20000	30000
Si á los 45 cumplidos.	12500	25000	37500

Las cantidades que deben entregar para asegurarse, segun la edad en que lo verifiquen, por una, dos ó tres dotes, son estas:

	Por una dote de 5000 rs.	Para dos dotes de 5000.	Para tres dotes de 5000.
Dentro de los 15 dias primeros del nacimiento. .	200	440	710
Desde el dia 16 del nacimiento hasta cumplir un año.	240	500	850
Desde un año y un dia hasta cumplir tres años de edad.	300	700	1000
Desde tres años y un dia hasta cumplir seis años de edad.	350	900	1300
Desde seis años y un dia hasta cumplir ocho años de edad.	400	1000	1600
Desde ocho años y un dia hasta cumplir diez años de edad.	550	1300	2000

Las mugeres que hayan cumplido diez años de edad y no pasen de los cuarenta, podrán inscribirse para el seguro de dotes, hasta 31 de diciembre

.... á LA CAJA DE SOCORROS AGRÍCOLAS DE CASTILLA LA
VIEJA .... DE VALLADOLID, cuya Dirección concluye la
última circular remitida á los accionistas, con estas notables palabras:

"Resultados tan brillantes y muy superiores á las esperanzas de
sus fundadores, estimulan poderosamente su celo y alientan su
cesacion hasta el punto de considerar ya estrecho el círculo de
sus primeros proyectos; *hallándose por lo tanto decididos á darle
mayor amplitud y desarrollo* en beneficio, no solo del cultivo de
las tierras, sino tambien de otros ramos importantes de la industria agrícola. Tales son los pensamientos que animan á la empresa, y tal la favorable posicion en que se halla al dar principio á
sus trabajos en beneficio de los labradores. Socorrer á esta hon-

de 1845; pero no tendrán derecho á dichas dotes sino en el caso que contraigan
.... cinco años despues de la imposicion y antes de cumplir 45 de edad.

Las dotes á que tendrán derecho serán:

	Por una dote.	Por dos.
Despues de cinco años de aseguradas.	5000	10000
Despues de 15 años id. id.	7500	15000

Las que se hallen en las edades señaladas en este párrafo deberán pagar
las cantidades que por edades les señala la tarifa siguiente:

	Para una dote de 5000 rs.	Para dos dotes de 8000 rs.
De .. años y un dia hasta cumplir 15 años de edad. .	1000	2500
De 15 años y un dia hasta cumplir 25 años de edad. . .	1500	3500
De .. años y un dia hasta cumplir 30 años de edad. . .	1000	2800
De 30 años y un dia hasta cumplir 40 años de edad. . .	800	2000

Esta sociedad es estensiva á las 49 provincias de España, en las que se han
nombrado los comisionados correspondientes.

Con arreglo á la escritura de fundacion se reserva la sociedad establecer los
derechos, seguros para carreras ó profesiones literarias, científicas é industriales,
cuando tenga recogidos y calculados los datos que han de servir de fundamento
á sus operaciones y á las tarifas relativas á esta clase de objetos.

La sociedad se constituyó el dia 26 de diciembre de 1845, habiendo quedado
designadas por unanimidad para los respectivos cargos, las personas siguientes:

VOCALES DE LA JUNTA DE GOBIERNO.

Excmo. Sr. duque de Montemar, conde de Altamira; Sr. D. Francisco de
.... Excmo. Sr. conde de Torremuzquiz; Sr. D. Bartolomé Santa-
.... Excmo. Sr. D. José Carratalá; Sr. D. Pablo Collado; Excmo. Sr. Don
.... Gallego; Sr. D. Mariano Barrio; Ilmo. Sr. D. Juan Quintana; Sr. Don
.... Excmo. Sr. D. Santiago Otero; Sr. D. José Romero Giner;
.... Sr. vizconde de Armería; Sr. D. Antonio de Gamboa y Norigat; Señor
....

.... Sr. D. Nazario Carriquiri; Sr. D. Mariano Cacol; Sr. D. An-
...... Villacorta, fundador.

.... Sr. D. Miguel Pacho y Bautista.

.... Sr. D. Juan Pablo de Fuentes Corona, fundador; Sr. Don
.... Sr. D. Francisco de Paula Suaro, idem.

rada clase, mitigar las amarguras de su situacion, ░░░░░░░░
infortunios; proteger sus intereses, procurar á ░░░░░░ y ░░░
lias una suerte menos desgraciada, en que ░░░░░░░░░░░░░░
timas de los estragos de la usura y de los horrores de la ░░░░░░
hé aqui los nobles propósitos, que lleva por norte LA CAJA DE
SOCORROS AGRÍCOLAS DE CASTILLA LA VIEJA. En este campo ░░░░░
ble y tranquilo es donde se propone trabajar con ░░░░░░ ░░░░
con incansable actividad y fervorosa constancia. La ░░░░░░░░ y
la beneficencia combinadas con una módica utilidad, serán ░░░░░░
el lema inalterable de sus operaciones. Los resultados justificarán
bien pronto la verdad de estas promesas; y si llega un dia, como
es de esperar, en que los labradores de Castilla la Vieja ░░░░░
de bendiciones á esta institucion, viendo en ella un ░░░░ ░░░░░
tor que les consuele en sus infortunios y calamidades, ░░░░░
conseguido entonces la principal recompensa que pudieran ░░░░░
ner de sus conciudadanos los fundadores de LA CAJA DE SOCORROS
AGRÍCOLAS DE CASTILLA LA VIEJA.»

Otra empresa humanitaria acaba de instalarse en Madrid ░░
el título de *La Isabela, sociedad filantrópica universal de* ░░░░░
mútuos. La junta directiva nos ha hecho el obsequio de ░░░░░░
nos los Estatutos de esta sociedad. Su objeto es altamente ░░░
ralizador y provechoso. Así le esplica su digno presidente el ░░░░
marqués de Mataflorida en la carta con que se ha ░░░░░ ░░░
recernos:

«Nuestros deseos (dice) no son otros que el contribuir por ░░░
los medios estén á nuestro alcance á mejorar la suerte ░░ ░░░░░
clases; enjugar las lágrimas de todos los desgraciados; ░░░░░
medios, hasta ahora no practicados; de realizar transacciones ░░
ciales, de mil géneros distintos; asegurar á los sócios el ░░░░░
de sus familias ó el de los objetos de su aprecio; facilitar ░░
cursos á los individuos de ambos sexos, para establecimiento
ventajosos, que sin esta sociedad hubieran sido imposible; ░░
de poder reintegrar muchas veces con el mas leve ░░░░░░
con uno muy pequeño, en una ó varias inscripciones, ░░░░░
cantidades á algunos acreedores tal vez arruinados ó ░░░░░
la desesperacion por insolvencia de sus deudores; ░░░░░
pueblo, inclinarle por su propio interés á amar el órden ░░░

á esa union tan deseada y tan necesaria para el bien de la patria entre todos sus hijos, disminuyendo la impresion dolorosa de pasadas pérdidas, de infortunios presentes ó de funestos presentimientos con la certeza de tener cada uno en su mano una compensacion infalible, y un recurso poderoso de disminuir estos males.»

Nosotros que al empezar la historia de MARÍA deplorábamos la escasez de estas asociaciones benéficas, tenemos un placer inefable al verlas plantear bajo lisonjeros auspicios, y no dudamos que el pais sacará de ellas las inmensas ventajas que son de esperar.

Tambien debemos encarecer la utilidad de las cajas de ahorros. Verdad es que para alcanzar los beneficios de semejantes establecimientos es preciso haber ahorrado antes alguna cantidad; pero esto no disminuye las ventajas que ofrecen al artesano económico. En ellas puede depositar el sobrante de sus necesidades con la esperanza de que el capital impuesto ha de producirle mayor suma para atender á cualquier infortunio que le sobrevenga.

En 1839 establecióse en Madrid una *caja de ahorros* y ha dado muy buenos resultados. Ojalá no tuviésemos que lamentar su falta en las capitales de provincia, puesto que hasta el dia no contamos en toda la Península mas que tres ó cuatro, y es preciso reflexionar que el porvenir de las masas trabajadoras, no es tan lisonjero y seguro que no sean indispensables estos elementos para contrarestar á poca costa las consecuencias de la adversidad.

En todos los paises civilizados han producido grandes ventajas las *cajas de ahorros,* y el jornalero que una vez las esperimenta, compara sus necesidades con el producto de su trabajo y se afana por economizar. Arregla su conducta, se moraliza, y hé aquí un gran paso hácia la civilizacion del pueblo; porque las costumbres se mejoran, el amor al trabajo crece y se propaga, la vagancia disminuye, y se evitan crímenes horrendos.

Los madrileños en general son amables y bondadosos. Su talento es precoz, y antes la instruccion de la sociedad á la de los libros. Su erudicion no es profunda; pero es amena, su conversacion está sembrada siempre de chistes, agudezas y muy á me-

esméranse en adquirir una instruccion sólida; y hablan de todo con bastante acierto. Su grata locuacidad y adorable franqueza hacen su trato encantador.

Los madrileños en general, sin olvidar el sexo de los hechizos, son honrados, pundonorosos y en estremo caritativos. Jamás cierran el oido á los lamentos de la mendicidad. Sirva de prueba el siguiente relato histórico:

Merced á los incesantes desvelos de una autoridad celosa que estaba al frente de la administracion civil en aquella época (1), expidióse en 3 de agosto de 1834 una real órden para que se plantease el *Asilo de mendicidad de San Bernardino.*

En medio de los horrores del cólera, apelóse á la caridad individual del sensato y filantrópico vecindario de Madrid, y sin embargo de haberse limitado sábiamente el *máximum* de esta caridad á 4 reales al mes, produjo lo suficiente para su creacion y sostenimiento.

este benéfico albergue, cuya inmensa moralidad é importancia se ha acreditado cada dia mas en los pocos años que lleva de existencia. Pero no parece sino que esta misma importancia y moralidad de la institucion, sean en la actualidad motivos de desprecio para los hombres del poder. Poco les importa á los que nadan en riquezas acaso inmoralmente adquiridas, que las clases menesterosas perezcan de hambre por las calles. Prodígase el oro para premiar apostasías, para galardonar deshonrosas delaciones y acaso calumnias detestables, se reparte á manos llenas entre los que contribuyen á vejar y oprimir al pueblo, y un establecimiento de trascendentales consecuencias en favor de la moralidad social, de la prosperidad pública, y sobre todo en alivio de la humanidad desvalida, se vé enteramente abandonado del gobierno!!!

El pueblo de Madrid se ha lanzado presuroso á enjugar el llanto de la horfandad y la miseria, pero sus esfuerzos son insuficientes para atender á las precisas urgencias de tan benéfico asilo, y si el gobierno no le tiende una mano protectora, no tardará acaso en desmoronarse este santo edificio de beneficencia, cuya existencia es ya indispensable. El objeto de este establecimiento es recoger á los pobres que vagan por las calles, moralizarlos y hacerles útiles á la sociedad.

En este pobre asilo, la desventurada madre de María, la ciega Luisa y sus hijos lloraban sus infortunios. ¡Gemia el desgraciado Anselmo en la tenebrosa mansion del asesino, y María les creia felices á todos!... y mientras aquellos objetos predilectos de su corazón vertian acerbas lágrimas de amargura... rodeada la incauta jóven de fascinadores oropeles, recibia con placer el emponzoñado incienso de sus adoradores.

Espliquemos en breves palabras el motivo de haber sido recogida la ciega Luisa con sus hijos en el asilo de mendicidad de San Bernardino.

Sabe el lector que no le quedaba ya á esta desgraciada familia mas que el mezquino salario que Manuel, el hijo mayor, ganaba en una imprenta ejerciendo el oficio de cajista.

El talento despejado de este mozo y su buena disposicion grangeáronle el cariño de su gefe en términos, que el regente de la imprenta temió por su porvenir y empezó á sentir se dominado por la mas ruin de las pasiones, la envidia. Así es que no desperdiciaba ocasion alguna de poder zaherir al infeliz muchacho hasta que logró malquistarlo con su mismo gefe, que con tanta predileccion habíale tratado hasta entonces. No hubo calumnia que no emplease el regente contra el pobre jóven, y cuando ya el dueño de la imprenta empezaba á mirarle con ódio, la prision de Anselmo el Arrojado completó el triunfo de la maldad. Hostigado el impresor por su regente, avergonzóse de tener en su casa al hijo de un asesino, y el pobre Manuel fué ignominiosamente despedido de la imprenta.

4 En este estado y sin apoyo en el mundo, la madre y sus tres infelices hijos determinaron abandonar su pobre habitacion, la cerraron, y dirigiéronse á implorar de puerta en puerta la pública caridad.

¡Imposible parece! A este horrible estado de desesperacion conduce la injusticia de los hombres. Una familia honrada, llena de sublimes virtudes, vagaba de infortunio en infortunio, hasta llegar al estremo de tener que mendigar su subsistencia. ¡Escándalo inaudito, hijo del criminal abandono en que tiene el gobierno á las clases menesterosas! No parece sino que el ser pobre sea el mayor de los delitos, segun el triste galardon que alcanza en la sociedad la honradez de los infelices artesanos. ¡Y no se quiere luego que nazca de la indigencia la prostitucion! La miseria es un espantoso gérmen de maldades, porque no todos los desgraciados están dotados de heroismo como la familia del jornalero Anselmo, y el gobierno que trate de moralizar al pueblo, es preciso que empiece por atenderle como su dignidad reclama. No se olvide nunca esta incuestionable verdad: LOS PUEBLOS LIBRES É INDEPENDIENTES JAMAS SE REBELAN CONTRA UN GOBIERNO JUSTO Y PROTECTOR QUE LABRA LA FELICIDAD DE TODAS LAS CLASES DEL ESTADO.

A últimos de abril fueron recogidos la esposa y los hijos de Anselmo en San Bernardino, donde se permitia á Manuel salir de cuando en cuando por si podia adquirir noticias de su padre.

Un dia volvió este buen hijo, acompañado de otro hermanito, lleno de gozo y arrojándose en los brazos de su madre, esclamó:

—¡Madre mia! ¡madre mia! he visto á mi padre. Hoy se le

ha puesto en comunicacion, y he tenido el gusto de abrazarle. ¡Me
ha manifestado tantos deseos de ver á usted!..... pediremos licencia, y esta misma tarde iremos todos á verle, ¿no es verdad, mi
buena madre?

La ciega Luisa tenia sus manos una en cada megilla de su
hijo, é inundaba su rostro de apasionados besos. Cuando cesó la
agitacion que en aquel momento esperimentaba, respondió:

—Sí, hijo mio, iremos..... iremos..... ¡Ay!... ¡á verle!... ¡yo
no! Dios lo quiere así..... ya no le veré mas..... ¡Oh qué suplicio es vivir eternamente en la oscuridad!....... Pero iremos......
porque nos permitirán ir, ¿no es verdad? A lo menos tendré el
gusto de abrazarle, de oir su acento consolador, y saber si se le
pone pronto en libertad..... porque ha sufrido ya demasiado......
Aquí estará á lo menos entre nosotros..... ¡Son tan buenos los
que nos rodean!........ Pero díme, hijo mio, ¿no podriamos ir ahora? ¿Por qué dilatar tanta felicidad?

—Tiene usted razon, madre mia, voy á pedir licencia á los superiores.

. . . .

Concedida sin repugnancia alguna la licencia que Manuel solicitó, porque la bondad de estas criaturas habia cautivado el afecto de todos, este interesante grupo salió de San Bernardino el 15 de mayo, dia de San Isidro, patron de Madrid, á las cuatro de la tarde, y se dirigió á la cárcel de córte.

El rostro de la ciega Luisa y de sus hijos habíase reanimado visiblemente. Sus corazones palpitaban de gozo. Manuel se adelantó á preparar á su padre, quedándose los hermanitos menores para guiar á Luisa, porque estos niños habian ido repetidas veces con su hermano á saber de su padre, y conocian perfectamente el camino. Las criaturas, asidas de las manos de la ciega iban saltando de alegría..... Esta alegría debia convertirse pronto en acerbo llanto.

¡Una nueva desgracia hizo que la ciega Luisa fuese otra vez conducida á San Bernardino, exánime y moribunda, sin haber podido abrazar á su infeliz esposo!!!

Retrocedamos á la vigilia de san Isidro, para dar una sucinta idea de la tertulia de la marquesa de Turbias-aguas.

CAPITULO XII.

EL BUEN TONO.

Hasta en el mismo lujo y en el esceso de su profusión suelen dar á
conocer algunos personages, aristócratas de nuevo cuño, la mala
inteligencia que del verdadero *buen
tono* tienen formada. Nada mas vulgar que el esceso de la opulencia
entre ciertas personas millonarias
que confunden los alardes de un
orgullo frenético con el esquisito
gusto de la elegancia. . . .

Deslumbradores ó imponentes estaban los salones donde la marquesa
de Turbias-aguas recibia por la noche á sus amigos.

Riquísimos cortinages chinescos de un amarillo brillante y de un azul zafiro cruzábanse sobre las puertas de pulimentada caoba. Las paredes estaban cubiertas de damasco carmesí caprichosamente floreado, y el pavimento de ricas alfombras. Finísimos encajes cubrían los anchurosos cristales de las vidrieras. Un soberbio piano de ébano con relieves y piés de plata sobredorada, en la que el hábil cincel de un famoso artista de Viena había esculpido lindísimas guirnaldas de flores entrelazadas, sostenidas por aéreos pajarillos, ocupaba un sitio predilecto. Grandes cuadros al óleo, de la escelente escuela veneciana, con marcos dorados, primorosos floreros colocados simétrica y lateralmente en marmóreas mesas que sostenian en su centro relojes de oro esmaltado, elevados sobre zócalos de jaspe oriental, sofaes y butacas cubiertas de raso damasquino, y otros mil costosísimos adornos, resplandecian á la radiante luz de hermosas bujías de variados matices, colocadas en las cristalinas arañas que con sus coronas de plata y oro pendian del cielo-raso. Estos adornos reproducianse en las límpidas y diáfanas lunas de magníficos espejos.

La marquesa, figurábase como casi todos los que habiendo nacido en pobre cuna llegan á poseer tesoros, que acreditaba su buen gusto, haciendo gala de tan escesiva aglomeracion de lujosos objetos; pero la antigua aguadora de la Plaza de Toros solo hacia de este modo ostentacion de su riqueza y de su vanidad. Es preciso confesar que no está la elegancia, ni el verdadero buen tono en hacer alarde de costosos muebles, que puede adquirir cualquiera necio rico, (si es que haya ricos que pasen por necios): el mérito, el gusto y la finura están en la conveniente distribucion de los adornos, á la manera que la elegancia de una hermosa no consiste en ir abrumada de blondas, ricas sedas, costosas plumas, esmeraldas, perlas, topacios y rubíes, sino en hacer uso de estos y otros atavíos con discreta coqueteria, con gracia y delicadeza.

Una de las tres salas en que estaba repartido todo este fausto, sin hacer mencion de otras tantas ante-salas llenas de holgazanes con librea, que fumaban y bebian á la salud de sus amos, era donde los altos personages se jugaban como despreciables tahures el fruto de escandalosas dilapidaciones. Allí era ver los codiciosos rostros de los magnates, clavada la azorada vista en el oro ageno.

agruparse entre asquerosas viejas y formar un cuadro repugnante de las costumbres del gran mundo.

Llevaba la banca don Venturita, y su agilidad de dedos era comparable con la del célebre pianista *Franz Litz*.

Había otras mesas de tresillo, golfo y *écarté*. Los jugadores de tresillo solían ser maridos de edad avanzada, llenos de resignación y mansedumbre, cuyas jóvenes esposas recibian en otra las caricias de sus chichisbeos. Entre los empleados de alto rango que jugaban al golfo, descollaba por su desenfado y ar-

29

rojo en envidar el resto, algun ex-ministro de Hacienda, acostumbrado á engolfarse lindamente.

Un embajador estrangero llevábase la palma en el *écarté*. Avezado al trato de los reyes, ballábaselos siempre entre las manos, y daba unas bolas á sus contrincantes que era una bendicion de Dios.

Dejemos este garito de tahures condecorados, y pasemos á otra sala donde algunos graves diplomáticos estaban hablando de política.

—Los señores Mendizabal ó Isturiz—decia uno—acaban de darse á los ojos de la Europa entera en el mas ridículo espectáculo.

—Por supuesto—contestó otro—mas hubiera valido que se hubiesen encerrado solos en un cuarto y se hubiesen disputado á cachetes la silla de la presidencia del gabinete, que eso de salir al campo con una pistola cada uno y volver ambos ilesos de la refriega.

—Efectivamente es una escandalosa y ridícula farsa; —esclamó un tercero—porque las cosas no deben llevarse á semejante terreno entre dos primeros gobernantes, y en el caso de que sea inevitable un lance de honor de tan estraordinaria naturaleza, arguye cobardía en ambos combatientes el que no haya quedado uno en el campo, y es admirable que con esta mancha, con este delito, queden no solo los dos impunes, sino que suba uno de ellos al poder, porque está ya admitida la dimision de Mendizabal y mañana se anunciará el nombramiento de Isturiz.

Con esta y otras cuestiones estaban los hombres de Estado arreglando la España y el mundo entero, entre las nubes de los puros, los sorbos del ponche, y el bullicio y los brindis de otros elegantes de trueno, á quienes no impide el *buen tono* ciertos desahogos festivos, que tuviéranse en entes democráticos por nauseabundos efectos de la embriaguez: pero que en la alta sociedad se califican de destellos de espiritual alegria.

Detengámonos un poco en la seccion *erótica*. presidida por la recien casada Doña Eduvigis marquesa de Casa-Cresta, y en donde descollaba la hermosura de Maria entre otras hermosuras que recibian los inciensos de amartelados adoradores.

Mugeres de 15 á 30 años, de distintos genios y facciones: pero

... más ó menos bellas, rubias como el oro unas, otras de sedosas trenzas de ébano, blancas como la nieve y sonrosadas de ligera púrpura, ó interesantemente pálidas y morenas, altas y corpulentas como matronas, ó de breve y torneada estatura, rollizas y voluptuosamente abultadas ó delgadas como ligeras sílfides, todas ellas primorosamente vestidas, destellaban por todas partes encantadores hechizos. Casadas unas y solteras otras, tenian todas su galan predilecto, si bien es verdad que en este amoroso vínculo de breves meses y acaso dias, parecia que iban turnando los gallardos jóvenes y alguno que otro de esos veteranos que jamás se rinden á la severidad de los años, y con rizadas pelucas, dientes postizos y bragueros de Marcos ó Perote, remedian las catástrofes del tiempo.

Los mozalvetes eran no menos originales. No habia entre ellos uno solo que fuese el verdadero tipo de esos honrados jóvenes que forman la mayoría de la juventud de Madrid. Todo su talento limitábase á una afectacion ridícula de las costumbres estranjeras. Hablaban de todo con insoportable pedantería, pero cada palabra suya era un dislate, cada idea un absurdo. Sacaban á colacion las aventajadas costumbres de París, Lóndres y San Petersburgo, y mostrábanse completamente ignorantes de las de su patria, y si por casualidad hablaban de nuestras cosas, era para zaherirlas con los mas insolentes sarcasmos. Esto no lo estrañarán nuestros lectores, cuando sepan que hay casa en Madrid, que siendo sus dueños españoles, no admiten en su tertulia á quien no sepa el frances, y obligause los concurrentes á no hacer uso de otro idioma. Esto no seria tan malo, si el objeto fuese perfeccionarse en él, pues en este caso podria considerarse como una especie de academia; pero no es así, sino que varios entes tan ridículos como estos, se reunen para parodiar une soirée en donde se habla un frances chabacano y se censura bárbaramente todo lo español. Lástima que estos angelitos no estuviesen en pañales en aquellos tiempos en que se amostazó el rey Herodes. Una degollina de no... daria mucho impulso á la civilizacion española.

Acalorados por el ponche los jóvenes de la tertulia de la marquesa hablaban á las señoras en términos atrevidos en demasía; pero estas, lejos de escandalizarse, aplaudian sus chistes y premiaban sus... con criminal correspondencia.

En este caos de deshonra y desmoralizacion, la inocente María figurábase que su virtud no peligraba, porque juzgaba por su corazon el de los demas. Las lecciones de la marquesa de Turbiasaguas, dadas con jesuítica hipocresía, habían hecho un efecto sorprendente. María tenia por conciliable cuanto la rodeaba, con la sublime virtud. que era su ídolo, y en breves dias habíase afficionado locamente á las diversiones y placeres que presenciaba. Hacia sorprendentes progresos en el baile, el teatro la encantaba, y oia con candorosa complacencia los requiebros que todos le prodigaban.

En medio de tantos goces habíase debilitado la memoria de su primer amante, y aunque jamás desamparaba el medallon que contenia su retrato, el tiempo, el haberle visto ella misma cadáver, y la obsequiosa amabilidad de otro amante no menos galan que el de los cabellos de oro, si bien de alguna mas edad, que la incauta jóven consideraba como circunstancia favorable, porque le suponia el mismo amor con mas juicio y madurez, sumergian su espíritu en ciertas reflexiones: — «¡don Luis ha muerto!—decíase á sí misma—yo le hubiera sido fiel, porque aun adoro su memoria—y al decir esto enjugóse una lágrima;—pero no existe ya, no puedo ser suya, y cuando otro me habla sinceramente de amor..... cuando veo que sufre por mis desdenes... ¡Oh! es una crueldad no corresponderle.»—Estas y otras parecidas eran las reflexiones contínuas de María desde que el baron del Lago la obsequiaba; pero no podia determinarse á darle esperanzas..... un secreto remordimiento amortiguaba esta llama naciente.

Operacion difícil, si no imposible, es dar una idea exacta de los atractivos de María, que ostentaba entonces toda la belleza de una flor lozana que acaba de ofrecer á la luz del dia sus virginales colores. Su rostro encantador parecia abrigarse bajo el velo de modesta espresion llena de dulzura y de bondad. Bastaba verla una vez para sentirse herido de su inefable amabilidad. Mostrábase siempre afectuosa á las lisonjas de sus aduladores; pero sin envanecerse. Exento su talento de malicia y suspicacia, no sabia distinguir la adulacion de las simpatias, hé aquí por qué creia de buena fé en las siniestras lisonjas del baron del Lago.

Este personage frisaba en los 38 años; pero sus facciones agraciadas en limitada estatura y esbeltez de su cuerpo, vestido siem-

... exquisita, ... un aire juvenil que dismi-
nuia considerablemente en la apariencia su edad ...
... negro y rizado adorna su frente magestuosa; su mirada
... atrevida, pero honda de dulzura; y su sonrisa encantadora deja
... el negro y espeso bigote, el finísimo esmalte de su ...
dentadura. Su traje es sencillo: corbata negra de raso con dos
alfileres de brillantes prendidos de una cadenita de oro, chaleco
blanco de piqué, que contrasta con el negro de una cinta de la
que lleva pendiente del cuello un lente de concha y oro con el cual
juguetea con la mano derecha, mientras se apoya su izquierda con
el dedo pulgar en la escotadura del chaleco. Su frac es azul con
grandes botones dorados, y su ajustado pantalon cae abotinado sobre la bota de charol que cubre su pequeño pié. Los guantes
pajizos, sumamente ajustados, marcaban perfectamente el bello con-
torno de los dedos hasta dibujar el pedazo de las uñas.

El baron del ... cada vez mas enamorado de
la inocente María, á ... apoyado graciosamente en el canto de ...

—Es usted tan ... hermosa ... le en voz conmovida:—Todos son ... que yo. Mire usted en derredor nuestro..... ¡cuántos amantes dichosos!.... y usted sin embargo.....

—Por Dios, señor baron, hablemos ya de otra cosa—contestó María, que no sabía como disimular su turbación, porque las
palabras de aquel hombre tenian para ella un encanto irresistible,
y el recuerdo de su primer amor luchaba con los deseos de mos-
trarse sensible á una pasion que la infeliz creia sincera y virtuosa.

Era el baron demasiado hábil en intrigas amorosas para des-
... el efecto que sus palabras producian, y como diestro
... contentábase en ganar terreno poco á poco. Sabia
por experiencia que no convenía rogar mucho á una muger para
... sus favores. Cierta tibieza prudente alcanza mas que la
... pesadez de un enamorado Jeremías. ...

—Dice usted bien, hermosa María, hablemos de otra cosa.
... usted si la he molestado con mis impertinencias—excla-
... el baron con afectada sensibilidad.—¡Soy un loco! Su co-
... usted tendrá seguramente otro dueño...: que será mas
... que yo....: pero de un fin... pero

puedo asegurar á usted, hermosa María, que no es posible haya quien adore á usted como yo la adoro.

—Yo, no sé qué decir á usted, señor baron, me ruboriza usted con semejantes espresiones—repuso María bajando la vista y deshojando maquinalmente una rosa del ramillete que llevaba en la mano.

—Diga usted que esta conversacion le fastidia—añadió el baron.—Perdóneme usted, procuraré resignarme á mi desventura.

Un momento de silencio interrumpió esta conversacion.

—¿Va usted mañana á San Isidro?—preguntó María al baron con adorable amabilidad.

—¡Por Dios, señorita, si no va mas que el populacho á esa asquerosa diversion!.....

—Vamos, que bien irá usted.

—¿Cómo así?

—Como, que tampoco queria Eduvigis que fuésemos por la

misma razon que acaba usted de manifestar; pero mi buena tia se ha empeñado en que así como habiamos de ir á otra parte, emprendamos mas temprano el paseo y nos dirijamos á San Isidro.

—¿Y á qué hora piensan ustedes ir?

—Entre cuatro y cinco de la tarde, segun dijo mi tia. Pero si usted no ha de ir, ¿á qué viene esa pregunta?

—¿Sabiendo que va usted, habia de quedarme yo en Madrid?

—Con qué..... ¿irá usted?

—Lo prometo. ¿Y usted se alegra de que yo vaya?

—Siempre se alegra una de ver á sus buenos amigos.

—¿Con que me confunde usted con todos sus amigos?

—Entre los amigos....... siempre hay quien merece particular distincion.

—¿Seré yo tan afortunado?...

—He dicho ya demasiado, señor baron, y si es cierto que me ama usted..... no creo haberle dado motivo de queja.

—Lejos de eso, bella María —esclamó el baron del Lago como enagenado de gozo —estoy contentísimo. La dulce esperanza que hace usted nacer en mi corazon, me da la vida. Si algun dia merezco el título de esposo de usted, seré el mortal mas feliz de este mundo.

En este momento asomóse á la puerta la marquesa de Turbiasaguas, y despues de llamar á María con la mano, y habérsele aproximado esta, le dijo la marquesa al oido:

—Te advierto, María, que el baron..... está casado.

María se estremeció...... su amor naciente convirtióse en odio, al ver la perfidia con que aquel mónstruo la engañaba.

CAPITULO XIII.

MADRID EN EL CAMPO.

El domingo 15 de mayo de 1836 á las cuatro y media de la tarde, la elegante carretela de la marquesa de Turbias-aguas, en la que iban esta buena señora con su Otelo en brazos y su don Venturita al lado, y María, bajaba al trote de dos briosas yeguas normandas por la calle de la Montera, y como estuviesen obatruidas las de Carretas y Concepcion Gerónima, que son el tránsito para la de Toledo, con el paso de tropas de la guarnicion que habían tenido revista, dirigióse la berlina á la calle de la Paz, pasó rápidamente por la plazuela de la Leña, y al atravesar la de Santa Cruz para tomar la calle Imperial, aconteció uno de esos lamentables sucesos tan repetidos en Madrid, donde parece que la severidad de la justicia no alcanza á las clases elevadas.

Son ya tan frecuentes las desgracias que ocasionan los coches atropellando á los que transitan á pié por las calles, que repetidas veces ha clamado la prensa periódica contra semejantes escándalos; pero lejos de remediarse, apenas pasa dia sin que llore alguna familia una catástrofe de esta naturaleza.

Nadie nos aventaja en acatar el derecho que toda persona acomodada tiene de hacerse conducir en carruaje. En todos los países civilizados se consiente y proteje este lujo; pero esto no autoriza esa superioridad insultante que se arrogan los señores de los coches sobre la gente de á pié. No basta el brusco aviso de un cochero salvage. No. Si hubiese en España verdadera policía, debieran los carruages detenerse ante cualquier grupo ó muchedumbre, y respetar á las masas del pueblo que valen en todos casos mucho mas que los encopetados personages con todos sus bordados y condecoraciones.

Tampoco debiera permitirse á ninguna clase de carruages correr por las calles de Madrid. ¿De qué sirve que grite el cochero y reviente el látigo, cuando un pobre impedido atraviesa penosamente una calle, ó juegan en ella distraidos algunos muchachos, ó transita algun sordo ó algun anciano, en fin, que no tiene agilidad ni ánimo para salvarse? Pues bien, el cochero cree cumplir su obligacion dirigiendo á las personas los mismos gritos con que hace obedecer á sus caballos, y quiere que como brutos le obedezcan los hombres. Esto es degradante... es insufrible...... y si la persona avisada se aparta, aun cuando no haya oido el aviso del bárbaro cochero, sigue su curso el carruaje, y aunque algun infeliz sea víctima de semejante brutalidad, impune queda el cochero, impune el dueño del coche, que considerarse debiera como cómplice

.... es el celo de los que tienen la fortuna de poder tan .... y .... el respeto que se merecen la inmensa mayoría del pueblo que no puede gastar en coches; pero es irritante que haya entes tan orgullosos, que crean que los pobres deben someterse á la voz de los lacayos. No les basta insultar con su lujo la pobreza de las clases proletarias, sino que exigen que les deje todo el mundo el paso libre, so pena de ser pisoteado por los caballos de su carroza. De este modo se cometen todos los dias asesinatos, y los asesinos quedan impunes, porque son asesinos que van en coche.

. . . .

Al atravesar velozmente la plazuela de Santa Cruz, atropelló la carretela de la marquesa de Turbias-aguas á una pobre muger que llevaba dos niños de la mano. Los niños pudieron escaparse; pero la muger era ciega, cayó y recibió tan fuertes contusiones, que quedó sin sentidos..... moribunda.

El lector habrá adivinado ya que esta infeliz era la madre de María, á quien condugeron exánime á San Bernardino, después que algunas gentes piadosas conocieron por su traje que pertenecia á aquel asilo de mendicidad.

Cortísimo trecho faltábale que andar á la desventurada Luisa para llegar á la cárcel de córte; y cuando esperaba que las caricias de su tierno esposo, de quien estaba separada hacia algun tiempo, que á la pobre muger le parecia un siglo, proporcionarian á su corazon sensible, dulce solaz que mitigaria sus padecimientos..... Cuando se lisonjeaba de recibir, de la propia boca de su querido Anselmo, favorables noticias acerca del estado de su causa, porque Luisa sabia que su marido no podia haber cometido crímen alguno..... Cuando solo faltaba un breve instante para llegar á sus brazos..... un nuevo infortunio, mas terrible que cuantos habian agoviado hasta entonces á aquella muger adorable, arrebatóle casi con la vida sus hermosas esperanzas, sus halagüeñas ilusiones. Bruscamente atropellada como llevamos dicho, cayó en el suelo, donde fué revolcada y pisoteada por las fogosas yeguas, debiéndose atribuir á un raro prodigio de la Providencia, el que no se la hubiese encontrado ya cadáver. Aquella infeliz respiraba aun: pero daba poquísimas esperanzas de vida. Prodigáronle cuantos auxilios reclamaba su lamentable situacion; pero todos los síntomas eran funestos. La ciega no pudo recobrar el conocimiento ni el habla..... su palidez era mortal.

¡Contraste desgarrador!..... ¡mientras en elegante carroza iba la hija á una alegre romería, dos mozos de cordel conducian en una pobre camilla á su madre moribunda á San Bernardino!

Ninguno de los personages que iban en la carretela reparó en esta catástrofe, tal fué la rapidez con que el cochero procuró alejarse de aquella escena, dirigiéndose por la puerta de Toledo á la pradera de San Isidro, para entrar en Madrid por la puerta de Segovia, segun las órdenes que habia recibido.

El dia de San Isidro, todo el pueblo de Madrid, esceptuando los ridículos entes que se vanaglorian de no pertenecer al pueblo, se abandona á la romería del Santo Patrono.

Cuentan los historiadores que, á orillas del célebre Manzanares, doña Isabel, esposa del emperador Cárlos V, fundó en 1528 la ermita del santo patron de Madrid, en accion de gracias por haber recobrado la salud su hijo don Felipe bebiendo el agua de la vecina fuente, que segun tradicion, allá en los tiempos de los milagros, siendo labrador el buen santo, hizo manar á un golpe de ahijada, porque su amo tenia sed. Esta ermita está situada en una colina de frondosos árboles sombreada. En 1724 costeó el marqués de Valero la capilla. Vése junto á la ermita un fúnebre cementerio.

¡Miseria humana! ¡Mezquina *pequeñez* de los *grandes* hombres que llevan su orgullo hasta mas allá de la tumba! ¡En este cementerio solo se permite enterrar á los personages de elevada alcurnia!..... ¡Ni aun convertidos en asquerosa podredumbre, roidos por viles gusanos, hechos miserable polvo, sumidos en la nada, quieren ser confundidos con la plebe! ¡Hasta este estremo se ridiculizan los magnates! Su insensata altivez, su orgullosa ignorancia, nos merecen tan solo una mirada de desprecio, una sonrisa de compasion.

Todo el espacio que media desde esta colina hasta Madrid, ofrecia un cuadro de asombrosa animacion. No parecia sino que toda la capital de España habíase despoblado por beber el agua milagrosa que curó al príncipe don Felipe. Bebíase mucho en efecto; pero aquella agua salutífera era sin embargo lo que menos se bebia.

Al son de las alegres campanillas, el ligero calesin con dos preciosas manolas á *bordo*, que por los cuatro costaos derramaban

la sal de España, cruzábase con el coche de colleras que volvia
á guisa de vapor en busca de nuevo flete. No habia aun venido
de allende los Pirineos el descubrimiento de los omnibus, así es
que los simones solian hacer su agosto el 15 de mayo.

Quienes de los de chaquetilla, corbata de sortija, sombrero
calañés y patilla redonda, aparecian en enjaezados jacos, quienes
de los de gaban y sombrero blanco lucian sus caballos briosos;
este montaba una mula espantadiza, aquel un rocinante de alquiler. La muchedumbre pedestre apiñábase con predileccion á la
parte del puente de Segovia. Los puestos de *tostaos*, higos, pasas,
bollos y buñuelos, alternaban con los santitos y campanillas de
barro ocupando entrambos bordes de la alameda. Mil tiendas improvisadas, y hasta fondas de campaña, abastecian, no solo de
golosinas sino de los mas esquisitos manjares á toda aquella inmensa cuanto bulliciosa y alegre multitud, que iba poblando los
caminos, coronando las alturas, y se estendia por último en báquicos grupos por la verde pradera, donde llegaba á su colmo
la comun hilaridad.

¡Oh glorioso san Isidro labrador! Solo vos por un milagro como el de la fuente, podiais hacer que en España *la igualdad* no
sea una mentira siquiera una sola vez al año.

En la pradera de san Isidro no habia distinciones ni privilegios,
todo el bello ideal de una república hacíase ostensible en la fraternal alegría que animaba á todos los habitantes de aquella momentánea colonia. La fastidiosa etiqueta de la córte estaba allí
prohibida, confundiase el frac con la chaqueta, el chal con la
mantilla de manola, no habia distincion de sexos ni edades.....
Viejos, jóvenes y niños de ambos sexos formaban una sola familia; pero una familia sin suegras ni nueras, es decir, una familia
de individuos retozones y bien avenidos, que corrian, cantaban,
brincaban, se abrazaban y bullian con frenético entusiasmo al son
del pandero, de las castañuelas, guitarras y bandurrias. Los frasquetes de licores pasaban sin cesar de mano en mano, y merced
á las libaciones continuas, fermentaba con ellos el gozo en los
ánimos de la insaciable muchedumbre, enteramente abandonada á
todo linage de goces.

Aquí un grupo de chistosos manolos jalea á una salada pareja
que baila el voluptuoso fandango al compas de la sonora bandurria,

allí una reunion de horterillas en mangas de camisa, con el pañolito de colores de seda de la India cruzado por el cuerpo, juega á la una tiraba la mula y saltan como chiquillos unos por cima de otros: mas allá, señores ya respetables por su edad, imitan una corrida de toros, y lidian á un casado muy gordo, cuya cara mi-

tad tiene fama de cabeza de chorlito; pero mas que todo llama la atencion de los corazones sensibles á las delicias gastronómicas, el manducante espectáculo que se prepara entre los álamos gigantes, que parece miden la distancia que hay de la tierra al cielo y sombrean las frescas orillas del Manzanares.

No lejos de tres enormes cacerolas de cobre rojizo, que contenian, una de ellas dos riquísimas liebres en estofado, otra jamon en arroz, y otra callos con chorizo estremeño, con mas guindillas que la antesala del gefe político de Madrid, danzaban multitud de individuos de ambos sexos, diferentes edades y categorias, aguardando el momento de consumar el sacrificio, para lo cual solo faltaba que estuvieran las victimas en sazon.

Aquellas tres cacerolas mónstruos, parecian tres buques de vapor, cuyas columnas de odorífico humo, embalsamaban el ambiente do tan escitante perfume, que era una delicia para toda nariz bien organizada.

Apenas llegó el venturoso momento de romper las hostilidades, fueron tomadas por asalto las tres fortalezas que parecian inespugnables, su guarnicion fué tirada al degüello sin que quedase jamon ni liebre con cabeza, y esto en medio de una algazara espantosa. Las jarras de vino recorrian la línea á guisa de patrullas, y una bota colosal de riquísimo cariñena representaba al gefe de dia que iba rondando sin cesar, y era en todos los cuerpos de guardia recibido con los honores que se merece tan distinguida autoridad. Repartido el sabroso botin entre los aguerridos estómagos sitiadores, la *embriaguez* del triunfo colmó el júbilo que destellaban todos los semblantes, cuya risueña espresion era solo comparable con la de los personages del famoso cuadro de la bacanal de Velazquez. No parecia sino que todos los concurrentes estaban identificados con aquellos versos de nuestro dulcísimo Melendez:

> Venga, venga el vaso,
> que un sorbo otro llama:
> mi pecho se inflama,
> y muero de sed.
> Nadie sea escaso,
> ni aunque este caido
> se de por rendido.....
> Amigos, bebed.

Puede decirse que a media tarde no quedaba una sola persona en todo aquel anchuroso recinto, que no se avergonzase si por rara casualidad no se veia inscrito bajo las banderas del dios Baco.

En este estado de bulliciosa hilaridad hallábase la numerosa concurrencia, mientras la correteia de la marquesa de Turbias-aguas hacia el proyectado paseo: pero si bien Maria se complacia en ver el goze general de aquellas gentes, y la sencilla franqueza tan desusada en su trato, en cumplimiento que todos los dias escuchaba si era demasiado melancolico, su mente preocupada.

A poco de salir de Segovia, un gallardo ginete montado

—Don Venturita nos acompañará, y allá iremos María y yo. ¿no es verdad, querida?—añadió la marquesa tocando afectuosamente con la mano derecha la barba de la supuesta sobrina.

—Sí, mi buena tia, iré donde usted guste—respondió la inocente jóven con angelical dulzura.

No bien habia terminado una diversion, ya se le preparaba otra, y mientras su vida se deslizaba entre placeres, ocurria una escena dolorosa que referiremos en el siguiente capítulo.

CAPITULO XIV.

LAS EXHORTACIONES.

En un reducido dormitorio de San Bernardino habia una humilde pero aseada cama. La opaca luz de una triste lámpara reflejaba sobre un objeto siniestro. Era una muger tendida bajo la sábana de lienzo burdo. Esta muger tenia el rostro cadavérico. Inmóvil, abiertos los descoloridos lábios, hubiérase dicho que estaba muerta á no oirse su ronca y agitada respiracion. Un sacerdote con un crucifijo en la mano dirigia á la moribunda las últimas exhortaciones. vgff

Habia en una mesita de pino va-

31

rios vendajes, una jícara, una botella y un vaso tapado con papel blanco en un plato, que ademas contenia una cuchara: inmediatos al plato veíanse dos papelitos doblados como si envolviesen algunos polvos. Estos objetos encerraban varias medicinas. Un olor desagradable como el que se percibe en casi todas las habitaciones de enfermos de gravedad, hacia mas repugnante aun aquella fúnebre estancia.

Reinaba profundo y solemne silencio, interrumpido á intervalos por las ráfagas del recio vendaval, que á pesar de estar cerrada la única ventanilla del cuarto, hacia retemblar levemente las puertas y agitaba la débil llama. Movíase esta en varias direcciones y hacia que se cruzasen misteriosas sombras en aquel recinto de agonía. Este viento convertíase á veces en furioso huracan, y sus horrendos silbidos alternaban con el hondo estampido del trueno, al que sucedia rápido chubasco de granizo que resonaba en los vidrios de la ventana..... La luz del relámpago resplandecia serpeante á través de las rendijas. Aumentaban el terror de este lúgubre cuadro, el triste y acompasado canto del buho, y un aullido lloroso y prolongado de un mastin abandonado á la intemperie.

Pero por si aquella melancólica armonía de tan tristes y diversos sonidos que formaban el clamoreo que rodea las tumbas, no bastaba para interrumpir el silencio sepulcral; asiendo el sacerdote el crucifijo con la diestra, y aproximando su rollizo rostro á la faz lívida y escuálida de la moribunda, daba en tono de inspiracion dolorida, aterradores gritos de desesperacion.

A todos estos elementos de estruendo desolador, sucedia alguna vez una calma mas espantosa todavia. Era la calma de los cementerios: era el silencio de la muerte, interrumpido tan solo por la ronquera que la agonía arranca á un moribundo cuando el alma quiere abandonarle.

Este silencio duraba breves instantes, merced al fervoroso celo del sacerdote, que parecia complacerse en atormentar con sus atronadoras exhortaciones el débil espíritu de aquella infeliz, en quien habrán ya reconocido nuestros lectores á la ciega Luisa, la desventurada madre de Maria. Habian separado á sus hijos que lloraban amargamente por el lamentable estado de su madre.

—¡Miserable pecadora!—exclamaba el sacerdote—tu última hora ha llegado ya. Olvida para siempre los placeres y vanidades de este mundo engañador. Aprovecha los pocos instantes que te quedan de vida para implorar la misericordia de Dios, á quien tan torpemente has ofendido. En este mundo ya no hay remedio para ti. Solo un sincero arrepentimiento puede salvarte del eterno suplicio del infierno. Tu vida se va acabando por momentos, ¡infeliz criatura!..... ¡pide perdon á Dios!.... ¡Ya llega la hora de la espiacion!..... Dios es justo.... Considera la gravedad de tus culpas y pecados...... implora la divina gracia.... Dios te la concederá..... Ya el purgatorio aguarda el alma que exhalará dentro de breves segundos ese cuerpo de inmundo fango..... Terribles son las penas del purgatorio, pero ellas dejarán tu alma sin mancilla para volar á la mansion de los ángeles. Llora, inocente criatura, llora arrepentida los desvarios de tu proceder.... Grandes han sido las ofensas que ha recibido de tí el Salvador.....; grandes son tambien las penas que te esperan para purificar tu alma, y hacerla digna de ver la sagrada faz. ¡Ay de ti, si no logras alcanzar la divina gracia! ¡Bajarás á la horrible mansion del eterno fuego, y mil espíritus infernales te harán sufrir los mas dolorosos martirios.... tu padecer será inmenso!... ¡será un suplicio que no tendrá término jamás!... ¡Ay de ti!.....

El tono amenazador y penetrante con que en el fervor de su santo entusiasmo prorumpia el sacerdote en estas y otras parecidas exhortaciones, abrumaba el débil espíritu de la enferma; que aun cuando no estuviera en el estado de desesperacion en que se la suponia, aquellos alaridos furiosos, las amenazas del infierno y hasta el mismo recuerdo de las terribles penas del purgatorio, capaces eran, no digo yo de empeorar las dolencias de aquella débil muger, sino de matar á cualquiera hombre de espíritu fuerte.

Es sensible que se crea provechoso á los moribundos este método de auxiliarles en sus últimos momentos, método que hemos oido censurar mil veces muy sábiamente á sacerdotes venerables por sus altas virtudes, porque afortunadamente abundan los dignos ministros del altar. Nada mas dulce y consolador que oir la voz benéfica y paternal de un buen religioso, gérmen de halagüeñas esperanzas, al verter sobre el lacerado corazon de un enfermo las saludables máximas de Jesucristo, máximas de perdon y de generosidad, que cual bálsamo celestial y bienhechor tranquilizan el espíritu, y restablecen á veces la salud.

Si un sacerdote prudente le dice, por ejemplo, á un moribundo arrepentido: «hijo mio, no hay que abandonarse al dolor, todavía hay esperanza..... pero aun cuando Dios te llame á sí, ¿dónde mejor, hijo mio, que entre sus divinos brazos? Porque Dios tiende siempre los brazos á los arrepentidos y les dispensa su divina gracia. Dios es bueno, es justo, es generoso, y jamás abandona á los que imploran su perdon. Este mundo es una senda sembrada de espinas, que de infortunio en infortunio nos conduce á la muerte; pero la muerte es para el hombre de bien el término de todos los sufrimientos, de todos sus acerbos males. Dios le aguarda en el cielo para darle el galardon que merece siempre la virtud. Confianza en Dios, hijo mio, confianza en Dios!...» Si estas ó semejantes palabras, repetimos, las pronuncia el sacerdote con ternura, ¿no harán mil veces mejor efecto en el ánimo del pobre enfermo que los espantosos alaridos con que á veces se le abruma, se le asesina? Es indudable.

Así lo conoció tambien el acreditado facultativo de aquel *asilo de mendicidad*, pues al oir las exhortaciones que dirigia el sacerdote á la ciega Luisa, presentóse en el cuarto de la moribunda con intencion de alejarle bajo cualquier pretesto.

—¿Cómo está la enferma?—preguntó el facultativo en voz muy baja.

—Agonizando—respondió el religioso en tono natural y con sorprendente serenidad.

—Hablemos en voz baja—repuso el facultativo—porque en estos casos el menor ruido precipita la muerte.

—¡Bah! cuando no hay esperanza...—dijo el religioso.

—Mientras hay vida hay esperanza—contestó siempre en voz muy baja el facultativo, y de puntillas se aproximó pausadamente á la mesa de pino, cogió una cerilla, la encendió en la lámpara y se dirigió á la cama de la enferma. La miró atentamente, la pulsó, y despues de haber puesto el revés de su mano ligeramente sobre la punta de la nariz de Luisa, añadió —¡malo! está helada. Quiero hacer la última prueba.

El facultativo se acercó á la mesa, cogió la botella y echó algunas gotas de líquido que habia en ella, en una cuchara, luego añadió otras gotas de la medicina del vaso, y volviendo á donde estaba la enferma, se las vertió en la boca.

Al tragarse con gran dificultal aquella medicina hizo la enferma un movimiento convulsivo, y quedóse luego inmóvil, sin respiracion.

El facultativo perdió el color, y azorado cogió el pulso de la enferma, Después de un breve silencio esclamó con voz solemne:

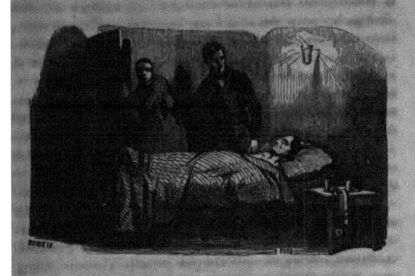

—Padre, ya puede usted retirarse..... son inútiles las exhortaciones de usted.

. . . .

A la tenebrosa tempestad habia sucedido la más profunda calma, las aves saludaban los primeros albores de un dia que empezaba á anunciarse puro y sereno.

CAPITULO XV.

¡A LOS TOROS!

¡A los toros! ¡á los toros! esta es la espresion que precede y acompaña á la general agitacion del alegre vecindario de Madrid en los dias en que estas diversiones, esencialmente españolas, se celebran, porque solo en España germina, solo en la patria de los Costilllares, Pepe Hillo, Cándido, Romero, Leon, Montes y Redondo, se desarrolla la destreza de los toreros, á la par que la bravura de los toros.

No hay profesion de mas elevado orígen que la del torero, sin embargo de que no faltan susceptibilidades que la califican de baja y deshonrosa; pero sépase que el primer picador que lidió toros en plaza cerrada fué el invicto Julio Cesar, emperador romano que los alanceó á caballo. Es probable que él tragese á *España esta liza* cuando vino á estas regiones á pelear y vencer hijos de Pompeyo, pues tambien generalizóse en África, donde hizo la guerra venciendo á Juba, rey de Mauritania.

El parecer de Cepeda, García Parra, Moratin y otros historiadores á quienes se refieren en sus tauromáquias Hillo y Montes, es de que el orígen del toreo es morisco, y que los moros le introdujeron en España en los tiempos de su conquista. No cabe duda que se generalizaron las corridas de toros en España entre los musulmanes, de quienes las tomaron los cristianos al propio tiempo que pusieron en uso los torneos y las cañas, dedicándose la nobleza, cuando por los anatemas de la córte de Roma decayeron aquellas justas diversiones.

Don Rodrigo Diaz de Vivar, el denodado, valiente ilustre y famoso Cid Campeador, fué el primer caballero que mató de una lanzada un toro en la plaza de Valencia, segun unos, y segun otros, en uno de los encuentros que tuvieron los españoles defendidas á las batidas y cacerias de caza en Oriente.

De todos modos, ya fuese el toreo en España la mas frecuente diversion de la nobleza española. El espíritu de galantería que se introdujo en que los enamorados caballeros hacian alarde de sus proezas en presencia de la dama á quien amaban, y á quién dedicaban las demostraciones de júbilo y repetidos vítores y aplausos del entusiasmado pueblo, contribuyó al fomento de tan romántico espectáculo, no menos que la parte que los mismos monarcas tomaron en estas fiestas, no solo autorizándolas, sino incorporándose con la nobleza para alancear personalmente los toros. Siempre han sido los españoles tan galantes como valientes, tan valientes como enamorados, pero entonces los mas pusilánimes debian ser héroes en aquella lucha, si querian merecer los desdenes del bello sexo.

El emperador Cárlos V. rejoncaba y alanceaba á los toros con destreza, y en celebridad del nacimiento de su hijo don Felipe II, mató un toro de una lanzada en la plaza de Valladolid. El rey don Sebastian, don Francisco Pizarro, conquistador del Perú, don Diego Ramirez de Haro, ostentábanse tan hábiles en torear toros como en darles muerte con el rejoncillo.

El rey Felipe IV descollaba entre los mas arrojados y enamorados. Asimismo fueron muy famosos por su destreza los duques de Maqueda, Crotillana, Ozeta, Zárate.

Sástago, Riaño, el conde de Villamediana, Gaye, Piñeyo, Suazo y el marqués de Mondejar.

Recorrida la lista de los primeros lidiadores, tienen ciertamente justo motivo los toreros para envanecerse del origen de su profesión.

Y no se crea que en la actual aristocracia haya menguado la afición á esta lucha. Frecuentes son las corridas de toros que se ejecutan en privados circos, donde personages de la mas alta sociedad hacen alarde de su destreza y denuedo, sin desdeñarse de alternar con los mas distinguidos toreros de profesión; y grandes de España hay en Madrid, cuyo orgullo tendrá acaso á menos saludar á un artista benemérito, mientras se considera honrado con la amistad de un torero que le tutea familiarmente.

Pero no solo se han construido circos privados para que toreen los altos personages ante la escogida sociedad del buen tono, sino que algunas veces, y por motivos laudables por cierto, se han lanzado al palenque público personas distinguidas, con filantrópico, deseo de proporcionar lucro á los establecimientos de beneficencia.

En mayo de 1836, el naciente establecimiento de San Bernardino, necesitaba recursos para atender á sus imperiosas urgencias, y uno de los pensamientos fué ceder una de las corridas de toros á beneficio de aquel asilo de mendicidad.

Sabedores de ello algunos jóvenes de ilustres familias de Madrid, jóvenes frenéticamente aficionados á la tauromáquia, creyeron este el mejor momento de lucir su valor y destreza, y contribuir generosamente al alivio de los pobres, ofreciéndose á lidiar en unión con el célebre Montes, el intrépido Sevilla, Hormigo, y otros toreros de acreditada celebridad.

Llegó el lunes 16 de mayo, dia señalado en los carteles para esta funcion estraordinaria, que debia empezar á las cuatro en punto de la tarde. Después de una noche tempestuosa, amaneció el mas hermoso dia del estío.

A las tres resonaba por todo Madrid el festivo clamor de á los toros, y todo Madrid poniase en bullicioso y precipitado movimiento.

Así como en un continuado y fuerte aguacero corren las aguas á torrentes por todas las calles, y uniéndose en algun punto céntrico forman un solo raudal que corre estrepitosamente su declive, tupidas masas de todas las clases del pueblo presurosas y alegres por todas partes en la anchurosa calle de Alcalá, y apiñadas forman un solo que se precipita por ambos lados hácia la plaza de toros, los calesines de las sandungueras los tílburis de los elegantes, las berlinas de los aristócratas en gallardos ginetes, y los enjaezadas Cruzábanse con todos estos carruajes, que habian dejado ya que los habia ó iban

los lados llevaba toda la misma disección. Todos los semblantes chispeaban de sudaban de ansiedad, de afan por llegar al teatro de la anhelada lucha. *A los toros, á los toros,* se oía por todas partes, y unida esta continua esclamacion á otras voces de hilaridad, al ruido de las campanillas y chasquidos de los látigos y á los continuos gritos de, ¡*El naranjero!* ¡*Cosa güena!* ¡*Coronela!....* ¡*Coronela!* ¡*chis!* ¡*chas!* ¡*chis!...* *Agua...* ¡*acabadita de coger!* ¡*Agua!* ¡*Geh!* ¡*Geh!...* ¡*Arre Castaña!* *A cuarto los abanicos,* ¡*á cuarto!* ¡*Tostaos!...* ¡*tostaos!.....* ¿*Quién quiere bellos?.....* unidos, repetimos, estos clamores al general bullicio, al continuo y acelerado movimiento de tan zambrera multitud, y al bombo del *tio Vivo,* formaban un cuadro de animacion y de vida, á cuya descripcion renunciamos por temor de que falte á nuestras pinceladas su verdadero colorido.

A las cuatro menos cinco minutos llegaba á la plaza de los toros la elegante carretela de la marquesa de Turbias-aguas.

Esta plaza de forma circular es de mas de mil piés de circunferencia, y caben en ella cómodamente mas de doce mil personas entre los tendidos (bancos al descubierto) donde se sienta la verdadera democracia, las gradas cubiertas, que ocupan personas ya mas acomodadas y los ciento diez palcos donde, entre lo mas *entonao* de la córte, no se desdeñan algunas señoras de la elevada nobleza de presentarse en traje de manolas, ni los duques y marqueses tienen inconvenjente en aparecer con su calañés y chaquetilla de majo, ó ponerse en mangas de camisa cuando aprieta el calor.

Los distintos trajes de la inmensa multitud que ocupa aquel recinto, las agudezas verdaderamente españolas que se oyen, la fraternal alegría que resplandece en todos los semblantes, los silbidos con que se obsequia á la pobre muger que por acaso atraviesa el circo destinado á la lucha, los tios que alargan abanicos con sus enormes palos, y los que con singular destreza bombardean tendidos, gradas y palcos con las naranjas que les compran, la multitud de carros que riegan la plaza y los aficionados á pavonearse por la arena hasta que se les echa de ella con timbales y clarines destemplados, presentan un conjunto animadísimo, un espectáculo singular.

A la primera campanada de las cuatro anuncia el clarin *el despejo*, y aparece en la plaza un lucido piquete de lanceros á caballo, precedidos de tres alguaciles vestidos á la antigua, caballeros en fogosos corceles, que al son de la bélica trompeta rodean el recinto de la lid y se retiran tras de las gentes que lo ocupaban, quedándose solos en el palenque dos alguaciles.

A una señal de la autoridad que preside la funcion, atraviesa la plaza uno de los alguaciles, ocúltase por una de sus salidas, y reaparece al frente de la lucida cuadrilla de lidiadores, á cuatro de fondo en cinco filas, formando en la primera, al lado de Montes, uno de los aficionados, que por su gallarda presencia, lucido trage y aire garboso llama la atencion general. Era rubio como el oro, y su picaresca fisonomía, sin dejar de espresar nobleza y dignidad, velase animada por una sonrisa indefinible.

Las delanteras de los palcos vistosamente colgados con sedas y damascos de variados matices bordados de oro y plata, estaban generalmente ocupadas por esas hermosas coquetas de Madrid, capaces de volver el juicio al ente mas taciturno. Todas las miradas se clavaron en el rubio marquesito de Bellaflor. Su aparicion fué saludada por un general aplauso. Todas las hermosas agitaron sus pañuelos, menos María, que perdió enteramente el color y se quedó sumergida·en profundas reflexiones.

Seguian á los lidiadores de á pié, los picadores y dos tiros de lijeras y vistosamente enjaezadas mulas, que se retiraron á su destino.

Después del general saludo á la autoridad, ocupó cada diestro su sitio, y el otro alguacil atravesando á escape la plaza, al arrullo de los silbidos del pueblo, entregó á uno de los chulos la llave del toril.

Sonó el clarin, rompió la música militar, y al lanzarse la fiera en la liza, volaron como por encanto multitud de palomas en distintas direcciones.

El toro era de la acreditada ganadería del marqués de Casa-Gaviria, buen mozo, retinto claro, de pezuña reducida, gran cola, ojos centellantes y aguzados pitones, en una palabra, era un toro de buen trapío. Salió del chiquero removiendo la cabeza con la cerviz erguida, ostentando por divisa una preciosa moña encarnada con borlas de oro. Arremetió de frente, ligero como un gamo, y el intrépido Bellaflor corrió á su encuentro, y en medio de la plaza hízole con mucha gracia y serenidad un recorte de maestro, que entusiasmó á los espectadores.

Sevilla puso á este vicho cuatro varas con pérdida de dos caballos, Hormigo le plantó tres y dió un marronazo que pudo costarle la vida, como á su jaco, sin el auxilio de Montes, pues midió el picador lindamente la tierra, y estuvo en gran peligro hasta que la fiera dejó el bulto por la capa del célebre Paco.

No contento el intrépido Montes con haberse llevado el toro al centro del circo, y sin mas objeto que entretenerle ínteria se rehabilitaban los picadores, hízole con la capa las mas vistosas suertes, con sorprendente serenidad, con sin igual maestría y gracia verdaderamente andaluza. Sorteólo en primer lugar á la *Verónica* situándose en frente del toro y dándole la capa al embestir; pero con tal acierto que nada dejó que desear. Hízole luego la suerte de *espaldas* salvando el cuerpo con vistosos quiebros. Entretúvole después con varias suertes *á la Navarra*, colocándose en línea recta frente del toro, y en el acto mismo en que acometia, sacaba el diestro la capa rápidamente por debajo del hocico de la fiera, dando una vuelta airosa sobre los piés, que habia tenido inmóviles hasta este momento; y concluyó por fin con el donoso capeo de *la tijera*, que terminó poniéndose la capa con mucho donaire, quedándose *plantao* de espaldas casi entre los cuernos del toro, que tantas veces burlado respetaba ya al torero que tenia delante, el cual, sin hacer caso de la corta distancia que mediaba entre él y la fiera que á su espalda jadeaba, correspondia risueño con espresivos saludos á los aplausos del admirado público, que resonaban en todas partes.

Después de Montes, á nadie hemos visto verificar estas vistosas suertes con tanto lucimiento, como á su sobrino José Redondo, conocido por *el Chiclanero*, jóven de apuesto y gallardo continente, que si no tiene desgracia alguna oscurecerá en breve la fama de sus predecesores.

Anunció el pa-
ñuelo del presi-
dente la suerte de
las banderillas, y
los otros dos jó-
venes aficionados
pusiéronse en ella
con inteligencia y
bizarria. Clavá-
ronle dos pares de

rehiletes cada chuillo, en medio de generales aplausos, y hacia un efecto asombroso cuando estas vistosas banderillas se abrian y llenaban el aire de multitud de pájaros.

Tocaron á matar, y plantóse el bizarro Bellaflor frente el palco de la presidencia con la muleta y espada en la mano izquierda y la montera en la derecha. Reinó un profundo silencio, y el torero aficionado esclamó con mucho donaire andaluz y en acento claro y sonoro: —Ceñó presiente, por ucia, por toa la gente honrá de Madril y por la mas zalá del las morenas.—Al decir las últimas palabras dirigió una espresiva mirada á María, que estaba en el palco inmediato al de la presidencia.

— María estaba pálida y trémula..... parecíale un sueño cuanto pasaba.

Aproximóse impávido á la fiera el gallardo jóven, presentóle con maestría y donosura el encarnado trapo, arremetió la fiera lanzando espumarajos por la boca, burlóla con mucha gracia el interesante diestro, dándole algunos pasos de muleta al natural, que hubieran honrado al mismo Pepe Hillo. Estrepitoso aplauso resonaba por todas partes; mas en el momento de dar la estocada al toro, un general clamor de espanto fué seguido de un silencio aterrador.

El toro tenia en alto en una de sus astas al gallardo jóven de los cabellos de oro, en quien habrá ya reconocido el lector á don

Luis de Mendoza, amante de María, á quien herido en un desa- fío, vió caer sin sentidos y estaba en la inteligencia de que habia muerto. Una nueva catástrofe la privaba del amante adorado que acababa de recobrar. Al verle María colgando de las astas del toro, lanzó un ay lastimero, y se desmayó.

El valiente Bellaflor había dado una estocada magnífica al toro recibiéndole; y aunque tuvo la desgracia de ser cogido por la faja, no le encarnó, ni pudo hacerle después daño alguno, por- que estaba ya el vicho descordado.

En este estado, que tenia á todo el público en la mayor zozo- bra y ansiedad, tuvo aun Bellaflor bastante serenidad para ar- rancar la divisa del toro. Aproximósele Montes en este momento y le dijo:

—No hay cudiao don Luiz..... Fuera eza faja.

Desatóse Bellaflor la faja, cayó ileso de pié en el suelo, y Montes separó con su capa algunos pasos al toro, que inmediata- mente pasó á mejor vida.

Es imposible pintar la gritería de la entusiasmada muche- dumbre. Mil vítores y aplausos poblaban el ámbito; por todas partes se agitaban pañuelos por el aire, mientras el vencedor atravesaba corriendo la plaza saludando á un lado y á otro y ha- ciendo ostentacion de la divisa que llevaba en la mano.

La plaza se llenó de sombreros que el público arrojaba en su alegría.

Saludó Bellaflor al presidente..... y desapareció.

Pero los aplausos, los vítores, el frenético entusiasmo del público, creció de todo punto cuando se presentó el denodado doncel en el palco inmediato al de la presidencia y entregó á María la divisa que atestiguaba su triunfo. María acababa de vol- ver del desmayo, y á la presencia de su amante recobró toda su fortaleza. Diéronse estos venturosos jóvenes mútuas esplicacio- nes, aunque brevemente, él acerca de su curacion, y María so- bre su nueva posicion en la sociedad.

La marquesa de Turbias-aguas recibió á Bellaflor con su acostumbrada amabilidad, y ofrecióle su casa.

Después de haber prometido el marquesito pasar el dia si- guiente á medio dia á ver al ídolo de su corazon, despidióse de María y de la marquesa, y lanzóse de nuevo al palenque, donde alentado por su felicidad, y por las dulces miradas de su amada, continuó haciendo proezas toda la corrida, recogiendo merecidos vítores, aplausos y laureles.

Pocos momentos después de la corrida sabia fray Patricio minuciosamente todos los sucesos que acabamos de referir.

CAPITULO XVI.

LAS CALUMNIAS.

El dia siguiente al de la corrida de toros, que la intrepidez é inteligencia tauromáquica del hijo del marqués de Bellaflor don Luis de Mendoza habia hecho célebre, el héroe de aquella liza estaba vistiéndose á las once de la mañana con la elegancia mas esquisita, para ir á rendir sus laureles á los piés del ídolo de su corazon.

La fatiga y el sol de la tarde anterior habian enardecido la sangre de este lozano jóven y atezado un tanto sus blanquísimas megillas, por manera que el carmin mas hermoso embellecia sus animadas y varoniles facciones. En sus lábios encendidos como la grana, brillaba siempre encantadora sonrisa, que anunciaba picaresca y atrevida intencion. Sus grandes ojos lanzaban sus destellos de travesura y penetracion, sin ocultar la espresion de amabilidad y dulzura que suelo anidarse en los ojos azules. Rizados con elegancia, sus rubios cabellos, parecian el marco de oro cincelado que rodeaba tan agraciada fisonomía.

I.   33

Rebosando de júbilo y satisfaccion aquel jóven bizarro que pocas horas hacia habia sido vitoreado por todo el pueblo de Madrid, y saludado por las adorables hijas del Manzanares, que en su loco entusiasmo agitaban los nevados lienzos en ademan de admiracion, poniéndose la corbata ante el espejo, tarareaba un aire de Rossini cuya letra dice así:

Si, tutto spiri intorno
piacer, felicità.
Trionfeno in tal giorno
amore e fedeltà.

En esto un mozo de la Fontana de Oro, porque todavía vivia en ella don Luis, anunció una visita diciendo que no era de cumplimiento.

—¿Quién es?—preguntó don Luis.

—Un señor feo, gordo y colorado, que estuvo algunos dias hospedado aquí—respondió el mozo—hará ya mas de un año. Muy tragon... Entonces llevaba un traje como de cura..... siempre iba de negro..... Ahora está hecho un pimpollo.....¿le digo que pase adelante?

—No tengo presente quien pueda ser..... tantos hombres feos y gordos he conocido en esta fonda..... pero toda vez que no es persona de cumplimiento..... y aunque lo fuese..... que pase adelante con tal de que no sea pesado.

Desapareció el criado, y á poco rato se presentó en el cuarto de don Luis un ente original.

Era un hombre de poco mas de 30 años, de corta estatura. Su cara redonda, lustrosa y colorada, formábase de unas facciones marcadísimas; porque los ojos eran pequeños y verdes, las cejas muy pobladas y canosas de puro rubias, la nariz parecia un pedazo de remolacha, la boca descomunal, y los labios abultados cómo los de los negros. Llevaba el pelo, que era rojo, muy peinado y pegado á las sienes lateralmente; levantándose una expecie de cresta ó tupé muy tieso sobre la frente.

De una corbata de percal, tan escasa, que haciendo un pequeño nudo delante, sobraban apenas dos puntas como hojitas de un rosal, salia un cuello de camisa muy almidonado que le llegaba hasta la mitad de las orejas. Un chaleco de raso de fondo negro con rosas de un encarnado chillon y hojas verdes, replegado en el pecho por la protuberancia del ancho abdómen, dejaba ver en su abertura, debajo de la corbata, un enorme alfiler de brillantes clavado en la camisa de finísima holanda. Una cadena de oro de un grueso mas que regular, rodeaba el cuello del chaleco y terminaba por ocultarse entre los dos últimos botones. Un pantalon ancho, sin trabillas, circunstancia imperdonable en 1836, blanco como la nieve, contrastaba con el negro charol de las botas. Completaba este traje el frac azul con grandes botones dorados, en cuyo centro veíanse unos racimitos entre pámpanos tan primorosamente ejecutados, que parecia haberse ejercitado en ellos el mas delicado cincel.

El lector habrá ya conocido en este personage al insigne fray Patricio.

Después de haberse dirigido ambos interlocutores un recíproco saludo, invitó don Luis á fray Patricio á que se sentase mientras él acababa de vestirse.

Sentóse fray Patricio, sacó una caja de oro, tomó un polvo, volvió á guardar la caja en el bolsillo del chaleco, sacó su pañuelo blanco muy dobladito, lo pasó en la misma forma por su abultada nariz, y lo guardó en el bolsillo de uno de los faldones del frac. Luego poniendo las dos manos una encima de otra sobre el puño del baston que llevaba, apoyó la barba en el revés de su mano derecha, y en esta cómoda posicion esclamó:

—¿Con que no se acuerda del antiguo compañero?

—Me parece que no es la primera vez que tengo el honor de ver á usted—respondió el marquesito.

—Qué ha de ser, hombre, qué ha de ser. Hemos comido juntos en esta misma fonda..... Y á quién..... puedo decirlo con verdad, ¿á quién debe el haber curado tan fácilmente de la herida que recibió en su desafío? ¿A quién, sino al buen cuidado que tuve el gusto de dispensarle desde el momento de aquella desgracia?

—Pues cómo está usted enterado de...

—¡Bah! ¡qué poca memoria tiene, amiguito! Sobre que somos parientes... parientes muy cercanos, no le parezca.....

—¿Cómo así?...

—Como que yo fuí su padrino en aquel lance de honor...

—¿Qué me dice usted?

—Lo que oye.....· ¡Y qué bien·se portó aquel·día!.!...' Ya se vé, como siempre.... Su bizarría es ·proverbial./.\.

—Gracias por la lisonja.

—Es justicia y nada· mas. Aquel maldito estrangero de las barbas tuvo la suerte de acertar; afortunadamente·la herida no fué profunda..... la bala pasó de resbalon ·aunque la dejó sin sentidos..... El francés ·era diestro; pero en· cuanto á valor...· no habia mas que mirar el rostro á los dos. Las facciones del francés estabau demudadas, su color pálido....·· pero usted...! ya, ya...\.. tan colorado·y sereno como ahora. ¿Pero·á·qué ·señar esto·del héroe de ·ayer ·tarde! No se habla en Madrid mas que·de·los toros·de ·ayer ·y ·de ·sus proezas.... Este ·es ·el motivo de ·mi visita, porque no he podido resistir al deseo de venir á

darle el mas cordial parabien, y renovarle los sinceros ofrecimientos de una amistad ya antigua, franca y verdadera.

—Mil gracias por todo, señor mio. ¿Con que usted estuvo
ayer tarde en la plaza de toros?

—¡No que no! ¿Pues qué persona decente dejó ayer tan
lucida diversion? Se sabia que iba á lidiar uno de los mas bizarros
ó inteligentes jóvenes... Pero, amigo, dígole francamente que
el valor y maestría suya fueron muy superiores á las esperanzas
que todos tenian... Jamás he sabido yo adular, ni me gusta decir lo que no es; pero sí hemos de ser francos..... ¡Qué Pepe Hillo, ni qué Montes!...

—Vamos, vamos, no sea usted ponderativo...

—Sobre todo, me hizo mucha gracia aquello de ir á entregar la divisa á Mariquita *la morena.* ¡Fué un golpe maestro!.....
¡ja! ¡ja! ¡ja!... se quedaron con un palmo de narices todas las
señoritas decentes, que después de haber agitado entusiasmadas
sus blancos pañuelitos, viéronle en el palco de *la morena.* Vamos
estuvo aquello muy salado.

El tono chocarrero y satírico con que fray Patricio habló de
María, hizo profunda sensacion en don Luis de Mendoza, quien
lejos de celebrar semejantes bufonadas, dirigió una mirada grave
al infame detractor, y después de un breve silencio le preguntó:

—¿Conoce usted bien á esa señorita?

—¿Señorita?..... ¡Ah! sí..... es verdad—respondió fray Patricio fijando la vista en el suelo y haciendo rayas con el baston—es verdad, ahora es señorita, gracias á su primer amante
que la sacó de la miseria y.....

—Señor mio—dijo don Luis en tono de reprension—vea
usted cómo habla de esa jóven.

—Disimule, caballerito, no presumia yo que le interesase
tanto esa persona..... he sido un imprudente.... Por la conducta
que públicamente observó ayer, debia haber conocido que esa jóven merecia su afecto. A la verdad he sido demasiado grosero,
porque al cabo no hay motivo para zaherir á una jóven por pequeños deslices propios de todas las mugeres, y mas disculpables
en una niña sin esperiencia. Suplícole, pues, que perdone mi
indiscrecion.

—Caballero—repuso don Luis acerbamente conmovido—esa

palabras reclaman esplicacion. Necesito pruebas que justifiquen los deslices que usted supone..... quiero pruebas..... las exijo—añadió el desventurado amante con todo el furor de los celos.

—Sosiéguese, amigo mio, ¡por Dios, sosiéguese! ¡Jesus! ¡cuánto siento haber sido imprudente!

—Hable usted, hable usted..... infeliz de usted, si esas acusaciones son calumniosas.

—¡Válgame Dios!..... ¡Qué injusto es, don Luis!... Este es el galardon que recibo por los fraternales cuidados que le prodigué cuando herido por su contrario cayó sin sentidos en mis brazos. Entonces corrí yo mil riesgos y compromisos por salvarle, y un éxito feliz coronó mis afanes.... Pues bien... quiero ahora arrostrar su cólera, el furor de sus celos, y decirle la verdad..... porque esta verdad, por dolorosa que sea, labrará su dicha apartándole del abismo que está abierto ante sus plantas. María no merece por ningun concepto el amor que la profesa.

—¡La razon!....—gritó don Luis con frenética ansiedad.

—María... está deshonrada.

—¡Infame!—esclamó don Luis empuñando una silla en ademan amenazante.

—¡Descargue el golpe!... ¿por qué se detiene?—dijo con hipocresía fray Patricio al ver que don Luis, después de su primer impulso, quedóse como avergonzado de lo que iba á hacer.—Yo, que le salvé la vida, yo que venia ahora á salvarle el honor... ¡recibo este pago!... No quiero molestarle mas... Quede con Dios.

Fray Patricio hizo ademan de marcharse; pero don Luis asiéndole de las manos, esclamó en tono suplicante:

—¡Ah! por piedad, no me abandone usted sin aclararme el horrible misterio que devora mi corazon. Hable usted, ¡por Dios! Diga usted cuanto sepa de esa muger, á quien todavía adoro.

Don Luis dejóse caer en una silla inmediata á su mesita de despacho, donde tenia papel y todo lo necesario para escribir. Apoyó el codo en esta mesa y su megilla derecha en la palma de la mano. En esta posicion de abatimiento escuchó atentamente á fray Patricio.

Este, cuya voz hemos dicho ya que era naturalmente dulce y sonora, dijo con elocuente ternura:

—Sí, amigo mio, esa mozuela que ha cautivado su corazon,

vivia no hace aun dos años en la mas espantosa miseria. Hija de un vicioso jornalero, vivia pobre y abandonada á su albedrío, presenciando desde sus mas tiernos años los estravíos de una madre entregada al vicio y á la prostitucion. María habia aprendido en esta escuela de escándalo el arte de fingir y aparentar aquella candidez adorable que destella siempre el corazon de una vírgen pura. Vendióla su misma madre á un jóven pervertido, que se cansó en breve de su adquisicion, y después de abandonarse á otras relaciones criminales, fué á parar en casa de una marquesa, que ha hecho su fortuna especulando con la belleza de esta y otras jóvenes. Entre tanto, volvióse ciega su madre á consecuencia de una de esas enfermedades asquerosas que la prostitucion origina, y su padre está en la cárcel por varios robos y asesinatos.

Al oir esto, hizo don Luis un movimiento convulsivo, cogió la pluma y escribió algunas líneas en un papel, que cerró en forma de carta y se guardó en el bolsillo.

Fray Patricio continuó:

—Vea ahora si es decoroso que la distinguida familia del marqués de Bellaflor se enlace con una muger pervertida, hija de una prostituta y de un asesino. Me dirá que presente las pruebas de lo que digo. En San Bernardino tiene á la madre ciega y moribunda, si no ha fallecido ya, y en la cárcel de córte está el padre aguardando la hora de salir al patíbulo. Entre tanto, la hija, insensible y desmoralizada, frecuenta escandalosamente toda clase de diversiones. Ademas, ¿de dónde habia de sacar la hija de un haraposo albañil el lujo que ostenta María? Yo creo que ofendería la penetracion de usted si quisiese insistir en apoyar mis acusaciones con nuevos argumentos.

Don Luis desapareció precipitamente. El fraile corrió trás él.

Pasemos ahora al aposento de María, para ser testigos de la alegría y amorosa ansiedad, con que esta inocente jóven aguardaba á su amante.

CAPÍTULO XVII.

LA CITA.

En uno de los magníficos salones de la marquesa de Turbias-aguas, estaba sentada en un sofá la interesante María, vestida con encantadora sencillez, mas hermosa que nunca, porque su intensa satisfaccion y la pura alegría que destellaban sus bellas facciones, realzaban la angelical animacion de su rostro.

Solo las almas sensibles que hayan esperimentado las delicias de un amor correspondido,

podrán formarse una justa idea de la profunda impresion que
dejaria en el enamorado corazon de María, la presencia de su
amante á quien creia muerto, y por quien tantas lágrimas habia
derramado, María le recobraba fiel y mas apasionado que nunca,
vitoreado por todo un pueblo lleno de entusiasmo, aplaudido
por todas las bellezas de la córte, y el mismo peligro en que
habia estado su preciosa vida al frente de la fiera, habia acrecentado el interés que su heroismo y destreza inspiraban. María
estaba loca de amor, de orgullo, de felicidad.

En vez de acostarse á la hora acostumbrada, habia pasado horas enteras sentada enfrente de su tocador, dirigiendo candorosamente sus miradas al espejo, como temerosa de que su hermosura no fuese asaz digna del objeto de su adoracion. La fiebre
que la devoraba avivaba el carmin de sus graciosos lábios, son-
rosaba la frescura de sus virginales megillas, y hacia chispear
sus negros y rasgados ojos, que fijaba luego sonriéndose dulcemente en el retrato de su amante. Estrechóle contra su pal-
pitante corazon y llevóle temblorosa á sus ardientes lábios. En
este momento sintió estremecerse todo su cuerpo, y un desmayo delicioso sucedió á la anterior animacion. Sintióse como rendida y tendióse en la mullida cama con la mente llena de dul-
císimas ilusiones. Lejos el sueño de borrar de su memoria los
encantos del jóven de los cabellos de oro, su imágen adorada
no se separó un momento de la imaginacion de María.

Al despertar miró inmediatamente la hora, y volvió á mi-
rarla de vez en cuando, maldiciendo no pocas veces la lentitud
con que el tiempo pasaba. Parecíale un siglo cada momento y
aproximábase á menudo al reloj, como recelando que estuviese
parado á pesar de que oia claramente sus pulsaciones.

María no habia querido tomar alimento alguno en toda la
mañana. Su amorosa impaciencia absorbia tódos sus movimientos, y su alegría, su felicidad habiase acrecentado desde que
oyó una revelacion que acababa de hacerle la marquesa de
Turbias-aguas.

«María, habíale dicho esta hipócrita vieja, hoy va á ser el
dia mas feliz de tu vida, pues vas á ver al hombre que te ido-
latra, al mortal á quien debes todo este lujo, toda la felicidad
que te circunda, al que te sacó de la indigencia para hacerte

J.   34

dichosa y labrar la ventura de toda tu familia. No puede quedar
oculto por mas tiempo este misterio, y ahora que has probado
todos los goces que su amor te proporciona, no podrás menos
de corresponderle como es justo.»

Habíase figurado la inocente jóven, que el hombre benéfico
de quien habíale hablado la marquesa era don Luis de Mendoza,
por manera que nada le quedaba ya que desear.

—¡Cuánto me quieres!—decia para sí la enamorada María
contemplando el retrato de su amante, que como siempre llevaba pendiente del cuello,—cuánto me quieres, idolo mio; pero yo
te juro por lo mas sagrado..... por el amor de mis padres..... que
no te has de quejar nunca de mi correspondencia..... Yo te amaré
siempre, siempre mas que á mi vida....... porque yo sin tí no podria ya vivir..... ¡Te sonries!..... ¡Cuán felices vamos á ser!.....
porque en el mundo no hay felicidad como la de amar y ser
amado...... Y tú me amarás tambien siempre, ¿no es verdad?.....
¿Por qué no respondes?...... ¿Por qué no oigo ahora aquel acento
dulcísimo que me embelesa cuando me hablas?.... No importa,
la adorable sonrisa de tus lábios, la espresion de tus bellos ojos
compensan tu silencio...... ¡Qué hermoso eres!...... ¡Cuántas mugeres envidiarán mi suerte! Y tú solo me amarás á mí..... á mi
sola...... porque no quiero que ames á ninguna otra muger......
me moriria de pesar si esto sucediese..... ¡que digo!.... perdona, ídolo mio, perdona..... Estoy segura que jamás me serás
infiel; pero en cambio..... tampoco ninguna muger en el mundo
podria amarte como yo te amo...... porque te amo con delirio.......
mi pasion es un fuego devorador que me abrasa y me consume..... y mi única delicia será amarte siempre..... adorarte como
á Dios.....

En este momento dieron las doce en el reloj de la sala donde
estaba María, hora de la cita anhelada, y un estremecimiento
dulce agitó sus delicados miembros. Aproximóse corriendo á un
espejo como para acabar de asegurarse si estaba elegante y hermosa. No se manifestaba muy contenta de sí misma, y sin embargo estaba encantadora.

Oyóse una campanilla y luego pasos que se aproximaban. Maria, con el corazon conmovido de amor y de alegria, corrió á
sentarse nuevamente en el sofá. Las pisadas sonaban cada vez

mas cerca, y cada vez estaba María mas afectada y trémula.

Un hombre llegó por fin á la presencia de la apasionada jóven; pero este hombre, no era el jóven de los cabellos de oro.

.... Figúrese el lector cuál seria la sorpresa de María al ver la repugnante figura del hombre á quien mas odiaba en este mundo, en lugar del bizarro jóven, ídolo de su pecho enamorado.

—Señorita —dijo fray Patricio con afectada amabilidad —espero que no le sorprenderá la visita del hombre que tantas pruebas le tiene dadas de su acendrada pasion. Ingratitudes acerbas, desdenes repetidos ha prodigado siempre á mi cariño. Y sin embargo, ¿cuál ha sido mi venganza? Bien lo sabe, hermosa María, bien lo sabe, mi venganza ha sido..... generosidad, beneficencia, amor. Jamás he tenido en este mundo mas deseo que verla feliz..... procurarle su bienestar ha sido siempre toda mi ambicion..... y estos nobles sentimientos me han inducido á sacarla de la espantosa miseria que la abrumaba, para elevarla á la posicion distinguida que hoy ocupa en la sociedad. Tengo un placer imponderable en verla rodeada de goces y comodidades, y saber que las debe á mis afanes y desvelos. Se lo habrá dicho ya sin duda la señora marquesa. Yo soy, niña adorable, el que ha tenido la dicha de proporcionarle tantos bienes, y si estos testimonios irrefragables del amor que le profeso, no son mas que un leve indicio del colmo de felicidades que la aguardan, me lisonjeo que habrá conocido la sinceridad de mi pasion, y que uniendo su suerte á la mia, una fuente perene de delicias endulzará nuestro porvenir.

La presencia de fray Patricio habia sumido á María en el mas profundo estupor. No obstante, conoció en breve el lazo que se le habia tendido y lo horroroso de su posicion. Aguardaba sin embargo que de un momento á otro se presentaria su verdadero amante, y esta dulce esperanza alentaba su espíritu.

Clavó una espresiva y prolongada mirada de indignacion en fray Patricio y esclamó luego con notable entereza:

—Caballero, si ha creido usted que haciéndome probar por medio de una intriga infernal la diferencia que va entre los tormentos de la miseria y los placeres del lujo y de la abundancia, sacrificaria mi honor á la ambicion, se ha guiado usted sin duda por los infames sentimientos de su alma corrompida.

—¡Ingrata!—esclamó fray Patricio—¿merecen mis beneficios semejantes insultos? ¿Qué seria de usted sin ellos?

—Sin ellos—repuso María—sin los viles engaños que califica usted de beneficios, seria pobre...... es verdad; pero la pobreza no deshonra á nadie, y María, aunque hija de un infeliz jornalero, prefiere su honor á todas las riquezas del mundo. Si me hallaba contenta en medio de una sociedad brillante, era porque ignoraba el verdadero orígen de mi posición, me creia feliz porque me juzgaba entre personas de bien; pero usted mismo ha rasgado la venda que me cegaba, y el lujo que me rodea me abruma mil veces mas que todos los horrores de la indigencia.

Este coloquio fué interrumpido por una voz siniestra.

Un ciego pasaba por la calle gritando:

—La causa y sentencia del reo que está en capilla.

—Está bien—dijo fray Patricio.—Ya es demasiada humillacion la mia. No ponderes tus virtudes; pues bien sé yo el motivo de tu resistencia..... Amas á otro, María, amas á otro que te desprecia, que te odia en este momento. ¡Infeliz! todo se acabó para tí.—Y con sarcástica sonrisa añadió:—¿no es verdad, María, que aguardas á tu amante?

—Verdad es—dijo María con orgullo—aguardo á un jóven adorable por sus virtudes no menos que por su belleza, le aguardo con ansiedad.

—¡Pobre María!... ¿Y no es verdad que ese jóven te ama mucho?

—Me ama, me adora, y en ello cifro yo toda mi dicha.

—En efecto, aquí tengo yo un billete amoroso que me ha encargado poner en tus manos, en el cual se disculpará sin duda de no haber acudido puntualmente á la cita.

Continuaba oyéndose este grito siniestro:

—La causa y sentencia del reo que está en capilla.

Fray Patricio entregó á María una carta concebida en estos términos:

«María: yo te adoraba .... toda mi ambicion en este mundo reducíase á merecer tu afecto. Has sido ingrata....... y es la ingratitud tan feo delito, que no es digna de generoso perdon. Tu infame conducta no merece mi amor... no puedo aborrecerte; pero tampoco puedo amarte ni verte jamás.» Luis.

Un rayo desprendido del firmamento que hubiera caido á las plantas de María no la hubiera asombrado mas.

—¡Imposible! ¡imposible!—gritaba como una loca la pobre jóven.—Esta es una nueva trama, es una trama atroz que el tiempo aclarará. ¡Mi infame conducta!... ¿Cuándo ha sido mi conducta reprensible?

—Vamos, que todo se sabe—repuso con ironía fray Patricio.—¿Y los galanteos del baron del Lago?

María que habia recibido un golpe desgarrador con la lectura de la carta de su amante, no pudo resistir el sarcasmo del ex-fraile. Ruborizóse á la idea de que habia llegado á sentir un segundo afecto cuando creia muerto el objeto de su primer amor, y llena de vergüenza cubrió el rostro entre sus manos derramando copiosas lágrimas de amargura.

—Vamos, María, no hay que afligirse —dijo fray Patricio que parecia gozarse en atormentar á su víctima. —Cede á mis ruegos, nadie te quiere como yo... Corresponde á mi pasion y verás que felices vamos á ser.

—Déjeme usted en paz, caballero. Resignada sufriré todo el rigor de mis pesares. Quiero volver á mi pobreza..... quiero llorar en los brazos de mi madre.

—¡De tu madre! .. ¡infeliz criatura!... tal vez no existe ya...

—¡Cómo!! —esclamó azorada la infeliz María.

—Recogida en San Bernardino, se le dió permiso para ir á ver á su esposo que está en la cárcel. Al cruzar la plazuela de Santa Cruz fué atropellada por el mismo coche que conducia á la hija á la romería de San Isidro..... A estas horas habrá ya muerto.

—¡Oh! no, no..... no puede ser..... todo eso es mentira —esclamó María con ademanes de demente. —Tú eres una furia que ha vomitado el infierno para atormentarme..... No puede ser, no... Mi madre no ha muerto..... mi padre no está en la cárcel..... Eso lo dices tú, malvado, para que me desespere y llore..... Pues no he de llorar, mónstruo, no he de llorar..... mira..... mira..... cómo rio!..... —Y lanzó la infeliz una de aquellas carcajadas horribles que indican mental desorganizacion.

—Ríete —añadió fray Patricio —ríete, mientras acaso conducen á tu padre al cadalso.

—¡Al cadalso!!! —gritó María, y su espantoso grito se cruzó con la voz siniestra que repetia:

—La causa y sentencia del reo que está en capilla.

—¡Al cadalso!!! —repitió María con desgarrador acento, y balbuciando otra vez esta espantosa palabra, cayó en el suelo sin sentidos.

. . . .

Una breve pero penosa enfermedad que puso en gran peligro la vida de María, sucedió á la escena que acabamos de referir. En pos de acerbos padecimientos, la desgraciada jóven se volvió loca.

CAPITULO XVIII.

EL MEDALLON.

Habianse deslizado algunos dias desde la escena lamentable que hemos descrito en el capítulo anterior.

Fray Patricio y la marquesa de Turbias-aguas, sentados frente á frente junto á una pequeña mesa redonda, desayunábanse con sendas tazas de té con leche, tostadas con manteca de Flandes, huévos passados por agua, y algunos dulces de esquisita calidad.

Ambos voluminosos personages, colorados como la grana, sudaban de placer al devorar los objetos que tenian á la vista, y eso que, á lo ménos fray Patricio, habiase ya engullido en su casa el acostumbrado monstruoso cangilon de chocolate con bollos

Este desayuno considerábanle como un ligero alimento que la marquesa solia tomar á eso de las once para fortalecer el estómago y poder aguardar sin desmayarse el verdadero almuerzo, que se verificaba á la una de la tarde, y consistia en lo que la buena señora llamaba varias bagatelas, como perdices escabechadas, jamon dulce, diferentes salsas, y algun frito y asado con toda clase de fruta de la estacion, y *champagne* á uso completo.

—¿Y qué tal María?—preguntó fray Patricio á la marquesa.

—De salud perfectamente; pero loca rematada—respondió la marquesa—y mas terca que nunca. No hay medio de poder quitarle el consabido medallon.

—Ahora no lo estraño; se perdió la mejor ocasion..... Cuando estaba casi moribunda hubiéramos muy bien podido apoderarnos de él sin oposicion; pero..... ya se ve..... no atina uno en todo..... y ademas, ¿quién habia de creer que salvase la vida?

—La mala yerba nunca muere, dice el refran.....¡Pero cuidado que es mucha terquedad de muger!..... Ayer hice entrar al cochero y al lacayo en su aposento; cada uno con su látigo, para ver si por este medio se lograba hacerle soltar el medallon, pero..... quiá!..... Cuanto mas recio la sacudian, mas lo estrechaba en su mano, y acurrucándose en un rincon del cuarto, sufria los golpes dando agudos chillidos y haciendo rechinar los dientes. Al principio me daban risa sus visages, porque parecia verdaderamente uno de esos monos á quienes hacen bailar con el azote; pero al cabo de un rato reflexioné cómo estaria su cuerpo de cardenales, y..... ya se vé..... una no tiene el corazon de estuco..... desde niña he sido yo siempre muy sensible..... Viendo pues que todo era infructuoso, movida de compasion, hice que se retirasen mis criados.....

—Su corazon es como el mio..... yo tampoco puedo ver sufrir á nadie. Pero diga, señora marquesa, ¿no podrian los criados sujetarla y.....?

—¿Qué es eso de sujetarla, si tienen ellos mas miedo que vergüenza! Como no la tienen por loca.....

—¿Cómo que no?

—No señor, ellos dicen que está rabiosa, y temen siempre una mordedura..... por las funestas consecuencias que tendria.

—Entonces no sé yo cómo.....

—Todavía me faltan que probar dos medios.

—¿Cuáles son?

—El uno es este: después de haber mandado retirar del cuarto á mis dos criados, le he dicho yo misma desde la ventanilla, por donde veo cuanto hace, porque no quiero entrar en su cuarto: María, ten entendido que no tomarás en adelante mas alimento que pan y agua, ni tendrás otra cama que el duro suelo, hasta que hayas entregado á mis criados ese medallon que llevas.

—¿Y qué ha respondido?

—Un no bronco; pero tan resuelto y espresivo, que al fijar en mí sus desencajados é iracundos ojos, me he retirado cerrando precipitadamente la ventana, porque se me figuró que se lanzaba sobre mí, para devorarme. Desde entonces se le puso un cántaro de agua y un panecillo que hasta ahora aun no ha probado. Esto no debe darnos ningun cuidado —añadió filosóficamente la marquesa engulléndose un huevo de un solo sorbo —porque la sobriedad es muy provechosa para la salud.

—¿Y la cama?

—La cama no se le quitó, porque quiero que esta noche duerma bien.

—¿Con qué fin?

—Oiga usted el segundo proyecto. Se ha observado que rendida de los continuos alaridos y fatigas del dia, duerme profundamente por la noche. He pensado que cuando esté rendida al sueño, mi negro Tomas, que es jóven de travesura y agilidad, entre descalzo en su cuarto, y pruebe de apoderarse del medallon cortándole el cordoncito de que está pendiente.

—Idea magnífica.

—Si esto no tiene buen resultado, se le quitará la cama repitiéndole todos los dias que se le dará de comer y se le volverán á poner los colchones cuando haya entregado el medallon. Pero si van pasando dias y nada se logra, ¿qué cree usted que podremos hacer después?

—Yo me lisonjeo de que esta noche quedará en nuestras manos ese medallon misterioso, y luego mandamos conducir á esa infeliz al hospital..... y no nos acordamos mas de ella.

—Tiene usted razon, amigo mio, porque no puede usted figurarse la molestia que origina una loca en una casa.

I.   35

En esto concluyeron las dos almas caritativas su frugal desayuno, sacaron á luz sus respectivas cajas de oro cincelado, inundadas de esquisito rapé, cruzaron su recíproco pulso, y después de sacudir fray Patricio con la mano derecha la solapa del chaleco sobre la cual habia rebosado de entre las yemas de los dedos un pequeño sobrante de tabaco, levantóse y tiró del cordon de una campanilla.

No tardó en aparecer el negro Tomas.

—Quita esto—le dijo la marquesa—y vuelve que he de darte una comision.

—Está muy bien, mi señora—dijo el criado con profundo respeto y humildad.

Desapareció el negro, y no tardó tres minutos en volverse á presentar ante la señora marquesa de Turbias-aguas.

—Mira, Tomas—díjole esta con acento afectuoso—voy á encargarte una comision de alta importancia, y espero que la egecutes bien.

—Haré lo posible, señora—respondió el negro Tomas haciendo una profunda reverencia.

No sé si habrás reparado que la loca lleva un medallon de eso pendiente del cuello.

—Sí señora.

—Pues bien, ese medallon es un precioso recuerdo de su madre, y que es lástima se eche á perder. La pobre loca, sin saber lo que se hace, da con él golpes en el suelo y en las paredes que es un dolor. Queriendo yo apoderarme de él sin mas objeto que guardárselo para cuando esté en mejor estado su juicio, he empleado toda mi natural dulzura para reducir buenamente á la loca á que me entregue esta joya. La infelis no hace caso alguno de cuanto se le dice, ni creo que llegue ya á comprender el sentido de las palabras. Quiero decir que todo ha sido inútil para lograr que me entregue el medallon. Ayer encargué al cochero y al lacayo que probasen si por medio de alguna amenaza podian hacérselo soltar; pero he sabido que han pegado á la pobre loca, y esto no está bien. Debemos ser compasivos con nuestros semejantes. He pensado, pues, que á deshora de la noche, cuando esté profundamente dormida, despues de haberte introducido en su cuarto con la literna y descalzo para no hacer ruido alguno, pruebes si cortando el cordoncito puedes apoderarte del medallon.

—Creo, mi señora, que no será operacion dificil —respondió el negro —con tal de que esté profundamente dormida; pero si por casualidad está despierta ó la despierto yo y me ve ¿qué deberé hacer en aquel caso?

—No sucederá eso; —dijo la marquesa —pero si tal ocurriese queda á tu prudencia el disculparte sin que pueda traslucir...

—Permítame, señora marquesa —dijo fray Patricio —que manifieste mi opinion en este asunto. Yo creo que una vez dado ya el primer paso, es decir, que Tomás esté ya en el cuarto de la loca, debe aprovechar de todos modos la ocasion. Si duerme le quita fácilmente el medallon cortando el cordoncito; si despierta le dice terminantemente, con tono amenazador, que es preciso que le entregue aquella joya. Las amenazas de un negro á deshora de la noche, harán sin duda mas efecto que las del lacayo y cochero, y para que la ficcion sea mas completa, ya que se hace para bien de la misma loca, no será malo que lleve Tomás un puñal en la diestra... esto... solo... por supuesto... para atemorizarla...

—Dice muy bien el señor don Patricio—esclamó la marquesa, y dirigiéndose á Tomás, añadió: ¿Te hallas con ánimos de desempeñar á mi gusto esta comision?

—Sí señora—respondió el negro Tomás;—pero la egecutaré á la madrugada, que es cuando he observado que reina profundo silencio en el cuarto de la loca. Eso del puñal me gusta, porque si trata de morderme la mataré de veras.

—La defensa es natural—repuso la marquesa.—Solo siento que haya de ser á esa hora, porque hasta mañana no sabré el resultado; pero si no hay otro remedio, eso poco importa..... el caso es apoderarse á todo trance del medallón..... A todo trance..... ¿lo oyes? Viva ó muerta ha de ceder..... y recompensaré pródigamente tu celo.

—Gracias, mi señora—dijo el negro.—Si no cede, se lo arrancaré de su cadáver.

—Ahora, retírate.

El negro Tomas inclinóse respetuosamente, y desapareció:

—¿Y si esta tentativa—esclamó la marquesa—no surte el efecto que nos proponemos?

Fray Patricio estuvo un momento meditabundo, sacó luego su caja de rapé; tomó un buen polvo, y contestó:

—Si esta última tentativa no nos proporciona el medallon, no queda mas recurso que el del cochero y el lacayo.

—¿Los azotes?

—¡Pues!... ¡Fuera la cama!... ¡ayuno completo!... y ademas... se la pega hasta que entregue la albaja, y si quiere resistir hasta el último trance, precisamente perderá las fuerzas..... y á impulsos del dolor.

—Es verdad.....—esclamó la marquesa.—Si á fuerza de latigazos y de debilidad se logra que se desmaye, nuestro triunfo es seguro. Ello es lástima emplear ciertos medios...

—¿Qué le hemos de hacer?—repuso fray Patricio sorbiendo el tabaco.—Ya se sabe que á los locos no puede gobernárseles de otro modo.

—¡Todo sea por amor de Dios!—dijo la marquesa con acento compungido, y cogiendo el brazo de fray Patricio, abandonaron el comedor pausadamente.

CAPITULO XIX.

LA LOCA.

La noche era espantosa.

Sepulcral silencio imperaba en todo Madrid, interrumpido por el prolongado zumbido del viento, que azotaba las cúspides de los gigantescos edificios y silbaba entre sus bóvedas, pálidamente iluminadas á trechos por la trémula luz de empañados reverberos.

De vez en vez oíase una vibracion siniestra. Las mismas ráfagas agitaban las varillas de los balcones, que chocando con la férrea baranda, producian un sonido melancólico parecido al de lejana campana que dobla á muertos.

La luz del rayo, que serpenteaba con celeridad, iluminaba á intérvalos, por los cristales de una ventana, un lecho desordenado, en el cual yacia una muger cadavérica. Las hojas de esta ventana, batidas por el aire, causaban un estrépito monotonamente incómodo.

La muger cadavérica era María.

Abrumada la infeliz de incesantes padecimientos, estaba sumergida en un sueño profundo.

Sonó un ligero rumor del cerrojo, que entre el bosco retumbar del trueno que en lontananza rugía, bízose casi imperceptible, y girando la puerta del cuarto de María sobre sus goznes, introdújose en él sigilosamente con un puñal en la diestra y una linterna en la izquierda mano, el negro de quien hemos hablado en el capítulo anterior.

Este miserable esclavo, sin mas abrigo que la camisa, el chaleco y un ligero y corto pantalon de lienzo á cuadros, ofrecia un aspecto aterrador. Su rostro se perdia en la oscuridad, y solo se veia el blanco de sus grandes ojos que brillaban azorados moviéndose en todas direcciones. Claváronse por fin en la cama de la infeliz María, y aproximándose el negro pausadamente á ella, deteniase de vez en cuando, aplicaba el oido, y solo escuchaba suspiros ahogados, ayes lastimeros, como de una persona abatida, rendida de cansancio y agoviada de ensueños dolorosos.

Llegó por fin el negro Tomas junto á la cama de la pobre demente, y sintió helarse de horror toda la sangre de sus venas.

—Hé aquí la víctima—dije para sí contemplando á María.—
¡Qué demudada está!..... No hace mucho era su hermosura la admiracion de todos....: ¡y ahora todos la aborrecen porque está loca!... ¡Ea! Tomas, afuera toda compasion!...¡Venganza!, ¡venganza!
Derramemos la sangre de esa muger..... Ella apaciguará los manes
de mi padre, víctima del furor de los blancos. Diré que se ha re-
sistido... que solo dándole muerte podia arrancarle el medallon.....
diré que queria morderme... sí... que queria morderme.... porque
ya la marquesa me dijo que la defensa es natural..... que de la loca ó de su cadáver he de arrebatar el medallon......¡Muera pues!! »

Y al decir esto, abalanzóse el negro para herir á la desventurada jóven.

Este movimiento despertó á la infeliz, abrió los ojos, y levantándose de la cama, dió un grito de terror que hizo retroceder al asesino.

Despues de algunos instantes de silencio, esclamó María:

—¡Ah!... sí... sí... es verdad... el cadalso está ya levantado...
el mismo cadalso en donde mataron á mi padre.... Gracias.....gra-
cias, amigo mio..... Sin duda eres tú el verdugo que viene en mi
busca para conducirme á morir..... ¡Qué dulce ha de ser la muerte!... ¡En este mundo se padece tanto!...... Y cuando uno no tiene
padres... ¿qué puede esperar en la tierra? Amarguras; pero amarguras horribles..... porque no hay nada tan horrible como ver ase-
sinar á un padre adorado...

—Es verdad, es verdad—dijo el negro Tomas enternecido; y
despues de pasar la mano por sus ojos, añadió:—¿Dice usted que
han asesinado á su padre?

—Sí... le llevaron al cadalso.

—Tambien asesinaron al mio.

—¿Qué has dicho?

—Que tambien yo lloro la pérdida de mi padre idolatrado, á
quien mataron cobardemente unos asesinos.

—Te compadezco, cualquiera que seas..... te compadezco....
porque nada puede compararse al dolor que sufre el que llora la
muerte de sus padres.... Pero vamos!... vamos pronto... ¿No me
acompañas?

—¿A dónde, señorita?

—Al cadalso... porque yo no soy inocente como mi padre....

yo merezco un castigo espantoso...., el castigo de los parricidas.....

—¡De los parricidas! —esclamó el negro.

—¡De los parricidas, sí —dijo en voz dolorida la infeliz demente... —¡Yo maté á mi madre!!! —y luego lanzando un grito añadió: —¡Ay! no... no es posible... no es posible... ¡Calumnia!... Calumnia de un maldito fraile. ¡Dios mio! ¡Dios mio! ¡qué angustias son estas!.. ¡Ah! por piedad... condúceme á morir.

—¡No!... ¡no!.. —esclamó con resolucion el negro —¡no morirás! y al decir esto arrojó en el suelo como fuera de sí el puñal que tenia en su diestra. Luego con acento conmovido añadió: —Señorita: ¡valor! vengo á proteger á usted.

—¡A protegerme!... dices bien... Debo espiar mi crímen en el cadalso, porque... el cadalso... pero no... ¿no es verdad que no la maté?... ¡Matar á mi madre!.... yo que la adoraba como á Dios.... ¡Ay!..... ¡qué ganas tengo de llorar! pero no puedo.... no me queda ya una sola lágrima.... mis ojos están secos..... Llorar.... llorar..... debe ser tan dulce como morir..... Soy inocente..... pero no importa..... llévame pronto al cadalso..... En él murió mi padre y era tambien inocente..... Ya nada me interesa en este mundo..... ¡Hasta mi amante me aborrece!... —y al decir esto besó repetidas veces con entusiasmo el medallon y añadió en tono resuelto:— ¡Ea!..... verdugo... al cadalso!

—¡Yo verdugo!... no, no... Míreme usted bien —y giró la luz de la linterna hácia su rostro. —¿No me conoce usted? Soy Tomas, el pobre negro Tomas...

—Tomas... sí... es verdad.... el criado de la marquesa.... ¿No me pegarás, no?... ¡me duele tanto todo el cuerpo!..... y ademas... ¡tengo un hambre!... Ya no hay pan allí... Tú no me pegarás como aquellos dos hombres feroces que querian robarme esto..... —y enseñó el medallon. —¡Ah!... primero me dejaré matar. Robarme mi único consuelo —y volvió á besar el medallon.

—Señorita, sosiéguese usted.... este pobre negro tiene mejor corazon que los blancos. A mí tambien me mataron á mi padre como antes he dicho, y aunque he jurado vengarme, no quiero derramar sangre inocente. Me han encargado quitar á usted ese medallon; pero lejos de eso, desde ahora me declaro protector de usted. De poco podrá servir la proteccion de un esclavo; pero cuando tratan de maltratar á usted....... de hacerla morir de hambro., algo podrá valer mi celo. Conserve usted en su poder esa inja que tanto desprecia... los hombres y... que... esos hombres blancos, esos hombres civilizados, vuelvan á pegar á usted... Tomas, este pobre negro, este pobre esclavo por civilizar no perderá á usted de vista, y no solo impedirá que... acabe á usted inhumanamente... sino que partirá con usted su comida para que no perezca de hambre.

Sacó el negro Tomas una pequeña navaja que tenía en el bolsillo del pantalon... cortó en dos mitades la vela de la linterna... y provisto de luz sin dejar á Maria á oscuras... desapareció precipitadamente... sin que el carruaje de la puerta...

Maria sola... empezó á pasearse meditabunda por el cuarto...

De repente observa el puñal que maquinalmente había arrojado al negro en un movimiento de exaltación. Lo recoge, lo besa, y se abandona á las siguientes reflexiones:

De... Un puñal... El cielo me... sin duda esta arma bienhechora para dar fin á mis tormentos... Mi padre...

y la pobre loca llevó su mano izquierda al pecho.—Dios, que me envia este instrumento mortífero, dirigirá mi diestra, y el golpe será certero. Pronto habrán acabado todas mis males... pronto dejaré de existir.

De repente soltó María una estrepitosa carcajada, y después con horrible sonrisa añadió:

—¡Qué chasco para mis verdugos!.... para esos hombres desnaturalizados que me pegan sin compasion, y nunca acaban de matarme, porque se gozan en eternizar mis tormentos! Cuando vuelvan para martirizarme de nuevo, seré ya insensible á sus golpes. Este puñal me habrá salvado.... ¡Oh! ¡cómo reirán!....

Al decir esto prorumpió la infeliz en nuevas carcajadas.

Abrióse de improviso la puerta del cuarto, y María solo tuvo tiempo para esconder el puñal entre los pliegues de una especie de túnica de lienzo burdo que era su único abrigo.

—Soy yo, señorita—dijo el negro Tomas.—Soy yo que le traigo á usted un poco de alimento. Está frio; pero no importa... mañana comerá usted caliente la mitad de mi comida.

María devoró en un momento aquellos pocos desperdicios de la cena de los criados de la marquesa. El buen negro Tomas dióle en seguida un poco de vino que la infeliz demente bebió con avidez. Contempló luego como absorta á su bienhechor, y arrojándose en sus brazos, permaneció en ellos sollozando y sin poder hablar. Lloró por fin, vertió abundantes lágrimas, y exhalando un profundo suspiro, esclamó:

—Estas lágrimas me dan la vida. ¡Hacia tanto tiempo que no podia verterlas! ¡Qué delicioso es el llanto para un corazon oprimido!

—Vamos, vamos, señorita—repuso Tomas.—¿A qué viene ahora eso? ¿Qué provecho ha de hacerle á usted el alimento?

—¡Oh! me ha sabido muy bien—dijo en voz alegre María.— Tenia necesidad de ambas cosas, de comer y de llorar. Tú has derramado un bálsamo consolador en mi corazon.

No parecia sino que la desgraciada jóven hubiese recobrado su juicio. Esto era natural. Todos los dementes tienen ciertos intervalos en que no dan el menor indicio de su locura y vuelto suele acontecer con mas frecuencia cuando se les trata con humanidad; y por mas que algunos doctos órctros hayan creído indispensable el uso del revenque para la curacion de tan grave dolencia, no titubeamos nosotros en calificar aquel de absurdo cruelísimo esa inhumanidad que degrada al hombre y le confunde con los irracionales. Imposible parece que tan atroces crueldades se consientan en pais alguno donde haya siquiera un leve asomo de civilizacion. Estos infamantes medios que envilecen á la vez á la víctima, al verdugo, y al gobierno que los tolera, deben quedar para siempre desterrados, no solo de las casas de locos, sino de las filas del pundonoroso ejército, en donde acaso por un leve desliz háse visto apalear á un valiente hasta el estremo de hacer brotar de su cuerpo esa preciosa sangre que los descendientes del Cid solo deben verter en los campos del honor defendiendo la libertad del pueblo, su independencia y soberanía. Prohíbase tambien en las escuelas ese abominable castigo, que aveza al hombre desde sus mas tiernos años á una insensibilidad brutal que le hace incorregible. Solo con juzgar que semejante degradacion conduce á un fin laudable, se hace una ofensa terrible á la humanidad, que por fortuna no está tan empedernida como el corazon de sus opresores. Podrán los azotes atemorizar á un loco; pero jamás hacerle entrar en razon, como es fácil que suceda haciendo uso de tiernas amonestaciones en aquellos momentos de calma que hasta los mas frenéticos y furiosos esperimentan. Hablaremos mas adelante en pró de estos seres desgraciados que yacen en Madrid en deplorable abandono, é indicaremos los medios que tiene el gobierno en su mano para hacer mas llevadera la amarga situacion de unos infelices, que tratados como reclama la ilustracion del dia, acaso muchos de ellos volverian á ser útiles á la sociedad.

. . . .

—¿Quién eres tú?—preguntó María á Tomas con toda la ternura de la gratitud—¿quién eres, que así te interesas en favor de una desgraciada que á nadie inspira compasion?

—Señorita—respondió Tomas—soy un pobre esclavo, que como usted, ha perdido en este mundo todas sus esperanzas. Si usted se digna escucharme, le contaré en breves instantes mi historia.

—Sí, mi buen amigo, cuéntame tus pesares. ¡Es tan dulce la

284

llar almas compasivas en quienes depositar los secretos del corazon... Yo me he visto hasta ahora privada de este consuelo bienhechor. Habla, Tomas... ¡Pobre Tomas! ¡tú tambien eres infeliz!

—Oiga usted, señorita.

Y Tomas refirió su historia en los términos que se verá en el
capítulo siguiente.

CAPITULO XX.

HISTORIA DEL NEGRO TOMÁS.

Fatigada María, sentóse en su cama, junto á ella, en la única silla que había en su cuarto, el negro Tomás, quien refirió su historia del modo siguiente:

—Dios llama bárbaros y salvages, señorita, á los que hemos nacido en África.... pero cuando sepa usted lo que me han hecho sufrir los que nos insultan con semejantes apódos, esos hombres que hacen alarde de civilización y cultura, estoy seguro que se estremecerá usted y conocerá quiénes son los verdaderos bárbaros.

Yo, señorita, nací en una humilde cabaña construida de palmas, á orillas del mar, por mis padres oficiosos, que se amaban tiernamente, y me profesaban á mí el mismo afecto como único fruto de su amor. Crecí entre sus adorables caricias, y nada faltaba á nuestra felicidad. El campo nos daba sabrosísimos frutos, y la pesca y la caza, al paso que nos servían de diversión, vigorizaban nuestros cuerpos, y nos proporcionaban abundancia y diversidad en los manjares. Mientras mi madre cuidaba de aderezar el alimento, de asear la cabaña y desempeñar otras labores propias de su sexo, mi padre y yo recorríamos los vecinos montes ó las inmediatas rocas, y rara vez dejábamos de volver á nuestro hogar contentos y bien provistos, no solo para satisfacer las propias necesidades, sino para remediar algunas veces á los infelices mendigos que imploraban nuestro socorro. Y porque así ejercíamos la beneficencia, porque enjugábamos el ageno llanto, porque desconocíamos esa civilización que enseña al hombre á fingir, á ser ambicioso, egoísta y cruel, nos apellidan bárbaros.

—Es verdad—esclamó María.—Los europeos hacen alarde de su decantada civilización, pero esta civilización es una mentira donde se ultraja impunemente á la virtud, y donde solo medran los malvados. Prosigue, Tomas, prosigue.

—Tan halagüeña felicidad no podía ser duradera. Una enfermedad dolorosa me privó de la mejor de las madres, y dejó á mi anciano padre sumergido para siempre en la amargura..... Todos mis afanes y desvelos por mitigar su dolor eran inútiles; pues cuando le dirigía las palabras de consuelo que me dictaba el amor filial, solo alcanzaba que se arrojase á mis brazos, me inundase de besos y prorumpiese en acerbo llanto.

—¡Pobre anciano!—esclamó María enternecida; y viendo que una lágrima brillaba en la negra megilla de Tomas, pasó por ella su descarnada mano en ademan de afectuosa compasión.

—Mi sino, señorita, me tenia predestinado á sufrir aun mas crueles infortunios. Dormíamos un dia pacíficamente en nuestra solitaria choza, cuando de improviso nos despierta el clamoreo de espantosa algazára, y vemos entrar de tropel multitud de europeos. Nos atan á entrambos estrechamente, y por medio de un barquichuelo con que habian desembarcado, nos conducen á un buque espacioso, en donde gemían hacinados, centenares de infe-

licos que habian sido arrebatadas, como nosotros del hogar domésticos, pero algo mal, señorita, porque no todos gemian..... muchos de ellos eran ya cadáveres.

—¡Cadáveres! —dijo María horrorizada.

—Si, señorita—continuó Tomás.—Los civilizados europeos
tratan á los hombres que no son de su color como si fuesen irracionales ú objetos inanimados. De cada diez de nosotros formaban un apretado lio, y á la manera que suelen estivarse los far-
dos de las mercaderías, nos apiñaban en todos los vacíos del buque.

—¡Esto es horroroso—esclamó María.

—Así hicimos el viaje de algunos dias—prosiguió Tomás.—
Figúrese usted, señorita, si no es mil veces preferible la muerte
á tan inaudito padecer. La mitad eran ya cadáveres..... Habian
muerto ahogados!.... Los que por desgracia vivíamos aun, inun-
dábamos los aires de lamentos aterradores, mientras los civilizados europeos hacian burla de nuestros gemidos, hablando de sus
lucros y de sus especulaciones, ó se embriagaban apurando bote-
llas de ron con alegres y desaforados brindis. Uno de los tormentos mayores que sentíamos era la sed..... la sed que nacia de
la horrible calentura que nos devoraba, y bebíamos con ávidez
nuestras propias lágrimas mezcladas con el sudor que arrancaba á
nuestras frentes el martirio.

María, que escuchaba con notable sensacion los espantosos sucesos que el negro referia, no hacia mas que enjugar las lágrimas del pobre esclavo; pero sus ojos estaban otra vez secos, y
parecia que envidiase el consuelo que debia producir el llanto en
el corazon de aquel desdichado.

—Tomás, razon—le dijo con ternura—tambien te han hecho
padecer atrozmente los verdugos; pero á lo menos puedes llorar.... Yo... lloré antes..... y sentí un alivio celestial. Prosigue,
amigo mio, prosigue.

—Llegamos por fin á la Isla de Cuba.

Interrumpiremos por un rato la relacion del negro Tomas,
porque juzgamos esta digresion de suma importancia para presentar datos históricos que justifiquen las atrocidades que el esclavo refiere... atrocidades que se tendrian por exageradas ó in-
verosímiles, si el abominable comercio de negros recientemente

cer al corazon mas empedernido.

La Isla de Cuba, fértil y espléndida, soberana de todas las Antillas, es la llave del golfo mejicano; pero su régio ropage cubre el cáncer de la codicia. Su fértil territorio ha producido tesoros inmensos; pero estos tesoros han hecho y crecido á ¡la pobre de la humanidad envilecida! Los productos de la Isla de Cuba ¡no han tenido mas riego que el sudor, las lágrimas, y la sangre de los negros!

Para que se vea, repetimos, que en los padecimientos que relata el negro Tomaz no hay exageracion alguna de ninguna parte, creemos que nuestros lectores leerán con gusto algunos párrafos que há la exacta descripcion del tráfico de negros, hemos sacado el Fénix, elegante periódico que se publica en Valencia bajo la direccion de nuestro ilustrado amigo don Rafael de Carvajal, y párrafos que hemos encontrado muy conformes con lo que sobre esta materia han escrito el aleman Kotzebue; el presbítero inglés Robertson y el célebre francés Chateaubriand, como prueba de que en las naciones que marchan al frente de la civilizacion europea ha resonado siempre enérgica la voz de la humanidad.

Examinada la cuestion sobre el terreno, caeríamos en resultados tristes, y sin poderlo evitar se escribe el nombre de la Isla de Cuba al lado de Haití y de Jamáica, por mucho que se desvíe de ilusiones y por espacioso que se ofrezca el campo de las esperanzas. Como quiera que sea, hace ya muchos siglos que varones ilustres en santidad y letras habian procurado, á fuer de buenos españoles, poner coto á este comercio de sangre humana, que siempre ha repugnado la civilizacion y contra el cual han clamado siempre los hombres mas distinguidos de todos los paises civilizados. Renunciando, pues, nosotros de esta cuestion importante, tantas veces presentada, discutida y terminada, por fin, despues de largos debates y de luchar con encontrados intereses, nos limitaremos á dar una sucinta reseña de este tráfico escandaloso, y de las costumbres particulares de los negros de nuestras Antillas.

Figuraos una playa abrasada por los ardientes rayos del sol, y allí hacinados bajo miserables chozas, hombres robustos, mugeres débiles y niños casi recien nacidos, guardados como dareis bien, crueldad por cierto, hasta que den en ellos capital á comprarlos y trasportarlos á remotos climas para ser destrozados por la fatiga y los trabajos mas árduos y penosos. Generaciones enteras se han sucedido unas á otras sin interrupcion en las abrasadas costas del Africa, y unos han muerto sobre los restos de los otros, sin que su suerte haya mejorado jamás, aunque nuestras sábias leyes que rigen en nuestras Antillas han sido mucho mas benéficas á esa raza desgraciada que las que en otros tiempos ha planteado en sus posesiones americanas otro pueblo, que se llama orgullosamente el protector de la humanidad. Arrebatados, pues, del país que les vió nacer, arrojados de sus chozas, y separados violentamente unos de otros, los individuos de una misma familia, los negros eran conducidos al fondo de un buque, cuya tripulacion, adusta como el mar en su bravura, é intrépida al mismo tiempo como el pensamiento que la impelia á emprender esta carrera peligrosa y aventurada, los trataba con crueldad, amontonándoles unos sobre otros, sin aire, sin luz, sin esperanza: Allí confundidos los sexos y las edades arrebataba la muerte á algunos de ellos, y sus cadáveres tal vez servian de almohada á los vivos; tal vez la madre tenia que reclinar la cabeza junto al cuerpo muerto de su hijo. Alguna vez sucedia que ó por casualidad ó por industria conseguia un negro salir de las escotillas del buque, cuando este atravesaba un mar agitado por la tempestad, y se lanzaba en sus olas espantosas, prefiriendo aquella muerte prematura y horrible á la suerte que se le preparaba sobre el hermoso suelo de América. ¿Faltábales acaso á estos pobres esclavos el sentimiento de los recuerdos y una idea sobre el porvenir? Aquí recordamos un pasage de las memorias del P. Dutertre, misionero de las Antillas, en que hace una pintura de las costumbres de los negros con tal sensibilidad é ingenuidad que cautivan el alma. «Se ha visto, dice, en la Guadalupe una jóven negra tan persuadida de la miseria de su condicion, que jamás pudo reducirla su amo á que se casáse con un negro que le presentaba...... Esperé que el sacerdote le preguntase (en el altar) si queria al jóven designado por su marido, y entónces respondió con una fortaleza que nos llenó de admiracion: no, padre mio, yo no quiero á ese ni á ningun otro, me contento con ser yo sola miserable, sin dar hijos al mundo, que acaso fuesen mas infelices que yo, y cuyas penas me serian mas sensibles que las

I.   37

mias-propias.» Siempre permaneció en su estado de soltera, y se la llamaba ordinariamente la *Doncella de las Islas*.

«Aportados los negros á las costas de Cuba, algunos conseguian escapar á las cumbres del Cuzco, donde se albergan los negros que se evaden de las fincas y son llamados *cimarrones*. Cuando se fuga un negro de una finca, se dice: hoy se *agachó* fulano; espresion harto propia y significativa. El mayoral, único blanco que dirige á su albedrío ochenta ó mas negros, parece no fijarse en aquella ocurrencia; pero pasados dos ó tres dias sin que el cimarron caiga en manos de algun *guajiro*, quien lo presenta á su dueño reclamando la gratificacion señalada al efecto, análoga á la de nuestros campesinos cuando matan un ave de rapiña, monta á caballo, y precedido de uno ó dos canes de buena ley, se engolfa por la espesura del monte. Sus fieles perros le sirven de guia, olfatean maravillosamente la huella del cimarron, y al fin dan con la gruta donde se alberga ó con el árbol entre cuyas ramas se oculta, ya compungido y lloroso, ya con la lengua fuera y el lazo en la garganta, pues cierta raza de negros vive en la creencia de que ahorcándose resucitan en el pais que les dió cuna.»

«No es posible que un mayoral vigile por sí solo á la *negrada* esparcida en diversos puntos de la finca y ocupada en distintos trabajos: súplele un *contra mayoral*, negro de su confianza, y como no hay cuña peor que la de la misma madera, fácil es presumir que sus compatriotas no tendrán motivos para estar contentos de su amabilidad y blandura. Oprimidos bajo esta bárbara vigilancia, si se fatigan alguna vez, les anuncia un terrible latigazo que aun no ha llegado la hora del reposo. Con frecuencia se ven en los campos á muchas negras llevando á la espalda á sus hijos en improvisados cuévanos, que no son otra cosa que un pedazo de lienzo tosco, acaso para iniciarles desde niños en la miseria de la servidumbre que les aguarda, ó tal vez para que la inocencia y las lagrimas de aquellas inocentes criaturas sirva á sus cuerpos de escudo contra la implacable cólera del amo. Tienen tambien sus danzas, y sus dias de holgura; pero en cambio los negros cuentan largas horas y largos dias de infortunio, que no es posible contemplar sin un profundo sentimiento. Concluida la fiesta cada negro ocupa su puesto en torno del trapiche y en los demas puntos de la *casa caldera*; y mientras las cañas esprimen su dable jugo, todos los presentes atraen las yuntas de bueyes uncidas como las mulas de las norias. En seguida les suceden en esta operacion los negros, dando principio á una penosa faena que no ha de interrumpirse en cuatro meses, durante los cuales cada negro dormirá cuatro horas al dia, y no cesará de perderse en los aires el encendido humo de las chimeneas, ni de hervir en las anchas calderas el guarapo y el melado, ni de oirse el lúgubre canto de los negros, cuyos lentos compases marca á veces el chasquido del látigo que agita el mayoral con formidable mano. Cierto es que en nuestras colonias se ha dado en general un trato menos bárbaro que en otras posesiones á los desgraciados individuos de esta raza malhadada, pero eso no impide que su suerte haya llamado desde casi la conquista de las Américas la atencion de todos los hombres eminentes que apreciaron, como debian, los preceptos del Evangelio y las máximas de una política no insidiosa ni vil. ....

«Pero á pesar de tantos siglos de reclamaciones y de justicia solo ha podido conseguirse la prohibicion del tráfico de negros, cuando una potencia no ha necesitado de sus brazos para sus colonias, y cuando en sus intereses mercantiles ha convenido presentar por medio la filantropía del siglo XIX, para abolir un comercio altamente inmoral y repugnante. Por fin se ha conseguido, cualesquiera que hayan sido las miras de los que la han procurado, y nosotros nos felicitamos por haber visto establecida esa abolicion en nuestros dias.»

....

«—Llegamos por fin á la Isla de Cuba,—dijo Tomas.—Arrojaron al mar los cadáveres, y á los que aun vivíamos nos compró un rico comerciante que tenia millares de esclavos, para la elaboracion del azúcar y otros efectos que producian sus inmensas posesiones. Allí empezó para nosotros otra série de sufrimientos. A un trabajo insoportable uníanse los mas inhumanos castigos, toda suerte de privaciones, y un alimento mal sano ademas de insuficiente para saciar el hambre. ¡Allí asesinaron á mi padre!......

El negro Tomas tuvo que suspender la relacion de sus desgracias. Despues de algunos sollozos, enjugó las lágrimas con la tela de las mangas de su camisa, y añadió:

—Sí, señorita, esos hombres que tanto blasonan de civilizacion, asesinaron á mi padre á palos!

—¡A palos!... — esclamó María. — ¡Qué horror!

—Le dieron cincuenta palos porque el pobre viejo no pudo un dia hacer el mismo trabajo que los jóvenes, y de resultas de este castigo..... murió!!!... Yo juré entonces vengar esta muerte matando á cuantos blancos me fuese posible. Este golpe asolador sobre tantas desgracias hízome caer gravemente enfermo, por lo que viéndome inútil para el trabajo, me puso el amo en venta y me compró un capitan de navío. Tres años estuve en este buque y me hice el mejor nadador de la tripulacion. Mi suerte no mejoró, porque se me daba tambien un trato cruel. Siempre conservé el mismo ódio á los blancos y el deseo de vengar á mi padre. Un dia estábamos en la bahía de Cádiz, cuando amagaba la atmósfera un temporal horroroso, y antes que arreciase, conociendo yo que si el buque se perdia nadie podria salvarse, di barreno al casco por dos ó tres partes, y antes que el temporal desarrollase todo su furor, me lancé al agua, y con mucho trabajo llegué á tierra, desde donde contemplé con singular dulzura el primer goce de mi venganza. No se salvó uno solo de los blancos de aquella tripulacion.

El negro pronunció estas palabras con una sonrisa feroz, y prosiguió:

—Estuve algunos meses en Cádiz, donde tuve proporcion de dar pasaporte para el otro mundo á otros varios blancos; pero aun no está satisfecho mi deseo, porque un padre vale mucho, señorita, y todo hijo que tenga sangre en las venas, debe tomarse cumplida venganza cuando han asesinado bárbaramente á su padre.

—Tienes razon, negro, tienes razon... — esclamó María abriendo convulsivamente sus grandes ojos que parecian querer saltarse de sus órbitas.

—Vine á Madrid, y hace un año que estoy en esta casa buscando ocasiones de matar blancos. Entré aquí con intencion de matar á usted, señorita; pero al saber que tambien han asesinado á su padre, me declaro protector de usted, y me encargo de buscar á los asesinos..... Me uniré á usted, señorita, para buscarles....

—Sí, negro, les buscaremos..... y les hallaremos.... ¿no es verdad que les hallaremos? ¡Oh!... sí!... morirán!...

—Así lo confio. Ahora, acuéstese usted, y.... reserva sobre todo.... si quiere que sea completa nuestra venganza.

El negro Tomás desapareció con las luces, cerrando la puerta.

María se tendió en la cama con el puñal en una mano y el medallon en la otra.

Cansados su imaginacion y su espíritu, durmióse la infeliz por fin, repitiendo:

—¡Venganza! ¡Venganza!... ¡Ven... gan...za!...

. . . .

. . . .

Tres dias habíanse pasado desde que el negro Tomas habia relatado su historia á María.

La marquesa de Turbias-aguas, viendo que el negro tampoco habia podido conseguir apoderarse del medallon de la loca, habia dado la órden de quitar la cama de su cuarto y reducir aun mas la racion de pan y agua, su único alimento, intimando á la desgraciada jóven, que cuando buenamente entregase el medallon, se le daria comida abundante y una buena cama como la que antes tenia.

No sabía la marquesa que el negro Tomas, cuando estaban todos acostados, no solo proporcionaba algun alimento á la loca, sino que introducia en su cuarto el colchon que tenia él en su cama, para que la pobre jóven no durmiese en el suelo, de modo que lejos de debilitarse, habia recobrado parte de sus antiguas fuerzas.

Viendo este singular resultado despues de tres dias, la digna cómplice de fray Patricio no tuvo paciencia para aguardar mas, y con arreglo á los deseos del maldito fraile, resolvió hacer entrar aquel mismo dia á su cochero y á su lacayo con sendos látigos para arrebatar á todo trance el medallon de la demente.

Llegó el momento fatal, y los dos feroces instrumentos de la marquesa, dispusiéronse á egecutar con todo rigor las sangrientas órdenes de aquella furia diabólica.

Entró primero el lacayo en el cuarto de María.

—Dame el medallon—gritó en tono brusco y ademan amenazador.

—No—respondió María con resolucion.

A esta respuesta descargó el estúpido lacayo un latigazo sobre

María. Esta infeliz se retorció de dolor lanzando un prolongado chillido, y permaneció temblando convulsivamente.

— El medallon — repitió aquel verdugo.

Levantó nuevamente el látigo para descargar sin piedad un segundo golpe; pero entonces María, veloz como el rayo y mas frenética que nunca, haciendo rechinar los dientes de rabia, precipitóse contra su verdugo que cayó herido de varias puñaladas, y revolcándose por su sangre, se arrastró hasta la puerta lanzando moribundos gritos, con el puñal todavía clavado en el corazon.

A fray Patricio y á la marquesa de Turbias-aguas, les sobrevino que esta horrorosa escena pasase desapercibida, y él efecto tomaron las convenientes disposiciones, resolviendo tambien, en vista de que habian sido inútiles todos los esfuerzos, conducir á María al hospital general y despedir al negro Tomás, contra quien empezaban á concebir sospechas, al ver que nadie mas que él podia haber proporcionado el puñal á Turbias.

CAPITULO XXI.

VERBENA DE SAN JUAN.

El 23 de junio de 1836, después de media noche, la berlina de la marquesa de Turbias-aguas, con algunos criados á las órdenes de fray Patricio, conducia á esta desventurada jóven al hospital general. María estaba furiosamente frenética: solia aullar como una loba. Para evitar escándalos, habíase elegido aquella hora de la noche, en que rendida de los contínuos y furiosos accesos que la acometian durante el dia y de los horribles latigazos con que se la castigaba, su ánimo abatido solia entregarse, no al pacífico sueño, sino á una febril y aletargada intermision. Ma-

ria habia perdido ya el conocimiento. Estaba loca rematada. Gritaba que queria ir á ver á su amante, y esta idea les favoreció
para hacerla subir en la berlina.

Este grupo de verdugos acaudillados por un fraile, que conducia su víctima á una oscura mazmorra, contrastaba con el bullicio y general alegría que reinaban en todo Madrid, particularmente en la plaza Mayor y en el Prado.

Ya tienen noticia nuestros lectores de la vastísima llanura del
famoso paseo del Prado; pues bien, la plaza Mayor de Madrid
empezada á construir en 1619 durante el reinado de don Felipe III, bajo la direccion del arquitecto Gomez de Mora, y terminada en 1621, tiene 434 piés de largo, 334 de ancho y 1536 de
circuito. A pesar de tan prolongadas dimensiones, inmenso gentío
bullia por todas partes, y agitábanse mil grupos que se cruzaban
en distintas direcciones por las calles de Madrid, siendo el Prado
y la plaza Mayor los principales puntos de descanso, si descanso
llamarse puede el del individuo que se desgañita entonando seguidillas al son de la bandurria, ó baila que se las pela mientras toca el barbero con su guitarra el sandunguero fandango ó la jota
aragonesa.

Un grupo de jóvenes atravesaba la plaza Mayor entonando
el himno de Riego, y dando vivas á la libertad, siguiendo su curso hasta el Prado.

«Paso, paso, que viene la retreta» gritó una voz, y viéronse
llegar como otros veinte mozalvetes de frac ó levita. remedan-
do cada uno con la boca su bélico instrumento, llevando perfectamente el compás, precedidos de un travieso jorobado que con
su enorme roten pavoneábase á estilo de tambor mayor. Otro ostentaba en alto su sombrero á manera de farol, que completaba
la ilusion.

El egercicio filarmónico gutural de estos *dilettanti*, secábales
á menudo el garlito de tal modo, que era indispensable tomar de
vez en cuando un refrigerio, para poder continuar la socorrida
diversion que tantos y tan agradables lances tenia para aquellos
pisaverdes en agraz.

Apoderáronse como por asalto de los frasquetes de diversos
licores que habia en la mesa mas inmediata, porque se sabe que
en las verbenas de Madrid, son indispensables ornatos de los

tios donde se celebran, los puestos de bollos, tostaos, anisete, rosa, noyó y marrasquino; y después de remojar lindamente el gaznate y armar una de cajas y clarines con la vendedora sobre el precio del consumido licor, siguieron su marcha marcial mas entusiasmados que nunca.

En el Prado era donde principalmente se aglomeraban todas las cuadrillas de gente alegre, y debe decirse en obsequio de los honrados habitantes de Madrid, que ni un solo lance desagradable suele turbar en semejantes noches el general regocijo á que se entregan las masas trabajadoras de un pueblo virtuoso, que contempla en estos inocentes solaces una tregua á sus sufrimientos, que le da aliento para sobrellevarlos con heróica resignacion.

Mil músicas resonaban á un tiempo por todas partes, voces

chillonas de entusiasmadas mugeres, alternaban con los varoniles acentos de ciertos trovadores de infatigable pulmon, con los agudos silbidos con que algunos manolos solian anunciar su aparicion en la fiesta, con el incesante repiquete de las castañuelas y con los gritos de los aguadores que deseaban aligerar el peso de su carga.

El bombo del *tio Vivo* dejábase oir acompasadamente en medio de la general algazara, y los columpios de esta notabilidad madrileña estaban animadísimos. En nada se conoce la *viveza* del *tio Vivo* como en la eleccion tanto de su descansado y lucrativo oficio, como de los sitios á propósito para sus espectáculos. Con un bombo, platillos y clarinete que meten ruido mientras corren sin alcanzarse media docena de corceles, que no comen ni le hacen gasto ninguno, porque son de la misma casta que los santos de los altares, saca el *tio Vivo* el producto de su viña, muy santa y divertidamente.

Esta agitacion estrepitosa, tomó de repente un carácter singular. Empezaron las gentes á ponerse en fuga en todas direcciones, sin que nadie supiese el motivo de tan repentina alarma.

El mas leve incidente suele á veces producir este resultado.

Solo un gallardo jóven quedóse aislado á la entrada del salon mirando hácia la fuente de Neptuno, cuando una especie de espectro que parecia salir de su tumba arrojóse á sus piés.

Era una muger cuyo pálido y ensangrentado rostro tenia casi enteramente oculto bajo su larga y desordenada cabellera. Esta pobre muger despavorida, buscó el amparo de aquel jóven, porque la seguian dos hombres armados de látigos. Era la pobre María que al bajar de la berlina, á la puerta del hospital, habíase escapado de las garras de sus verdugos.

—¡Quieren matarme! ¡quieren matarme esos hombres!—esclamaba con ronca y fatigada voz.

Todo su cuerpo temblaba convulsivamente.

El bizarro jóven tenia asida á la infeliz niña con el brazo izquierdo, y empuñando bien su baston con la diestra, púsose en guardia.

Dos criados llegaron corriendo en pos de María en ademan hostil; pero al arribo del primero, dióle el jóven tan recio golpe en la cabeza, que le hizo rodar por el suelo.

—¿Qué pretendeis hacer con esta infeliz?—preguntó el jóven á aquellos hombres.

—Tenemos órden de conducirla al hospital general. Está loca.

—Quieren matarme esos hombres—repitió María, con voz ronca y desfallecida—quieren matarme. ¡Siempre me pegan!..... ¡me hacen tanto mal!... No quiero ir con ellos... quiero ir contigo..... tú no me pegarás... ¿Tú me salvarás, sí?.

—Sí, hija mia, bien, yo te acompañaré—dijo el jóven—y nadie te pegará.—Volviéndose luego bácia los lacayos añadió:

—Vamos al hospital general: allí se averiguará todo.

Dirigiéronse al hospital general. María iba siempre agarrada del brazo de su jóven protector.

Llegaron á la puerta, donde habia un hombrecillo gordo y

algunos empleados del establecimiento. Hablaron estos con el jóven, y convencido este de que efectivamente aguardaban á aquella muger que estaba loca, se la entregó.

María no queria desprenderse del brazo de su protector. Se la arrancaron á la fuerza....

El hombrecillo gordo... era fray Patricio.

—Señor don Luis de Mendoza — dijo — ya está vengado.

—¿Qué dice usted? — esclamó atónito don Luis.

—La muger que acaba de traernos es... María.

—¡María!!!

—Sí, María que está loca. No es estraño que no la haya conocido. Sus escesos y mala conducta la han transformado en cadáver. Los aullidos que lanza incesantemente han enronquecido su voz.

— ¡María loca!

— Sí, se ha vuelto loca, porque el amante que le proporcionaba todo el lujo en que vivia, conoció que habia sido tambien engañado y la abandonó. Por compasion héme encargado yo de conducirla al hospital. Usted me ha ayudado á consumar este acto caritativo. Mil gracias, señor don Luis.

Una sonrisa infernal asomó á los lábios de fray Patricio. Subió en la berlina y desapareció.

FIN DE LA PARTE SEGUNDA.

PARTE TERCERA.

LA VIRTUD Y EL VICIO.

CAPITULO PRIMERO.

EL HOSPITAL GENERAL.

En 1748 construyóse el suntuoso edificio de este asilo piadoso al fin de la calle de Atocha por disposicion de don Fernando VI, bajo la direccion del ingeniero don José Hermosilla y Sandoval. Continuóle Sabatini en el reinado de Carlos III, y este es el dia en que no se ha dado cima al grandioso proyecto que en un principio se concibió, pues sobre un solar inmenso, en cuyo centro debia construirse la iglesia, habian de quedar ocho patios espaciosos. Concluyóse el principal en 1781: tiene 134 piés de largo y 80 de ancho. Las enfermerías divididas en salas de inmensa capacidad gozan de una ventilacion á propósito, y los facultativos destinados á la asistencia de los enfermos, son de los mas entendidos de Madrid. Recíbense, y se trata con humano celo á cuantos se presentan con herida ó calentura, y aunque mucho ha hecho la Junta Municipal de Beneficencia para aliviar la suerte de tantos desgraciados, restan por hacer grandes reformas que la humanidad doliente reclama con imperio. El establecimiento de una casa de maternidad y otra de locos, no debe dilatarse un momento, cualquiera que sea el estado de los recursos con que cuente la Junta para las infinitas atenciones de tan vasto establecimiento, porque si sagradas son todas, no es justo abandonar al olvido las que acaso con mas urgencia demandan los generosos esfuerzos de todo corazon sensible y filantrópico. Ya lo hemos dicho, nos referimos á la demencia y á la maternidad.

Si crecidos son los gastos, crecidos son tambien los recursos que producen las cuantiosas rentas del Hospital. El arriendo de la Plaza de Toros, los impuestos sobre los teatros, el producto de las fincas, legados y limosnas, dan mucho de sí; pero aun cuando todo esto no alcance para remediar males que no deben prorogarse un momento, acúdase al celo é ilustrada filantropía del Ayuntamiento, y de esas sumas que tan sábiamente se emplean en el hermoseo de los paseos públicos, dando trabajo á las clases menesterosas, puede muy bien distraerse alguna parte para atender á tan sagrados objetos.

Jamás censuraremos el afan de la autoridad por aumentar el ornato público; que es verdaderamente uno de los mas seguros termómetros de la cultura de las naciones; pero la discrecion, el tino y el acierto están en saber pesar diestramente las necesidades para atender á la que mas urgente aparezca. Poco importaria, por egemplo, que á los señores elegantes se les hubiese retardado la mejora de los magníficos faroles del Prado, para que luzcan su lujo al resplandor de brillantes reverberos, si juntando la cuantiosa suma á que esta mejora asciende, con otros arbitrios de semejante naturaleza, y aplicándolos á la humanidad doliente, se salvaban esos infelices á quienes debe una autoridad celosa prodigar toda su predileccion, por la misma razon de que son infortunados, menesterosos y desvalidos; por la misma razon de que están enfermos y desnudos. Ya que se atiende á la mayor comodidad y recreo de los ricos, es razonable y justo que no se desampare á los pobres.

Deber es de las autoridades visitar con detenimiento los establecimientos de beneficencia, á fin de enterarse minuciosamente de su estado, para introducir en ellos las reformas que se juzguen convenientes, y elevarlos á un grado de perfeccion que nada tenga que envidiar á las mas civilizadas naciones.

Hemos sabido con satisfaccion que la Junta Municipal de Beneficencia se propone realizar y hubiera realizado ya, á permitirlo la escasez de sus fondos, las mejoras que imperiosamente reclama el lamentable estado de los dementes y de las salas de presas y de maternidad. Pero estas mejoras se retardan ya demasiado, y es verdaderamente aflictivo que todo en el Hospital general respire órden, buena administracion, limpieza y aseo, menos el espantoso departamento destinado á las infelices que adquieren el glorificado título de madres y á los desdichados en quienes el peso de su desgracia ha originado alguna desorganizacion mental. Situado en lóbregos subterráneos, adolece de todas las malas condiciones higiénicas que imaginarse puedan, aun cuando de intento quisieran disponerse, por manera que los infelices enfermos, y en particular los dementes, no pueden recibir la asistencia que sus padecimientos reclaman.

Esto es desgarrador, y sin embargo, la falta no es de la Junta de Beneficencia ni de la direccion del establecimiento; depende de que la competente autoridad, mas aficionada á distraerse de sus graves tareas en el perfectamente iluminado salon del Prado, y aspirar las aromáticas brisas del botánico jardin, que el aire infecto de los hospitales, olvida estas necesidades apremiantes, que solo pueden remediarse facilitando á la Junta locales á propósito para establecer en ellos una casa de locos y otra de maternidad.

Es escandaloso, es irritante, es altamente criminal, que cuando tan buenos establecimientos de beneficencia hay en todas las naciones cultas para la asistencia de los dementes, no tengamos en la capital de España mas que oscuras mazmorras donde encerrarlos como fieras.

En una de estas mazmorras, María la hija de un jornalero, cadavérico el semblante, los ojos desencajados, desgreñado el cabello, ensangrentadas sus largas uñas, y envuelta en asquerosa túnica, llena de roturas, estaba forcejeando como una tigre los hierros que la encerraban, dejando oir mal articuladas palabras entre alaridos que hacian estremecer.

Entre tanto, pasaba una escena tierna en otro departamento.

Una muger arrodillada ante un hombre besábale las manos con gratitud.

. . . .

. . . .

. . . .

Se acordará sin duda el lector que el 15 de mayo, dia de San Isidro, la carretela de la marquesa de Turbias-aguas, en que iba la interesante María, atropelló á su buena madre la ciega Luisa, en términos, que aquella misma noche tenia á la cabecera de su cama un sacerdote que la ayudaba á morir. Se acordará tambien el lector que despues de haberla suministrado un medicamento, la pulsó el facultativo y dijo al sacerdote: «Padre, ya puede usted retirarse... son inútiles las exhortaciones de usted.»

En efecto, las exhortaciones del religioso, no solo eran inútiles, sino perjudiciales, porque habiéndose mejorado la enferma en términos de hallarse ya fuera de peligro, los gritos del celoso ministro del altar amilanaban el espíritu de la paciente, que mas que semejantes exhortaciones, necesitaba consuelos de esperanza y salvacion que reanimasen su decaído aliento.

En breves dias se puso la enferma en estado de ser trasladada al Hospital general, en donde gracias á la buena asistencia, sanos medicamentos, esmero y sabiduría del facultativo que cuidó de su curacion, tan entendido en medicina como en cirujía, y uno de los mas famosos oculistas de Madrid, la ciega Luisa no solo habia recobrado la salud, sino que habiendo sufrido la operacion de la catarata, que su facultativo le hizo con singular destreza, empezaba á ver todos los objetos, si bien para perfeccionar su curacion llevaba ciertos vendages y anteojos de un verde oscuro que la impedian distinguirlos con toda claridad.

Era la muger, que postrada á los piés de su salvador le . . . . mente las manos, mientras don Antonio de Aguilar (que así se llamaba el buen facultativo), haciendo esfuerzos para levantarla, esclamó:

—¿Qué hace usted, señora, por Dios........! qué hace usted? No merezco yo esos estremos.....! al cabo no he hecho mas que cumplir con mi deber.v....y es preciso que procure usted reprimir esos transportes.... que no son por cierto nada favorables al buen éxito que debemos prometernos en la completa curacion de usted.

—¡Ay señor! —dijo Luisa alzándose del suelo y sentándose en un banquito junto al doctor —¡cuánto le deberé á usted!...... Por usted vuelvo á la vida, por usted volveré á ver los hermosos rayos del sol que todo lo vivifican.... y me gozaré en contemplar esos prodigios de la naturaleza, prodigios inmensos, llenos de ostentacion y encanto, que revelan la existencia y supremo poder del Criador. ¡Ay, amigo mio! ¡cuán horrible es la oscuridad! ¡cuán desgarradoras son esas tinieblas perennes para un pobre ciego en los momentos en que otras criaturas celebran las maravillas de la naturaleza! ¡cuánta resignacion ha menester el infeliz que se ve privado de la vista! ¡cuán dolorosa es esta resignacion!

—No piense usted mas en eso, hija mia. Afortunadamente ha recobrado usted ese don precioso que Dios nos concede para que contemplemos toda la grandeza de sus creaciones, y no debe usted ya afligirse por las amarguras pasadas.

I.

—Tiene usted razon, don Antonio, tiene usted razon. ¡Es usted tan bueno!..... Seria una necedad... seria negra ingratitud en mi no seguir los consejos de usted. Ya estoy tranquila. Mire usted, ya no me acuerdo de lo pasado, ni quiero abandonarme á las sensaciones de mi próxima felicidad. ¡Oh! ¡qué grande va á ser mi felicidad! Me espera un dia..... ¡qué dia tan feliz!.... tiene usted razon en decir que las alegrias son perjudiciales á la salud....... porque... ¡bendito sea Dios!... cuando llegue ese dia venturoso.... me voy á morir de placer... porque cuando vea á mi Anselmo... cuando vea á mis hijos, no me saciaré de contemplarles.... les estaré mirando siempre... siempre... y entonces..... ¡Oh! entonces se habrán cumplido todos mis deseos... nada importa que me muera de gozo...... ¡Mas ay! otra idea triste me aflige á pesar mio. ¡Dios sabe si volveré á ver á María!....... ¡Abandonó nuestra casa en la mayor miseria...... y habrá muerto de hambre y de frio en algun rincon!...

—¡Buen modo por cierto —esclamó el facultativo— de cumplirme la promesa de no afligirse! ¿Tendremos que reñir hoy?

—No, no, por Dios —dijo con sincera bondad Luisa— yo no quiero reñir con nadie...... y con usted mucho menos. Ademas, usted me ha hecho concebir mil veces la esperanza de recobrar á mi hija María, así como he recobrado la vista y la salud. Usted es mi ángel de salvacion, ¿y habia de reñir con usted? Míreme usted —añadió Luisa sonriéndose bondadosamente— míreme usted bien... ¿no es verdad que tengo la cara alegre? ¡Estoy tan contenta! ¿Cómo no he de estarlo? Usted me asegura que mi esposo saldrá en breve de la cárcel porque se justificará su inocencia, y que entonces permitirá usted ya que vengan mis hijos, y estos inocentes vendrán con su padre á buscarme para volver á nuestra casa, quedando á cargo de usted proporcionarnos trabajo á todos. Es usted muy generoso... Anselmo, aunque no puede hacer grandes fuerzas con el brazo derecho, puede dedicarse á ciertas labores... y luego...... como recobre yo la vista...... Tengo tambien la esperanza de encontrar á María, porque es tan buena y laboriosa...... Seguramente se le habrá proporcionado una buena colocacion, y el dia menos pensado sabremos que es feliz. Bien lo merecen sus virtudes, señor médico, y no lo digo porque sea hija mia; pero reune todas las buenas cualidades que á su edad pueden apetecerse.... sobre todo.... ¡es tan linda!.... ¡tan honrada! Dios no la abandonará..... ¡Oh! sí, seguramente es feliz.... me lo dice el corazon, y espero que de un momento á otro tendré la dicha de abrazarla..... de verla..... ¡de verla! ¡Dios mio! ¡Dios mio!.... ¡Usted no sabe á qué punto llega la felicidad de una madre cuando contempla los encantos de sus hijos!

—Sí, sí, buena Luisa—dijo el doctor—todo, todo saldrá á medida de nuestros deseos.

Y conociendo que la enferma hablaba mas de lo regular, impelida seguramente por algun resto de calentura, despidióse de ella encargándole que le seria muy conveniente un rato de reposo.

Luisa se metió en su aseada cama, y durmió con el sosiego de una conciencia pura y tranquila, arrullada de esperanzas lisonjeras.

CAPITULO II.

EL JARDIN.

En un recinto de no grandes dimensiones, cercado de una elegante verja de hierro, la inteligencia y buen gusto de una de las mas amables criaturas de la aristocrácia madrileña, parecia haber reunido todos los encantos de la naturaleza.

Vistosísimos grupos de galanas flores hábilmente colocadas en pequeñas divisiones, enrejadas de juncos á modo de graciosos canastillos, embalsaman el aire de un aroma celestial. Estas flores encantadoras, entre las cuales descuellan los jacintos de Persia y las francesillas de Irlanda, vénse rodeadas de una magnífica alfombra de fondo verde esmeralda, que guarda la mas perfecta armonía con los variados y vivísimos matices que de los canastillos se ostentan, y á manera de laberinto, deja estrechas callejuelas cubiertas de tierra arenosa, que se cruzan en todas direcciones.

Hay en el centro de este ameno vergel una pila circular, en medio de la cual se vé un hermoso cisne de blanquísimo mármol, que alzando altivo su dilatado cuello, parece querer arrojar al cielo un chorro de agua cristalina, que se deshace á cierta altura y cae sobre sus alas cual copioso rocío de perlas orientales.

Cuatro frondosos sauces de Babilonia colocados simétricamente, vénse retratados en el fondo de aquella límpida superficie, que quedaria inmóvil como el cristal de un espejo, si el halago de las brisas no la embelleciera con pequeñas ondulaciones, por entre las cuales juguetean y se revuelven multitud de pececillos de color de fuego, salpicados de plata, oro, nácar y coral.

Cuatro magníficas estátuas también de mármol, que representan las estaciones, ocupan los cuatro ángulos del jardin. Vénse de trecho en trecho rústicos bancos con respaldos de arrayan moruno graciosamente recortado, entoldados de pomposa enredadera, que defendiendo aquellos deliciosos asientos de los rayos del sol, hace que se aspire en ellos deliciosa frescura.

Entre dos de estos agradables bancos que estaban en el fondo del jardin, y á los cuales se llegaba por una calle orillada de plantas damasquinas y bellísimos rosales de Bengala, habia una pajarera espaciosa, primorosamente construida de cuatro pilares de mármol que sustentaban el alambre diestramente entrelazado en forma de grande jaula.

Habia en su centro un copado naranjo, cubierto de esquisita fruta que brillaba como el oro, y exhalaba deleitoso perfume.

Toda clase de pajarillos revoloteaban en aquella dulce prision. Confundíase allí el canderon conexion con el pintado gilguerillo, la tortolilla con la inocente paloma. Todas cantaban alegres, cuando al alzar sus pechos abrasadores hacia arriba

recinto de amor y de inocencia. El trino del gilguero, las modulaciones del canario, formaban armonía con el arrullo de la paloma; el triste gemido de la tórtola contrastaba con el delicado con-
trapúnto del celoso ruiseñor.

El reloj del alcázar de los reyes de Castilla acababa de dar las
dos de la tarde.

Era uno de los primeros dias del estío, y aventajaba en hermosura á los mas apacibles de la primavera.

Mas linda que la diosa de las flores, sentada en el rústico sofá de la derecha, ataviada con delicadeza esquisita, con un libro
en la mano, veíase una muger agraciada, cuyo espresivo rostro res-

plandecía tanta bondad como belleza, interrumpir su lectura de vez
en cuando para contemplar estasiada los encantos de aquel sitio,
sintiendo el gozo de aquellas aves dichosas, con suficiente

libertad para ser felices, al paso que estaban á cubierto de los lazos crueles y del mortífero plomo del cazador.

Esta muger sensible, era la baronesa***, tipo encantador de la verdadera nobleza.

La baronesa*** tenia veinticinco años de edad; pero su rostro angelical conservaba toda la lozanía que ostenta una jóven candorosa en sus quince primaveras. Era blanca como el jazmin, y esta blancura se armonizaba divinamente con su cabellera de un color castaño asaz oscuro. Sus ojos azules eran el emblema de su carácter dulce y caritativo. Candorosa sonrisa asomaba en sus encendidos lábios, que hacia nacer sendos hoyos en el carmin de sus megillas, que daban á su rostro una gracia indefinible. Podrian aplicársele los siguientes versos de Melendez :

¿Sabes, dí, quién te hiciera,
idolatrada mia,
los graciosos hoyuelos
de tus frescas megillas?
¿Esos hoyos que loco
me vuelven; que convidan
al deseo y al lábio
cual copa de delicias?
Amor, Amor los hizo,
cuando al verte mas linda
que las Gracias, por ellas
besarte quiso un dia.

. . . .
. . . .

Su natural talento robustecido por una educacion esmerada, dedicábase con singular predileccion á proyectos filantrópicos que sabia llevar á cabo con benévola constancia. Hé aquí porque era amada y respetada de cuantos la conocian; y los desvalidos hallaban siempre en ella una madre cariñosa, que consolaba sus amarguras y remediaba sus infortunios.

—Señora —dijo una doncella que acababa de llegar á donde estaba la baronesa.

—¿Qué hay, hija mia? —preguntó con dulzura su ama.

—El marquesito de Bellaflor pregunta si puede pasar adelante.

—¿Para qué me? ¿No sabes que es persona de cumplimiento?... Dile que tenga la bondad de bajar al jardin.

Desapareció la doncella, y no tardó en presentarse don Luis de Mendoza.

Al verle dijo la baronesa con amable jovialidad:

—¡Vamos, vamos, Luisito, qué olvidados tiene usted á sus buenos amigos! Hacia un siglo que no se dejaba usted ver por acá.

—No lo estrañe usted, baronesa...... Ciertas desazones me han quitado mi natural buen humor—respondió don Luis—y he temido que mi tristeza incomodase á los demas.

—¿Desazones usted?—replicó la baronesa.—¿No sabe usted que los males se mitigan en el seno de la amistad? Pero ya que es usted reservado, me guardaré muy bien de querer penetrar en el sagrado de sus secretos.

—No merece la pena, amiga mia. Afortunadamente han cesado ya los motivos de una afliccion sin consecuencias.

—Mucho lo celebro, porque no puedo yo ver padecer á nadie, y las desgracias de un amigo como usted, me son mas sensibles aun.

—¡Es usted tan buena!..... Pero sosiéguese usted, amiguita, ya no me aflige pena alguna..... ¿Y quién puede ser desgraciado al lado de usted?

Aquí soltó la baronesa una graciosa carcajada; no una de esas carcajadas sarcásticas y burlonas que lanza la coquetería: la risa de la baronesa era hija de bondadosa indulgencia.

Convencido don Luis de que María le habia engañado, de que era una jóven disoluta que no merecia su amor, y á quien la prostitucion habia sumergido en el horrible estado de demencia en que se hallaba, debia olvidarla para siempre, y sin embargo, tan ardiente habia sido su pasion, que no podia verla infeliz, y habia dejado órden en el hospital para que se la cuidase con esmero y se le suministrase cuanto su estado exigiese, saliendo él garante del pago de todos los gastos. Don Luis creia á María culpable y.... la compadecia..... estas es la venganza de los pechos generosos... la compadecia; pero no podia amarla.

En este estado se esforzaba en entregarse á su habitual jovialidad..... en dedicarse á sus antiguas conquistas amorosas, y aquel sitio solitario... apacible..... romántico si se quiere...... la presencia de una muger llena de atractivos...... su amabilidad esquisita,... todo le escitaba á ensayar uno de aquellos triunfos el frenético amor que á María profesaba le habia hecho olvidar. Y no hay que estrañar esta metamórfosis, no, ni deben sentir las mugeres que sus queridos hayan sido enamoradizos en otro tiempo, porque los que vagan de flor en flor como las mariposas, si una vez llegan á amar de veras, aman hasta la muerte, y viven solo para el único objeto de su pasion.

—Don Luis queria volver á representar la mariposa inconstante, y la baronesa era una flor demasiado hechicera para que dejase de rendirla el homenage debido.

—¿Con que no se puede ser desgraciado al lado mio?—dijo la baronesa jugueteando con el libro que en la mano tenia.—Vea usted una cosa que me llenaria de orgullo..... si no conociera que lo dice usted por mero galanteo.

—Lo digo porque lo siento así. Créame usted, hermosa baronesa, en ninguna parte me juzgo tan venturoso como á su lado, y si mereciese de usted una sola palabra do esperanza...

—¡Esperanza!... ¡Qué loco es usted!... Efectivamente veo ahora que ha recobrado usted su antiguo buen humor.

—Hablo con formalidad... Sepa usted que la quiero..... que.....

—Pues yo tambien á usted—dijo la baronesa riéndose con donosura.—Pues no faltaba mas sino que nos aborreciésemos...:... ¡Dios nos libre!... A mí me basta que sea usted amigo de mi amado esposo, para que le quiera á usted y sea usted tambien amigo mio.

—¡Qué cruel es usted!... No le basta á usted despreciar mi amor, es preciso que haga mofa de él.

—¡Otra vez!

—Otra vez y otras mil diré á usted que la amo...... que la adoro...

—¿Pero ignora usted, Luisito, que estoy casada?

—Casada, sí, con un hombre que no sabe apreciar el tesoro que posee...

—¿Quién dice eso?

—Su conducta... siempre buscando nuevos amores...

—Es el defecto que tienen ustedes todos los hombres, y hay que pasar por ello. A nosotras no nos queda mas que un medio de corregir á nuestros maridos.

—Imitar su conducta ¿no es verdad?

I.   40

—¡Qué disparate! Al contrario.,.... enseñarles la buena senda no desviándonos jamás de la virtud. Yo me he propuesto corregir así á mi querido esposo, y lo conseguiré.

—Si él la amase á usted como yo la amo..... porque la adoro á usted con una pasion inestinguible.....

—¡Ay! ay! ay! ¡qué mal lo hace usted! Para decir esto debió usted haberse arrodillado... ¿No es verdad que este jardin es á propósito para representar una escena amorosa? Formalmente, Luisito... ¿á cuántas ha hecho usted la misma declaracion?

—A ninguna. Usted es la única belleza que cautiva mi corazon.

—¡Silencio!... Mi hermano se acerca —esclamó la baronesa; y con aire grave, lleno de adorable dignidad, añadió:—No sea usted niño... ni me hable mas en esos términos... si algo vale para usted la conservacion de mi amistad—Y alzando mas la voz, dijo en tono graciosamente festivo:—¡Oh! tiene usted razon, amigo mio..... el dia es hermoso... no puede mejorar.... ¡así están mis florecillas tan lozanas y tan alegres mis pajarillos!..... Tampoco el calor es estremado.....

Don Luis de Mendoza, á pesar de su carácter atrevido y despejado, bajó la vista, y mientras un nuevo personage se aproximaba á aquel sitio por entre los rosales de Bengala, se entretenia el marquesito en hacer cruces maquinalmente con la contera de su baston en el arenoso suelo, hasta que el saludo del recien llegado le distrajo de tan edificativa tarea.

—Hermano mio —dijo la baronesa —tengo el gusto de presentarte al marquesito de Bellaflor, uno de los mejores amigos de mi esposo.

—¡Bellaflor!..... mi satisfaccion es tanto mas completa cuanto que á la amistad que profesa este caballero á tu esposo, reune prendas recomendabilísimas —esclamó el recien llegado.—Su beneficencia raya á una altura que le hace mucho honor en estos tiempos de egoismo y avaricia. Sabe, hermana mia, que el señor está actualmente haciendo grandes gastos para que nada escasee en la curacion de una jóven, muy linda por cierto, que entró el otro dia en el hospital. Yo..... ya se vé, como médico que soy de aquel establecimiento, estoy bien enterado de todo.

—¡Oiga! ¿tan generoso en favor de una jóven linda?—esclamó la baronesa en tono irónico y significativo.

Don Luis se quedó sin contestar. Un carmin encendido veló de repente su turbado rostro. Despues de algunos instantes de silencio, dijo con forzada sonrisa mirando á don Antonio:

—No estrañen ustedes mi turbacion..... este caballero me confunde con elogios que no merezco.—Luego, lanzando una tímida mirada á la baronesa, añadió:—Se trata de una pobre muchacha que se ha vuelto loca... hija de una familia indigente...

—En efecto—repuso don Antonio—es una pobre muchacha á quien, por lo que he podido traslucir, ha vuelto loca la inconstancia de su amante. Creo haber acertado el método de curacion, pues en pocos dias he notado grandes progresos, y espero que estará en breve en disposicion de poderme esplicar el orígen de sus males. Por ahora solo penetro que ha sido engañada por algun tronera. Tal vez usted, señor marquesito, podria darme algunos informes sobre el particular.

—Yo..... la verdad...—dijo don Luis lleno de turbacion...—solo he tenido noticias de que esa muchacha, seducida acaso por malas compañías, habíase entregado á una vida depravada..... Supe casualmente que el desenfreno de su conducta produjo el estado de demencia que la aflige... y me basta que sea desgraciada para que la socorra.

—Eso es muy laudable—esclamó la baronesa en tono conmovido.

Don Luis estaba como en ascuas. Esta conversacion era para él un tormento insoportable. Mil contrarias sensaciones desgarraban su corazon, y determinando abandonar aquel sitio, sacó su reloj, fijó en él la vista y esclamó tartamudeando:

—Es mas tarde de lo que creia..... Baronesa, á los piés de usted.

La baronesa hizo un gracioso saludo, don Luis y don Antonio se cruzaron una mirada inclinándose profundamente, y mientras se alejaba el primero, dijo el médico á su hermana:

—Emilia, ese jóven es un tronera.

—Algo hay de eso—respondió la baronesa—pero tiene buen corazon.

—Acaso no tanto como te figuras.

—¿Cómo así?

—Escucha: ese jóven es el seductor de la infeliz niña demente.

—¿Qué me dices?

—Sí, Emilia, no me queda la menor duda. No solo me lo han indicado así algunas palabras incoherentes de la pobre víctima, sino un medallon que nadie ha podido arrebatar de sus manos á pesar de haber empleado para ello los mas atroces castigos; pero usando yo para con aquella desventurada criatura una conducta benéfica, he logrado cautivar su cariño y merecer su confianza. Me llama *el otro padre*, porque seguramente el suyo la habrá amado mucho; pero cuando se acuerda de él, se enfurece y habla de los verdugos que le asesinaron.

—Eso es horroroso...—esclamó la baronesa enjugándose las lágrimas.—¿Y es cierto que su padre haya sido asesinado?

—No; pero está preso por causas políticas, y en los tiempos que corremos ningun hombre de bien está seguro en su casa.

En efecto, Anselmo *el Arrojado* permanecia aun en la cárcel. Aquella voz siniestra que oyó María el dia en que fray Patricio la visitó en casa de la marquesa de Turbias-aguas, aquel acento espantoso de un ciego que anunciaba *la causa y sentencia de un reo en capilla*, óyese por las calles de Madrid desgraciadamente con harta frecuencia; pero el reo que iba á subir al cadalso no era entonces el padre de María, aunque así quiso dárselo á entender el abominable mónstruo que en vano intentó seducirla.

—Lo mas particular..... y no parece sino que la Divina Providencia lo haya dispuesto así.....—dijo don Antonio—es que la madre ha venido á parar en el hospital, y tiene otros hijos en San Bernardino.

—¡Desgraciada familia!

—Muy desgraciada en efecto. La madre estaba enteramente ciega; pero tambien he sido afortunado en su curacion. La infeliz llora la pérdida de su hija; pero en el estado en que se hallan ambas, lejos de unirlas, es preciso separarlas si se quiere lograr la salvacion de una y otra. Querida hermana, las desventuras de esta pobre familia me han interesado de modo, que me he propuesto no solo apurar todos los recursos del arte, como mi obligacion lo ordena, sino hacer toda suerte de sacrificios para aliviar su malhadada suerte.

—Dame un abrazo, hermano mio—esclamó la baronesa enternecida.—Tu resolucion me llena de placer.

—Ya sabia yo que no dejarias de acojer propicia mis proyectos. Habia pensado hacer trasladar á la pobre demente á mi casa; pero ya sabes que vivo solo, que no tengo doncellas que pudiesen cuidarla con esmero, y este paso que daria acaso márgen á la murmuracion, porque has de saber que se trata de una jóven estremadamente linda, á pesar de los estragos que ha hecho en su rostro la horrible enfermedad que padece.

—No hables mas, Antonio—te comprendo—esclamó la baronesa con sincera alegría.—Cuando gustes iremos los dos en busca de la pobre demente. ¡Oh!... yo soy muy envidiosa..... quiero hacer tanto como tú en favor de esas pobres gentes..... quiero, en una palabra, que esa niña me llame *la otra madre*. Pero ¿cómo sabes que ha sido víctima de la seduccion del marquesito de Bellaflor? ¿Estás seguro de ello?

—Olvidábaseme el decírtelo. La confianza que yo inspiro á la infeliz, y el temor que tiene á los que la castigaban de un modo infame para arrebatarle el medallon, como he dicho antes, la indujo á hacerme depositario de esta joya, y cada vez que me ve exige que se la enseñe; entonces la besa, y derramando copiosas lágrimas, contempla el retrato que encierra..... este retrato es el del marquesito de Bellaflor.

—¡Será posible!.... Pues bien, lo primero que hay que hacer es rehusar las dádivas de ese jóven, arrancadas por los remordimientos. ¡Ah! no perdamos tiempo. ¿Cuándo vamos por esa desgraciada?

—Haz que mañana á las once esté lista la carretela. Adios, Emilia.

—Adios, hermano mio, hasta mañana á las once.

. . . .

Hemos dicho ya que la baronesa*** era el tipo de las bellezas de la aristocracia madrileña. Nosotros que con tanta energía censuramos á los que á la sombra de sus riquezas y de sus títulos se enaltecen hasta mirar con desprecio á las clases menesterosas, no podemos menos de tributar elogios á las personas de elevada posicion que no se desdeñan de tender una mano generosa al desvalido. Esto prueba que nuestros asertos son hijos de la conviccion, que la imparcialidad guia nuestra pluma, y que solo acatamos nobleza en los sentimientos de virtud, y grandeza de alma en los que moralizan la sociedad, y dando un abrazo fraternal al pobre, socorren sus urgencias y le abren una senda de honor y de prosperidad.

En prueba de que hay en la aristocracia de Madrid almas benéficas que contrastan con los corrompidos cortesanos, con los palaciegos aduladores, con los ambiciosos venales, con los fátuos envilecidos que solo respiran ignorancia, perversidad y orgullo, citaremos de nuevo los actos de la JUNTA DE BENEFICENCIA DOMICILIARIA. Esta asociacion filantrópica, compuesta de señoras de la mas distinguida nobleza, está prodigando beneficios á los pobres de Madrid. Ocho mil ciento treinta y cinco socorros se han repartido en un año entre las diez y seis parroquias de la córte. Establecióse ademas un taller de labores, y docientas cincuenta y seis *mugeres* se matricularon y empezaron á trabajar, desde la pobre anciana cuya escasa vista no le permite hacer mas que la calceta ordinaria, hasta la jóven que cose con primor una camisa. Tanto número no podia contenerse en un local pequeño por necesidad, pues la escasez de fondos destinados á este objeto, no permite pagar sino un módico alquiler. Muchas de las pobres tampoco podian abandonar su casa, donde cuidaban algunas á sus padres enfermos, otras á sus hijos peqúeños, ó tenian que esperar á sus maridos que volvían de sus faenas á comer un pótaje preparado por ellas y ganado con tanto trabajo. La caridad nunca es desconfiada, y así la directora del taller no tuvo inconveniente en repartir prendas de ropas á todas las que deseaban trabajar en su casa, sin mas precaucion que la de anotar en un libro el nombre, habitacion y prenda que entregaba á la pobre que la pedia; y habiéndose entregado mas de mil cincuenta y seis piezas de ropa para hacerlas fuera del taller ¡no se ha ostraviado una sola! todas las han devuelto; ¡todas las mugeres han cobrado el valor de su trabajo!

CAPITULO III.

LAS PRIMERAS INVESTIGACIONES.

El hermano de la baronesa, don Antonio de Aguilar, reunia á su talento como facultativo, una amabilidad seductora y una bondad de carácter que le impulsaban, como á su digna hermana, á sacrificar sus intereses y su reposo en obsequio de los desvalidos. Así es que la desventurada familia de Anselmo *el Arrojado,* habia cautivado su generoso corazon. A través de las apariencias que condenaban á aquellos desgraciados, penetraba don Antonio que todos los infortunios que pesaban sobre ellos tenian su orígen en alguna trama infernal que se propuso descubrir.

Con este objeto dirigióse á San Bernardino después de la visita que hizo á la baronesa, y encargó á la persona competente *que diese las* órdenes oportunas para que los hijos de la ciega

Luisa fuesen tratados con el mayor esmero y consideracion, ínterin llegaba el caso de sacarlos de aquel asilo, indicando que probablemente no tardaria.

Pidió igualmente permiso para conferenciar á solas con ellos

á cuyo efecto se le hizo pasar á un aposento solitario, en donde aparecieron en breve los tres hijos de Anselmo.

El mayor, de edad de doce años, era Manuel, á quien conocen ya nuestros lectores. Su hermanita tenia ocho años y se llamaba Rosa, era bastante parecida á María, y Joaquin era el nombre del niño menor que apenas tenia cinco años de edad.

Todos ellos corrieron precipitadamente á besar la mano de la persona que les aguardaba, porque se les habia dicho que les traia buenas noticias de su madre; pero don Antonio les recibió en sus brazos y dió un beso á cada uno, con afecto verdaderamente paternal.

—¿Cómo está madre?—esclamó el mayor con los ojos arrasados de lágrimas, que hacia brotar en ellos la alegría.—¿Es verdad que nos trae usted buenas noticias de su salud?

—Sí, hijos mios—respondió enternecido don Antonio.

A esta contestacion asomó en los lábios de aquellos inocentes una sonrisa adorable, fiel espresion de la mas pura alegría. Los dos mayores se cruzaron una mirada de satisfaccion y se abrazaron, mientras el menor espresaba su regocijo, dando repetidos saltos y batiendo las palmas de sus tiernas manecillas.

—¿Por qué no la has traido contigo?—Preguntó Joaquin con candorosa sencillez.

—¡Cuántos deseos tenemos de verla!—esclamó Rosa.

—¡No nos permiten visitarla!—dijo Manuel en tono de amargura.—¡Esto es una crueldad!

—Tranquilizaos, hijos mios,—repuso el médico afectuosamente.—Los que os han prohibido ver á vuestra madre, lo han hecho porque convenia asi á su salud. Ahora que está ya mucho mejor, no tardareis en verla, porque dentro de pocos dias estará enteramente establecida y podreis abrazarla. Entonces os reunireis para no separaros jamás. ¿No veis, hijos mios, como es mejor así? ¡Y yo estoy seguro que entonces será vuestra dicha completa.

—Es verdad, señor, es verdad—dijo Manuel con cierta espresion indecible de gozo y de tristeza—seremos muy dichosos al lado de nuestra madre... pero.... nada sabemos tampoco de padre y de nuestra hermanita mayor.

—Al decir esto enjugóse Manuel algunas lágrimas que se deslizaban por sus megillas.

—Vamos, vamos, querido, no hay que afligirse—dijo el médico acariciando á Manuel.—Dios es justo y no desampara jamás á los que confian en su misericordia. Yo espero, que dentro de breves dias estareis todos reunidos en vuestra casa.

—¡En nuestra casa!.....—esclamó con alegría Manuel.—Esta seria una felicidad que no me atrevo á crear. ¡Somos tan desgraciados!...

—¿Cómo os llamais, hijos mios?—preguntó don Antonio en tono de cariño.

—Yo me llamo Manuel—respondió este—para lo que guste usted mandarme. Mi hermanita, Rosa. Y...

—Y yo Joaquinito—añadió el hijo menor de Anselmo, tirando del frac del médico.

—¡Perfectamente!—esclamó don Antonio.—Ya no me acordaré de vuestros nombres, amiguitos, porque habeis de saber os quiero mucho, y que no tardaré en volver á visitaros. ¿Y vosotros, ¿me quereis?

—¡Oh! sí, muchísimo — dijo Manuel besándole la mano.

—¿Nos trae usted noticias de madre y no habíamos de quererle? —esclamó Rosa con adorable candor.

—Yo tambien te quiero mucho — dijo Joaquin — pero quiero
que me acompañes á ver á mamá y á papá... y á mi hermanita
María... porque quiero abrazarles y darles muchos besos.

—Muy bien, muy bien, Joaquinito —respondió enternecido el
doctor.— Otro dia vendré á buscaros y os traeré dulces, y todos
juntos iremos á ver á papá, á mamá y á la hermanita.

—Mira que no nos engañes....... —esclamó Joaquin con angelcal franqueza.—Y cuando vengas por nosotros, no te olvides de
los dulces, porque quiero llevárselos todos á la cieguecita. Mi
mamá está ciega, la pobrecilla, y cuando yo sea grande como
Manuel, la acompañaré de la mano para que no tropiece. A mí
me gustan mucho los dulces; pero los guardaré todos para mamá.

—Segun eso —replicó el médico, á quien embelesaba la sencillez de aquel niño —¿quieres mas á mamá que á papá?

—Yo quiero lo mismo al uno que al otro — respondió Joaquin sin vacilar un instante —pero como papá no está ciega...

—Dígame usted, señor —dijo Manuel interrumpiendo á su
hermanito —¿será cierto que veremos á nuestros padres y hermana?

—Así lo espero — respondió don Antonio.

—¿Ya sabe usted que mi pobre padre está en la cárcel?

—Lo sé, Manuel, lo sé; pero confío que resultará inocente,
y en este caso no podrán menos de dejarle en libertad.

—Está inocente, sí señor, está inocente.

—¿Cómo lo sabes, hijo mio?

—Lo sé.... lo sé... porque mi padre es muy bueno... es muy
virtuoso..... aborrece toda clase de delitos..... ¡Oh! yó lo aseguro... mi padre no puede ser criminal.

—¿Pues por qué motivo se le ha encarcelado?

—¿Qué sé yo?.... El dia en que María se separó de nuestro
lado en busca de colocacion...... porque en casa nos moríamos todos de hambre..... viendo que era tarde ya y que no volvía mi
hermana, estábamos todos en la mayor zozobra. Llamaron por fin

á la puerta, creimos que era ella..., volé á abrirla..... No era ella, señor; era un agente de la justicia que con fuerza armada, vino á prender á mi padre. Se lo llevaron y lo encerraron en la cárcel de Córte. Pusiéronle, después en comunicacion, y el primer dia que iba mi pobre madre á verle.......¡á verle! he dicho mal..... ¡no podia la infeliz disfrutar de tamaña ventura!..... El dia en que por primera vez iba á visitarle, fué la desdichada atropellada por un coche. Volviéronla moribunda á esta morada....... trasladáronla despues al hospital general, y ni á mis hermanitos ni á mí que nos ha permitido verla mas, prohibiéndonos salir de este asilo, de modo que tambien se me ha arrebatado el consuelo de volver á ver á mi buen padre.

—No culpes á nadie de esta prohibicion, por dolorosa que te haya sido, porque seguramente se ha obrado de este modo en beneficio de tus padres. Tu presencia y la de tus hermanitos, de ningun consuelo podian servir á tu madre en el peligroso estado en que se hallaba. No hubiérais hecho mas que afligirla, involuntariamente por supuesto, lo mismo que á tu padre, pues si se te hubiese permitido ir á verle, ¿cómo hubieras sabido disimular la desgracia que tenia en tan inminente riesgo la vida de tu madre? Y si como era muy presumible, no hubieses tenido bastante serenidad para callar tan dolorosa catástrofe ¿qué hubiera sido de tu padre al saberla? Convéncete, Manuel, de que los que no te han permitido salir de esta casa han obrado por tu bien y por el de tus padres, y en consecuencia, lejos de estar resentido por semejante providencia, debes sin duda alguna agradecerla.

—Yo, señor, no culpo á nadie. Mi padre me ha enseñado á respetar las órdenes de mis superioriores, y lo hago siempre sin murmurar; pero dice usted que mi madre está mejor; ¿Cómo lo sabe usted, señor? Disimule usted mi curiosidad; ¡pero es este asunto tan interesante!.... ¡La salud de una madre adorada, es tan preciosa para un buen hijo!.... Pero ya que usted me vuelve la vida con las hermosas esperanzas que me hace concebir de recobrar á mis queridos padres....... ¿no me será permitido saber á quien debo tantos beneficios?...... ¡Dejé á mi padre en un oscuro calabozo, y me lisonjea usted con la idea de verle pronto en libertad!... ¡Dejé á mi madre moribunda, y me asegura usted que la veré pronto sana entre mis brazos!

...—Sí, Manuel, la veréis........ veréis á tu madre enteramente res-
tablecida... sí, la vereis todos, amables niños..... la vereis, y para
colmo de su felicidad y la vuestra.... ella os verá tambien..... os
VERÁ—dijo el médico con misteriosa espresion de entusiasmo.—
¿No entiendes mis palabras?

—¿Nos verá?... ¿Ciega... y nos verá?.... ¡Qué sospechas!......
¿Seria posible que hubiese recobrado tambien la vista?

—Sí, Manuel, dentro de breves dias verás á tu madre enteramente buena, porque has de saber, hijo mio, que gracias á
la Divina Providencia, no sólo va recobrando su salud, sino su
vista.

—¡Su vista!!!

Es de todo punto imposible describir la alegría que espresa-
ban los animados rostros de aquellos inocentes niños. Hubo un
momento de silencio, en que los hijos del jornalero se miraban
recíprocamente sin saber lo que les pasaba, tal era el asombro y
estraordinario júbilo que habia introducido en sus tiernos corazones la fausta nueva de que su madre no estaba ya ciega.

—Llevadnos — esclamó Manuel tartamudeando de gozo — con-
ducidnos, señor, á la presencia de nuestro bienhechor, del sábio
facultativo que ha curado á nuestra madre. Tened la bondad, si
le conoceis, de acompañarnos á rendirle el homenaje de la mas
sincera gratitud. ¡Dios mio! ¡Dios mio!..... Esto parece un sueño...! No es verdad, caballero, que el facultativo que ha curado á mi madre merece un amor sin límites? ¡Oh!..... ¡yo se lo
prometo! Desde ahora le consagro un lugar predilecto en mi estimacion.

—El facultativo, Manuel, no ha hecho mas que cumplir con
su obligacion... Ha ensayado sus fuerzas... pero el buen éxito se
debe principalmente á Dios.

—Sin embargo... deseo verle.... quiero besar su mano bienhechora..... quiero regarla de lágrimas de amor y de reconocimiento.

—¡Ah!..... ¡no puedo mas!... — esclamó el médico enjugándose los ojos.—Dame un abrazo, hijo mio, y todos mis afanes quedan recompensados.

—¡Cómo! ¿Seria usted...?

—El médico de tu madre.

—a A estas palabras arrojóse Manuel á los piés de don Antonio,

Rosa imitó súbitamente el ejemplo de su hermano, y Joaquin se arrojó en sus brazos. Estas tres criaturas en torno de su protector, formaban un grupo adorable, digno de ser trasladado á la posteridad por el mágico pincel de los Murillos y Velazquez.

Largo rato estuvieron todos sin poder hablar. Pasóse por fin el médico el pañuelo por los ojos, y recobrando su serenidad levantó á los tres hijos de Anselmo, enjugóles las lágrimas y les dijo cariñosamente:

CAPITULO IV.

LOS ASESINOS.

Hacia dos meses que el desventurado Anselmo yacia en la cárcel sin recibir consuelos de nadie.

Se le puso algunos dias en comunicacion después de tomadas las primeras declaraciones. En este tiempo vió dos veces á su hijo mayor, y el dia en que esperaba ver á la pobre ciega su esposa, y que un abrazo suyo mitigase sus acerbos sinsabores, fué el mas doloroso de su oída, porque el feliz momento que con ansiedad aguardaba, no llegó. El día siguiente se le pasó de nuevo en rigorosa incomunicacion, cosa muy frecuente en España, donde parece que se abusa del santo nombre de la justicia para atormentar á los que tienen la desgracia de caer en sus manos, no solo haciendo interminables las causas mas sencillas, sino privando á los infelices presos de todo roce con las personas mas queridas, como si se quisiesen ahogar en aquellas mazmorras, los afectos del corazon, los dulces sentimientos de la naturaleza.

Anselmo no pudo saber ya el motivo de no haber visto á su esposa el dia que la aguardaba, y su desesperacion era horrible.

Pero no bastaba aun esta aglomeracion de amarguras, de atroces padecimientos y humillaciones desgarradoras, era preciso que el militar valiente, el ciudadano honrado, el artesano infeliz á quien se habia encarcelado por una infame delacion, se viese confundido entre los mas abominables asesinos.

. . . .

. . . .

Serian las cuatro de la tarde cuando llegó don Antonio de Aguilar á la cárcel de Córte y supo con dolor que Anselmo estaba incomunicado. Su viaje no fué sin embargo enteramente infructuoso, porque pudo averiguar el nombre del fiscal de aquella causa, y creyó que su mediacion era el mejor conducto para saber su estado y el fallo que pudiera recaer en ella.

Mientras don Antonio se dirige, pues, á casa del fiscal, veamos lo que pasa en el calabozo de Anselmo.

Hemos dicho ya, que el mas cruel tormento para los que por infames delaciones vénse inocentemente encarcelados, es el tener que alternar con repugnantes asesinos.

Mientras el Arrojado hallábase sumergido en profundas y tristes reflexiones, dos entes de asquerosa facha estaban embriagándose con aguardiente. Ambos llevaban grillos en los piés; pero las manos sin esposas, lo mismo que Anselmo, quedábanles libres para conducir sendos tragos á la boca, que saboreaban lindamente entre el humo de sus abultados cigarros de papel y tabaco segundo del Brasil.

Uno de estos personages iba en mangas de camisa, con el pañuelo manchado de sangre, sostenido por un solo tirante su calzon de paño, y pañuelo en la cabeza. Por estas señas conocerá el lector á uno de los héroes de la taberna del tío *Gazpacho*, al *tio*

Curro el carnicero, al hombre atroz conocido en el Lavapiés por el apodo de *el Desalmao*. Este estaba recostado en su capa parda, en aquella húmeda, oscura é insalubre mansion del crimen, fumando su cigarro con la misma impasibilidad que el gran sultan saborea los perfumes de su pipa en el serrallo, muellemente inclinado sobre los mullidos cogines que le sirven de trono. Enfrente del *Desalmao* estaba su digno compañero medio tendido con la misma frescura. Era *Capagallos* el antiguo cortejo y asesino de la esposa de su dignísimo compañero. Había de consiguiente cierto parentesco bastante inmediato entre estos dos *angelitos*, que había enjendrado en ellos cierta recíproca amistad como la que nos cuenta la historia de Pilades y Orestes, es decir, que comían ambos en un anís y no había secretos entre los dos. Hacía unos dos *años que* la suerte habíales separado, pero no habían olvidado por eso su recíproco afecto, así es que cuando el *Desalmao* contaba su historia, como lo hizo ya en la taberna del *tio Gazpacho*, nada espresaba con tanto gusto, como el pasage de la *mojáa* que su *colaborador matrimonial* dió por celos á su comun esposa.

Era ya la caida de la tarde, y aquel recinto de horror recibia escasa luz por una ventanilla asaz alta, enrejada de gruesos hierros y medio velada por negras y tupidas telarañas. En una de ellas habia una mosca enredada, cuyo susurro llamó la atencion del carnicero. A cierta distancia de la mosca habia una araña disforme, que se le aproximaba pausadamente en ademan de querer cebarse en su víctima.

—¿Oyes el susurro de esa mosca?—dijo el *tio Curro* á su camarada.

—¿Qué me importa el zumbido de un insecto?—contestó con indiferencia *Capagallos*.

—Es que como yo he pasado los primeros años de mi juventud entre bonetes y casullas, tengo á veces ciertas aprensiones que me acobardan. Ahora, sin ir mas lejos, se me figura que el demonio nos pone á la vista ese espectáculo.

—¡Qué espectáculo ni qué gaitas!—repuso *Capagallos*.—Arrima los lábios á ese pezon, que no es de rueda de carro; y recobra aliento con la dulce leche que derrama.

Esto diciendo entregaba *Capagallos* la bota al *tio Curro* para que bebiese; pero este, desatendiendo á la invitacion de su amigo, continuó en sus tristes reflexiones.

—Sí—decia—¡la mosca ha caido en la red!....... ¡es la víctima... la araña es el verdugo!..... asquerosa..... negra como los agentes de los tribunales... ¡Dentro de un instante perecerá la infeliz!... Nosotros hemos caido tambien en la red..... ¡Tal vez nos quedan pocos instantes de vida!...

—¡Curro!—esclamó *Capagallos* soltando una solemne carcajada.—¿Qué demonio de disparates estás enjaretando? ¡Por vida del chápiro verde!..... ¿esas tenemos? Un hombre que degüella cuando conviene á sus semejantes lo propio que á sus carneros, se viene ahora con escrúpulos de vieja? ¡Ea! compadre..... ya que se ha vuelto usted mugercilla, tome un poco de este cordial—y le entregó la bota del aguardiente,—y verá cómo recobra su ánimo. ¡Afuera aprensiones!...

—Dices bien *Capagallos*..... Afuera aprensiones...... ¡soy un mentecato!... Mas apurado me he visto mil veces, y he salido siempre campante de todas mis trapisondas. ¿Pero hemos de apurar solos esta gran bota, cuando hay en aquel rincon quien puede ayudarnos?

—Es verdad—repuso *Capagallos* echando una ojeada á Anselmo, y dirigiéndole la palabra, esclamó:—Compadre, si su mercé gusta acompañarnos, con cuatro saltitos de pájaro, gracias á las ligas que ha puesto el carcelero en nuestros calcetines, está su mercé entre nosotros. Es anisete como un almibar, y se le ofrece á su mercé de mil amores, que aunque nos vea en este *estrao*, *semos* gente *honráa*.

Anselmo, que por las primeras palabras de aquellos hombres habia conocido que eran unos malvados, creyó que se degradaria si les daba contestacion y guardó silencio.

—O ese hombre es un gallina que se ha *alelao* porque se ve en la de *poco-trigo*, ó es un filósofo que trata de pasar sus desgracias durmiendo—dijo *Capagallos*.

—En efecto, está durmiendo como un bárbaro. Tanto mejor, así habrá mas aguardiente para nosotros, y podremos hablar con mas libertad, supuesto que nadie nos oye. Venga, pues, un trago—repuso *el Desalmao*—y cuéntame por qué motivo te han traido esta tarde conmigo á *Chirona*.

—¡Chico, si no sé *náa*!...—respondió con pasmosa serenidad el *tio Capagallos*.—Dende el lance aquel de la Pepa...

—Sí......—continuó el *tio Curro* sonriéndose—¿la *mojáa* aquella que diste á mi muger?...

—¡Pues!... Ya ves tú que aquello fué un arrebato involuntario.

—Ya se vé... cuando uno está celoso....... no es dueño de sus acciones.

—Pues, lléveme Dios si desde entonces he cometido una mala accion, porque si he *robao* algunas veces, ha sido por hambre.... y eso la doctrina cristiana dice que no es *pecao*. Una noche que la gazuza me tenia medio muerto, me acerqué á un caballero... y con la mayor cortesía del mundo.... le dige: la vida ó el *dinero*. El pícaro tomó á mal este *saluo*, y levantó el palo para *... trastazo en la cabeza....... Ya se vé.... ¿qué habia de ha-cer?* Eché mano á la navaja y le hice un siete en *la*

Anselmo tenia ya una bastante profunda en la cabeza, porque entre los dos asesinos le habian cogido por los cabellos y le empujaron á la vez contra el suelo, por manera que el choque que dió contra él su cabeza, resonó como si hubiesen dado con un mazo en una piedra. Entonces viéndolos debajo, dijo el tio *Curró*:

Hemos triunfado. Tiene una fuerte herida en la cabeza y no resiste ya el segundo golpe. Levantémosle y le daremos otra sacudida.

Al levantarse los asesinos, creyendo que Anselmo no tenia ya fuerzas para contrarestar las suyas, dió tan terrible puñetazo en la cara á *Capagallos* que le hizo saltar un ojo, y derribando al

tio Curro, sujetóle ambas manos con una de las suyas, mientras con la otra le apretaba rencorosamente el cuello. *Capagallos* sentía un dolor demasiado fuerte para que tratase de socorrer á su amigo, y así como se acobarda el perro de presa después de una cornada del toro que le tira en alto y le deja aplastado en el suelo, amilanóse aquel desdichado sin que le quedase mas aliento que para pedir auxilio á la guardia.

Presentóse la fuerza armada en el sitio de aquella escena; pero ya era tarde. El *tio Curro el Desalmao* era cadáver. Acababa de morir ahogado por la forzuda diestra de Anselmo, padre del infeliz tambor que fué asesinado el 17 de agosto de 1835.

CAPITULO V.

EL FISCAL.

En una habitacion decentemente amueblada estaban dos personas en animada conversacion. Estas dos personas eran fray Patricio y el fiscal de la causa de Anselmo *el Arrojado*. Esta conferencia tenia lugar mientras en la cárcel de Córte ocurría la escena que acabamos de referir en el capítulo anterior.

—¡Mas sangre todavía!—esclamaba en tono compungido fray Patricio.—Esto es muy doloroso, porque al cabo es sangre española la que se vierte, y en mi concepto no debia la ley ser tan severa contra los estravíos políticos.

—Esa, caballero, es una cuestion que debieron dilucidar á su tiempo los legisladores—respondió con gravedad el fiscal;—pero una vez sancionada cualquiera ley, los tribunales deben ser inexorables siempre que de su cumplimiento se trata.

—Con todo—replicó fray Patricio con voz lastimera—los tribunales deben siempre inclinarse mas bien en favor de la clemencia que de la severidad.

—Los tribunales no deben tener mas norte que la justicia—*replicó en tono* solemne el fiscal.

Pero cuando se trata de asuntos políticos,—repuso fray Patricio—opino yo que debiera tenerse presente cuán fácil es á la persona mas honrada cometer un desliz, llevada por la exaltacion de sus ideas.

—Hay mucha diferencia, caballero, de un desliz á un asesinato.

—¡A un asesinato!—esclamó el ex-fraile hipócrita fingiendo el mayor asombro.—¡Imposible parece!..... Un artesano honrado pacífico, que no tenia mas afan que cuidar de su pobre y numerosa familia...

—Pues ese artesano, en quien supone usted tan bellas virtudes, es un asesino.

—¡Un asesino!—dijo fray Patricio santiguándose.

—Sí, su delito está plenamente probado. Catorce testigos oculares justifican, que no solo capitaneó el 17 de julio de 1834 á las turbas que profanaron los templos y asesinaron á los religiosos, sino que por sus propias manos dió muerte á varios de aquellos infelices.

—¡Válgame Dios! ¿Y no pudiera ser eso alguna torpe trama de sus enemigos? ¿No pudiera haber en este asunto alguna delacion infame, alguna intriga infernal de hombres corrompidos, que tratasen de perder á un liberal honrado, á un virtuoso jornalero, para sumir en la desgracia á su desventurada familia?

—Se han seguido todos los trámites que marca la ley, y resulta el crímen plenamente justificado.

—¿Conque no puede haber clemencia para ese infeliz?

—De ningun modo.

—¿Cuál será, pues, su castigo?

—La muerte en garrote vil. Este es el castigo que marca la ley para semejantes casos, y el que no podré menos de reclamar á nombre de la vindicta pública.

—¡La muerte!

Y al hacer esta esclamacion en tono dolorido, el execrable fray Patricio fingia una piedad que estaba muy lejos de sentir su corazon de tigre. Al contrario, la calumniosa y horrible delacion contra el pobre Anselmo, habíase fraguado en el club del Angel esterminador. Los testigos que habian declarado en aquella causa, cometiendo un atroz perjurio, eran todos miembros de esta asominable sociedad; pero para averiguar aquel malvado si el proceso ofrecia el resultado que ansiaba, hábiase presentado en casa del fiscal á fin de informarse minuciosamente de todo, y saber si sus cómplices habian desempeñado bien las instrucciones recibidas en el *Angel esterminador*. Todo iba á medida de sus diabólicos deseos, y el maldito ex-fraile sentia en su corazon la alegría feroz que siente la hiena cuando está devorando á su víctima.

En este momento entró un criado en la sala, y entregó una tarjeta al fiscal, quien dijo despues de leerla:

—Que pase adelante.

Inclinóse el criado y desapareció.

Un segundo despues presentóse don Antonio de Aguilar, y dirigiéndose al fiscal, esclamó:

—Presumo que tengo el honor de hablar al señor fiscal de la causa que se sigue contra un pobre jornalero que se halla preso en la cárcel de Córte.

—En efecto—dijo fray Patricio anticipándose á dar contestacion al recien llegado—este caballero es el digno fiscal de la causa en cuestion, y precisamente en este momento me estaba yo interesando en favor de aquel infeliz.

Aunque fray Patricio acompañó á María al hospital, era desconocido de don Antonio, ni este le habia visto nunca.

—Pues entonces debo decir que me he tomado la libertad de venir con el mismo objeto—dijo don Antonio—porque tengo motivos para creer que cuanto se haya declarado contra el desdichado preso, son infames calumnias. Yo hubiera ido á casa del señor juez, si no se me hubiese dicho que estaba ya la causa en poder del señor fiscal.

A las palabras *infames calumnias* pronunciadas con espresiva indignacion, fray Patricio tembló.

—Si esos motivos son fundados—dijo el fiscal—me holgaré ciertamente en oirlos.

—El hombre á quien se acusa—repuso don Antonio—ha sido toda su vida modelo de honradez, y es incapaz del menor desliz, cuanto menos de un crimen, cualquiera que sea el que se le impute.

—¿Son esos—esclamó con gravedad el fiscal—todos los motivos que tiene usted para probar la inocencia del encausado?

—No tengo mas; pero estoy cierto que es inocente.

Fray Patricio, al oir esto, recobró toda su serenidad, y con la amabilidad que tan diestramente sabía fingir, añadió:

—Eso mismo estaba yo diciendo. Anselmo el *Arrojado* podrá ser pobre; pero su honradez es proverbial, y es de todo punto imposible que haya cometido el horrible asesinato que se le imputa.

—¡Asesinato! —esclamó sorprendido don Antonio.

—Si señor —repuso fray Patricio— se dice que capitaneó las turbas que profanaron los templos y mataron á los frailes el 17 de julio de 1834, y que él mismo asesinó á varios de ellos.

—¡Qué horror! — esclamó don Antonio ¡ocultando el rostro entre sus manos.

—No solo se dice —esclamó el fiscal —sino que está completamente justificado el delito.

—¡Oh, no! —esclamó don Antonio con amargura —¡repito que eso no puede ser!..... Los informes que tengo de ese honrado jornalero son altamente recomendables. Ha sido toda su vida un dechado de virtudes. Padre de una numerosa familia, es víctima de mil calamidades; y el contagio de su infortunio ha llevado su esposa al hospital y sus pobres hijos á San Bernardino. Todo esto, señor fiscal, debe ser resultado de alguna torpe maquinacion que es preciso descubrir, porque un artesano virtuoso no puede convertirse de repente en bárbaro asesino!...

La presencia de un alguacil interrumpió las sentidas esclamaciones de don Antonio.

—Señor fiscal—dijo el alguacil—el preso de la cárcel de Córte conocido por el Arrojado, acaba de cometer un asesinato en la misma prision. He creido de mi deber avisarlo al señor juez y ponerlo igualmente en conocimiento de V. S.

Profundo silencio sucedió á la espantosa noticia de que acababa de ser portador el alguacil, hasta que el fiscal mirando alternativamente á fray Patricio y á don Antonio, dijoles con aire de amarga reconvencion.

—Señores defensores de la honradez, otra vez miren bien en favor de quien emplean sus eficaces recomendaciones; pero entre tanto, sepan ustedes que los tribunales no necesitan consejos de nadie para administrar justicia, y hacer caer la cuchilla de la ley sobre la cabeza de los asesinos.

Don Antonio y fray Patricio, llenos de confusion y vergüenza, se inclinaron profundamente y desaparecieron.

El fiscal y el alguacil se dirigieron precipitadamente á la cárcel.

Pareceria increible la desesperada situacion del Arrojado, á quien irremisiblemente aguardaba el patíbulo, ó como dijo el fiscal, la muerte en garrote vil, por galardon de sus heróicas virtudes, si no viésemos todos los dias, á la honradez víctima de la impostura.

Que estos escándalos inauditos ocurriesen entre cafres, podria concebirse sin que perdiesen la justa calificacion de atroces y sanguinarios; pero verlos repetidos con sobrada frecuencia en un pais culto y en una nacion civilizada, legalmente constituida, es dolorosamente asombroso. No hace mucho que se han visto las cárceles de Madrid atestadas de ciudadanos pacíficos y honrados, padres de familia, algunos de ellos, que dejaron á sus esposas é hijos abandonados á la caridad pública. Despues de una larga penosa incomunicacion, despues de largos meses de padecimientos, han sido puestos en libertad porque su inocencia ha quedado justificada; pero ¿cómo pueden repararse los graves perjuicios q ocasionan en el espiritu humano las sensaciones violentas que le agitan cuando se ve el inocente perseguido, atropellado, confundido con los malhechores y próximo á sufrir la afrentosa muerte de los asesinos? ¿Quién le indemniza de las inmensas pérdidas y crecidos gastos que acaso le ha originado su prision? ¿Basta decir luego: *ya eres libre porque resultas inocente?* ¿Se cree con esto administrar rectamente la justicia? ¡Delirio! ¡obcecacion! ¡absurdo crasísimo! ¿Y cuándo triunfa la calumnia, como sucede con Anselmo, y se lleva un inocente al cadalso? La justicia debe empezar por acatar la ley que garantiza la seguridad individual, y si una voz atrevida ó asalariada para mentir, vomita alguna atroz calumnia contra reputaciones acrisoladas, procédase con el pulso y discernimiento que la gravedad del asunto requiere, porque la joya mas preciosa del hombre de bien es la reputacion, y respetarla y protejerla es el primer deber de los tribunales.

CAPITULO VI.

LA BUENA SOCIEDAD.

 N el capítulo tercero de la segunda parte dimos
una sucinta idea del carácter franco y amable de
los madrileños, de sus méritos y virtudes. Ahora vamos á ensayar nuestras débiles fuerzas en la
descripcion de *la buena sociedad* de Madrid, para
que se vea el contraste que forma la cultura y moralidad de su inmensa mayoría, con esos estremos de asqueroso libertinage, que he-
mos retratado en la taberna del *tio Gazpacho* y en el palacio de la

marquesa de Turbias-aguas. El objeto moral de esta tercera parte de nuestra historia, es describir los encantos de la VIRTUD junto á las trágicas consecuencias del vicio, para que este singular contraste sirva de saludable leccion.

El bello espíritu de fraternal asociacion ha germinado prodigiosamente en España, y mas en su ilustrada capital. ¡Cosa estraña en medio de las vicisitudes políticas que tantos odios engendran! De algunos años á esta parte florecen en Madrid varios establecimientos artísticos y literarios, debidos únicamente á la noble ambicion de gloria que alimenta esa brillante juventud, llena de halagüeñas ilusiones, llena de hermosas esperanzas, llena de fé en el porvenir, esa juventud estudiosa y lozana, amante de los progresos de su patria, entusiasta por las artes y la literatura. El *Liceo*, el *Instituto*, el *Museo lírico y dramático*, y el *Museo matritense*, citarse deben con orgullo, como modelos, y dudamos que en París y Londres haya sociedades de este género mejor organizadas y que mas opimos frutos vayan produciendo. Hay otras nacientes que auguran los mas bellos resultados.

Compónense estas reuniones de un crecido número de sócios. Cada una de ellas tiene sus tendencias peculiares, y está bajo la direccion de una Junta nombrada por los sócios; pero consideradas en globo, véase en ellas jóvenes ilustrados unidos por los vínculos de la mas cordial amistad, no solo cultivar con gloria las letras y las artes, sino propagar al público su ilustracion, y proporcionarle gratos espectáculos que recrean los sentidos y moralizan las costumbres.

Celébranse sesiones de competencia, juegos florales, conciertos, funciones dramáticas, y siempre ofrecen sus salones un bello cuadro de fraternal animacion.

Tienen estos establecimientos cátedras públicas regentadas por los sócios, donde se enseña literatura, pintura, música, dibujo, matemáticas, lógica, filosofía moral, geografía y varios idiomas. Hay colegios para niños de ambos sexos, escuela de adultos, y gimnasio. Las sesiones de competencia y funciones dramáticas y líricas son siempre concurridísimas, y gracias á estos adelantamientos de nuestra civilizacion, apenas queda en Madrid una que otra casa de gente gazmoña, que por no ofender á Dios, dejan de asistir á esta clase de diversiones y á los teatros públicos; pero en cam-

bio pasan devotamente la santa noche desollando al prógimo (las
mamás se entiende) con sus lenguas viperinas, mientras las candorosas hijas cuchichean, cuando menos, con su indispensable fu-
turo.

Tampoco faltan tertulias de gentes bonachonas, á quienes todavía divierte pasar largas horas haciendo ambos y ternos, y cu-
briendo de judías los azulados cartones al arrullo del acompasado
clamoreo del amo de la casa (que suele ser un caballero muy
gordo), cuando saca las bolas de un ridículo viejo de su muger y
canta los números con toda la prosopopeya de un necio senador. Hay
tambien señóritos y señoritas de tan buena pasta que no encuentran diversion mas socorrida ni de mas preciosos lances que los
juegos de prendas; pero estos recursos han ido caducando desde
que se descubrió la vacuna, como la fama de cierto poeta desde
el invento del *Estatuto real*, y como la yesca desde la *promulga-
cion de los fósforos.* . . . .
. . . .
. . . .

Eran las once de la noche.

Dos salas espaciosas que se comunicaban por unas vidrieras
corredizas, cuyas hojas ocultas en la pared dejaban el paso libre,
estaban iluminadas con profusion de luces. Preciosísimos cuadros
al óleo, de los mas famosos pintores españoles, como Murillo, Cano, Zurbarán, Velázquez, Ribera, Goya y otros mas modernos,
con elegantes márcos dorados, cubrian las paredes con discreta
simetría, alternando con grandísimos espejos. El fondo oscuro de
las pinturas hacía resaltar la blancura de algunos cortinages, que
recogidos en graciosos pliegues, formaban en torno de los dinteles
de las puertas, elegantes undulaciones. Sillería de gruesos bambúes
ó cañas de la India, intercalada con modernas butacas y sofáes de
esquisito gusto, circuía entrambas salas. En el mármol de las mesas descollaban de trecho en trecho vivísimos ramos de flores y
relojes preciosos, cubiertos de cristalinas campanas; pero todos estos adornos y otros á cuya minuciosa descripcion renunciamos en
gracia de la brevedad, lejos de ostentar confusa aglomeracion de
preciosidades, veianse repartidos con delicado tino, con esquisita
discrecion é inteligencia.

La concurrencia, que sin inundar aquellas salas las llenaba de animaban y de vida, componíase de personas de todas categorías. Allí alternaba el conde con el comerciante, el artista con el noble, el grande de España con el literato, y sin la falsa etiqueta que suele hacer enfadosas ciertas reuniones que se consideran de elevado rango, la galantería, la elegancia, el ingenio, la hermosura y sobre todo la franqueza, hacían alarde de sus atractivos, porque en casa de baronesa*** reuníanse, una vez á la semana, las personas por todos conceptos mas notables de Madrid.

En la una de las dos salas jugábase á juegos permitidos; pero solo por pasatiempo, sin aventurar cantidades cuya pérdida pudiese molestar al interesado.

En la otra sala alternaba el baile con el canto; pero en todas partes veíase á la baronesa solícita y obsequiosa, animar con su adorable amabilidad los diferentes grupos en que se dividia tan escogida reunion. Veíasela ir de mesa en mesa, siempre con la sonrisa en los lábios, alternando los debidos cumplimientos con delicadas agudezas, llenas de finura y de bondad. Salia luego á la otra sala, y si por acaso parecíale notar en ella poca animacion, su jovialidad reanimaba la de los demas.

Poníase al piano y tocaba ó cantaba con envidiable perfeccion. Dejaba el piano de repente, y asiendo de la mano al jóven que mas inmediato veia — ¡A bailar, señores — esclamaba, y nadie se hacia de rogar; todos seguian el jovial egemplo de tan amable directora.

Y no se confunda la angelical franqueza de esta virtuosa muger con la coquetería de mal género que reina en las sociedades pervertidas. La amabilidad de la hermosa Emilia, la franqueza de su carácter, sus hechiceras virtudes, su talento, su instruccion, su elegancia, su hermosura, todo esto se halla en la mayor parte de las hijas del Manzanares, y podemos decir que Emilia era el tipo de las bellezas de Madrid.

El jóven Bellaflor, como saben ya nuestros lectores, antes de conocer á María....... antes de concebir por ella la vehemente pasion que aun tenia su corazon desgarrado, habia sido afortunado galanteador. El infeliz hacia esfuerzos para volver á su antiguo carácter atolondrado y enamoradizo. Ninguna muger mas á propósito en su concepto para hacerle olvidar los encantos de su ingrata y engañadora María, que la baronesa***, y estaba el perado jóven mas resuelto que nunca á obsequiarla, pareciéndole que vengaba de este modo su amor ultrajado. Solo así puede esplicarse la atrevida declaracion que habia hecho aquella mañana á la baronesa, y el presentarse por la noche en su tertulia despues de la escena ocurrida en el jardin.

Bellaflor no babia tenido ocasion de hablar á solas con la baronesa porque esta procuraba disimuladamente evitarlo; pero le dirigia tiernas y espresivas miradas que no escapaban á la perspicacia de la favorecida; y esta, sin incurrir en grosero desden, disimulaba con admirable finura la molestia y disgusto que la pertinacia del marquesito le causaban.

Llegó la hora en que solia terminar la tertulia, y habian ya desaparecido la mayor parte de los concurrentes, cuándo viendo la baronesa á Bellaflor en un rincon de la sala sumido en tristes reflexiones, movida de su natural bondad y carácter compasivo, se le aproximó y le dijo con dulzura:

—¿Cómo tan triste, Luisito?

—¿Y usted me lo pregunta?—contestó don Luis levantándose.

—Juicio, por Dios, querido amigo. ¿Sabe usted que necesito algunas esplicaciones de usted?

—Queria dárselas á usted antes que me las pidiese, porque supongo que serán sobre lo de esta mañana.

—En efecto, sobre la niña del hospital.

—Las tendrá usted cumplidas, señora. Tan determinado venia á dárselas á usted, que suponiendo me seria difícil hablarla á solas, como ha sucedido, las traigo escritas en este papel, que espero se dignará usted recibir.

—No hay duda que es usted precavido. Estos asuntos son demasiado graves para poderlos tratar delante de todos, y ha hecho usted divinamente en darme por escrito esplicaciones que pueden serme muy útiles.

La baronesa recibió el billete que le entregó don Luis y añadió:

—Ahora no hablemos más de este asunto. En otra ocasion en que estemos solos, seguiremos la conferencia, porque tendré mucho que decir á usted.

—Solo vivo para obedecer á usted ciegamente—esclamó don Luis.

Fuéronse retirando todos los concurrentes, y entre ellos el jóven Bellaflor, despues de haber cruzado una tierna mirada con la amable baronesa.

Al quedar esta virtuosa jóven sola, retiróse á su gabinete, abrió el papel, y leyó lo que sigue:

«Adorable amiga: debo á usted una aclaracion; pues no quisiera que me tuviera en mal concepto la persona á quien tanto amo. Confesaré la verdad para que vea usted que no trato de engañarla. Tuve algunas relaciones amorosas con esa muchacha que está en el hospital bajo el celo de su señor hermano de usted; pero ¿podia el corazon interesarse en el amor de una muger cuyos escesos la han conducido al hospital? Hace tiempo que María (este es su nombre) no merece mas que mi odio; pero al manifestar mis deseos de que se la trate bien, sufragando yo los gastos, solo he escuchado la voz de la beneficencia.»

«Usted, mi tierna amiga, es el único objeto de mi amor, y crea usted que un solo destello de esperanza colmaria la ambicion de su amante.

LUIS DE MENDOZA.»

Ríóse la baronesa, y guardó el billete en uno de los cajoncitos del tocador.

CAPITULO VII.

EL ABRAZO.

EMOS dicho hablando del Hospital general en el pri
mer capítulo de esta tercera parte de nuestra historia, que todo en aquel vasto establecimiento respira
órden, buena admistracion, comodidad y limpieza,
menos los departamentos de las mugeres que adquieren el
título de madres, y el de los dementes. Hemos dicho tambien que lejos de culpar á la Junta Municipal de Beneficencia, reconocíamos sus desvelos ó importantes servicios

y sabiamos *que se proponia realizar y hubiera realizado ya, ó permitirlo la escasez de sus fondos, las mejoras que imperiosamente reclama el lamentable estado de los dementes y de las salas de presas y de maternidad.* Este laudable celo se ha elogiado tambien en los periódicos (1); pero nosotros en obsequio de la humanidad doliente y desvalida, recordamos á la junta la urgencia de este remedio.

Escaso número de jaulas contiene la demarcacion de los locos, y estas jaulas están situadas en lóbregos subterráneos, que como llevamos dicho adolecen de todas las malas condiciones higiénicas posibles.

En estas oscuras mazmorras, vénse encerrados como fieras los que tienen la desgracia de padecer alguna desorganizacion mental, sin que pueda auxiliárseles con la esmerada asistencia que sus acerbos padecimientos reclaman.

Para entrar en este establecimiento necesítase una certificacion del cura de la parroquia y otra del alcalde ó celador del barrio.

El alimento se reduce á una jícara de chocolate por la mañana con medio panecillo francés; un panecillo redondo, un cuarteron de carne y otro de garbanzos con un poco de verdura al medio dia, é igual racion á las siete de la tarde.

La cama consiste en un tablado de hierro, un par de colchones de lana, un par de sábanas, una almohada y mantas segun la estacion.

Los que están rematados son los que ocupan las jaulas de que llevamos hecha mencion, tan asquerosas como reducidas. Hay una demarcacion esclusivamente para las mugeres.

---

(1) «Es muy laudable el celo con que la Junta de Beneficencia de esta córte trabaja para llenar cumplidamente el objeto de su institucion. Sabemos que ha elevado al ayuntamiento una esposicion proponiendo la realizacion de un pensamiento benéfico y de la mayor importancia bajo todos conceptos, cual es el de establecer á las inmediaciones de esta córte una gran casa de Orates, en la que los desgraciados dementes sean tratados como reclama su triste estado y como aconsejan los adelantos de la ciencia que tan maravillosos resultados está ya produciendo en otros paises. Este establecimiento deberá tener grandes jardines, espaciosos patios, cómodas habitaciones al mismo tiempo que aposentos seguros para los que sea necesario encerrar en ellos por exigirlo asi su estado de furia, y en fin todas las oficinas y departamentos precisos para que pueda plantearse la curacion de los enfermos con arreglo á los conocimientos modernos. La esposicion de la Junta de Beneficencia ha sido acogida con el interés que se merece por algunos individuos de la corporacion municipal, que conociendo su importancia y los ventajosos resultados que podrá producir, se proponen apoyarla con todas sus fuerzas, para hacer que tan benéfico pensamiento se reali-

. Una de estas infelices llama la atencion por haber sido muy conocida en Madrid por sus amorios, su lujo y su aficion al baile

nacional. Era, entre las verduleras, la heroina de todas las plazuelas de la córte, y no contribuyó poco á su celebridad el haber bailado con sin igual descoco alguna vez en los teatros públicos. Un dia tuvo la infeliz una larga conversacion con una amiga suya, de esas que se vuelven beatas cuando no les queda mas recurso, como le sucedió á

ee. Entre tanto la Junta de Beneficencia practica diligencias, toma noticias, y hace, en fin, cuanto está á sus alcances buscando un edificio á propósito en las inmediaciones de esta córte, ó un sitio donde pueda construirse con todos los requisitos que el proyecto exige. Repetimos que es muy laudable este pensamiento cuya importancia desde luego se comprende, y cuya realizacion se hace necesaria, atendiendo á que en España, la primera nacion del mundo donde se conocieron las casas de locos, no existe en el dia ninguna bien montada, cuando las hay ya en algunas capitales de Europa llevadas á la posible perfeccion. En Madrid se hace aun mas sentir esta necesidad que en cualquiera otra capital de provincia donde aquellas casas existen; porque ciertamente que en ninguna se hallarán los pobres locos en tan mal estado, como se encuentran en esta córte, sumergidos en los subterráneos del hospital general por no haber otro local donde tenerlos y poder aplicarles los remedios que la ciencia aconseja. Es de temer que los individuos de la Junta municipal se vean coronados por la realizacion de tan útil proyecto.»

(El Heraldo de 21 de junio de 1849.)

la *tia Esperanza*, y atemorizada la jovial muchacha por los espantosos castigos del otro mundo con que la amenazó su arrepentida compañera, resolvió tambien arrepentirse y hacer una confesion general.

Lejos el sacerdote, á quien acudió por indicacion de la beata, de acoger con cristiana benevolencia la relacion que de sus culpas y pecados le hizo la contrita penitente; acabó de aterrar con desaforados gritos y exageraciones de las penas del infierno, su ánimo ya predispuesto y atemorizado por su amiga. Lo cierto es que desde aquel momento no se separa de la pobre demente la manía atroz de que se va á condenar, que ve las llamas del infierno, y que no hay perdon ni salvacion para ella. Llamó su familia á un facultativo en vista de la repentina indisposicion de aquella desgraciada jóven. Ordenóla en consecuencia tomar los baños de Trillo, y la desventurada, á pesar de tener una galera á su disposicion, estimulada seguramente por su fervoroso arrepentimiento, anduvo á pié y descalza hasta Trillo, y volvió de la misma suerte de los baños.

El resultado es que gime en una de esas hediondas mazmorras del hospital, víctima de la jesuítica intolerancia de su confesor. ¡Cuántos daños acarrea á la humanidad la imprudencia de ciertos ministros de un Dios que es todo caridad y mansedumbre!

Hay ademas de las jaulas, dos salas á donde pasan las convalecientes, á las cuales se conceden algunas horas de recreo en un jardin que está dentro del mismo departamento.

. . . .
. . . .
. . . .
. . . .

En un banco de este jardin, veíanse dos mugeres pálidas, cadavéricas; pero ambas guardaban el mas profundo silencio, y parecian sumergidas en graves meditaciones. La de mas edad llevaba unos anteojos verdes que apenas le dejaban ver los objetos. Era Luisa.

María estaba á su lado, clavando sus grandes y desencajados ojos en su pobre madre sin conocerla, y la virtuosa madre estaba muy agena de pensar que tenia á su lado la hija cuya pérdida lloraba.

Nada mas natural que el no conocerse estas dos criaturas á pesar de los vínculos que las unian. Ambas estaban desfiguradas por sus largos y agudos padecimientos, particularmente María, cuya voz habíase vuelto bronca ó ingrata, consecuencia inevitable de los incesantes gritos en que prorumpia durante sus continuos accesos.

Ademas, aunque desde su estancia en el hospital, habia mejorado tanto, que el facultativo la hizo sacar de la jaula, y habia concebido las mejores esperanzas, aunque ya no la atacaban arrebatos violentos, su juicio seguia en un estado deplorable: Verdad es que Luisa habia recobrado su vista; pero veia aun con dificultad, pues los anteojos que llevaba para preservarla, eran estremadamente oscuros, y aun cuando hubiese visto con toda claridad á su hija, era de todo punto imposible que reconociese á aquella María llena de encantos, cuya voz era tan sonora y agradable, cuya sonrisa habia sido siempre celestial.

—Usted será sin duda una buena muger—esclamó María con voz apagada y ronca—porque en esta casa no habia mas que un hombre malo..... un hombre malo, sí..... el que me encerró en las rejas..... el que me amenazaba y queria pegarme..... El otro padre mio..... porque ha de saber usted..... que he tenido dos padres..... el primero era tan bueno..... y sin embargo..... murió en un cadalso..... Tomas me ayudará á buscar á sus asesinos..... porque á él tambien le mataron á su padre..... y ambos nos vengaremos..... Ahora tengo otro padre que no quiere que me peguen..... y despidió al hombre malo para que me cuide Tomas..... porque estoy enferma..... ¡He padecido tanto!.....pero me encuentro ya muy aliviada!.....

Luisa conoció al momento que la jóven que tenia á su lado estaba loca; pero sus palabras penetraron hasta lo íntimo de su corazon.

Tambien creyó adivinar la causa de su locura. Las frases que acababa de oir indujéronla á pensar que tenia al lado suyo á la hija de algun ajusticiado.

—¡Y yo me quejo!—decia para sí Luisa.—Verdad es que estoy separada de mi esposo y de mis hijos; pero en breve les veré.....segun me ha prometido mi bienhechor, les veré..... yo que no podia verles cuando les estrechaba contra mi seno!.....¡Oh!

I.							45

esto es consolador!..... Pero esta infeliz, no solo llora la muerte
de su padre.... sino una afrenta acaso inmerecida. ¿Qué sería de
mí si mi Anselmo ó alguno de mis hijos pereciese en un cadalso?
La idea sola me horroriza. ... ¡Yo también me volvería loca! Procuremos, pues, distraer á esta pobre jóven de sus tristes pensamientos. — Y dirigiéndose á María, añadió: — No se aflija usted
así con tristes recuerdos, y una vez que ha encontrado un segundo padre que con tanto estremo la cuida y la quiere, deseche
usted toda idea melancólica, y no piense mas que en acabar de
restablecer su salud. Dios quiere que vivamos para consuelo de
las personas que nos aman.

— ¡No me había engañado! — dijo María sonriéndose. — Es usted una muger de bien. Esas palabras que acaba usted de pronunciar son tan dulces para mí!!... ¡Ay!!... ¡ necesito hablar con
personas que me quieran!... ¡me han hecho padecer tanto mis
enemigos!..... pero usted me quiere ¿no es verdad?

— Sí, hija mia — respondió afectuosamente Luisa.

— ¡Hija mia! — repitió María sobresaltada — ¡hija mia!... estas dulces palabras.... el acento cariñoso con que usted las pronuncia me recuerdan á mi pobre madre...

— ¿Y dónde está su madre de usted?

— No lo sé — respondió en tono meditabundo María, y clavando la vista en el suelo, añadió: — Dios... ha muerto..... ha muerto...!!! pero no la maté yo..... no... — y dirigiendo de repente una
mirada á Luisa, añadió llena de convicion: — ¿No es verdad que
no se puede matar á una madre?

Luisa se horrorizó al oir esta misteriosa pregunta; pero haciéndose cargo que la infeliz que la hacia estaba loca, trató de
consolarla y respondió sin titubear:

— No, no es posible. La buena hija es el consuelo de su madre, y no hay mas que amor entre las dos; pero este amor es
inestinguible y puro!...

— Es verdad — esclamó María con exaltacion — es puro y ardiente como el que he profesado siempre á mis padres, á mis
adorados padres, á quienes jamás volveré á ver...

Y al decir esto prorumpió María en amargo llanto.

— Llore usted, pobre jóven, llore usted..... eso alivia el corazon.

Luisa asió con ternura una mano de María, y esta arrojándose

maquinalmente en los brazos de su madre, vertió copiosísimas lágrimas.

Mientras estas dos angelicales criaturas permanecieron estrechamente abrazadas, como si la naturaleza por uno de sus admirables prodigios no quisiera desconocer los vínculos de la sangre, los nuevos personages aparecieron en el dintel de la puerta del jardin.

Eran la baronesa*** y su digno hermano el médico don Antonio de Aguilar, que aun estaba afectado por lo que había ocurrido con Anselmo la tarde anterior en la cárcel de Córte, y el mal resultado que debia tener su causa.

—¡Otro infortunio!—esclamó con desesperacion.—Hermana mia, nuestros esfuerzos han sido inútiles....... todo se ha perdido.

CAPITULO VIII.

LA SEPARACION.

El sobresalto y disgusto de don Antonio de Aguilar al ver que estaban abrazadas madre é hija, era muy natural, porque no podia menos de suponer que se habian mutuamente conocido, y habia tratado de evitar esta ocurrencia porque la juzgaba de peligrosísimos resultados. A este efecto habia dado terminantes órdenes al negro Tomás, para que no dejase salir á María del aposento que últimamente le habia destinado.

Aquí es preciso enterar al lector, que como ya en el anterior capítulo ha indicado la misma María, Tomás habia reemplazado á uno de los mozos del hospital, encargado esclusivamente de vigilar á la pobre loca, á quien trataba con harta severidad. No solo era este el motivo de haber admitido al negro para cuidar de María, sino que habiéndose presentado cuando fué despedido de casa de la marquesa de Turbias-aguas, conoció el facultativo el afecto que profesaba á la loca, y la confianza y cariño con que esta le correspondia. Juzgó, pues, que ninguna persona era mas á propósito para llevar adelante su plan de curacion y hacer ademas algunos descubrimientos. Como los oficios de Tomás debian limitarse á ciertos casos, habia tambien una loquera destinada al servicio de María, á quien se trataba con la mayor distincion, tanto por las instrucciones y garantías que sobre el particular habia dejado el marquesito de Bellaflor, como por el singular interés que la desgraciada jóven habia despertado en el bondadoso corazon del facultativo.

Don Antonio creia que tendria fatales consecuencias la entrevista de Luisa y María, porque no juzgaba á esta todavía en estado de recibir violentas impresiones, y era demasiado triste la situacion de la demente para que no horrorizase á su pobre madre y la sumergiese en acerbo llanto, que hubiera inutilizado de todo punto cuanto se habia hecho para que recobrase la vista. Hé aquí por qué al verlas abrazadas, dijo con amargura:

—¡Todo se ha perdido!

Al prorumpir en esta esclamacion, presentóse el negro Tomas á recibir las instrucciones que tuviese á bien darle el facultativo; pero este, en tono severo le dirigió la siguiente pregunta:

—¡Imbécil! ¿Es ese el modo de ejecutar mis mandatos? ¿No te tenia yo encargado que María no saliese de su aposento?

—Señor—respondió el negro con la mayor humildad—el dia está tan hermoso.... hace un sol tan bello..... que me ha parecido debia probar á la señorita un rato de recreo en el jardin. Ademas, estaba sola, porque la buena muger que le hace compañía ha tenido que salir en busca del jarabe que se ha concluido.... y así que la ha visto salir, me ha llamado la pobre señorita; y con las lágrimas en los ojos me ha dicho:—Tomas, tú que eres tan bueno, vas á hacerme un favor, sí?—Yo, enternecido le he contestado:—Si depende de mí, tendré una complacencia como siempre en servir á usted.—Y entonces añadió la señorita.—¡Mira qué sol tan hermoso hace en el jardin!.... ¡Con qué gusto me pasearia yo por él!..... ¡Hace tanto tiempo que vivo entre paredes!.... Si estuviese aquí mi otro padre, me dejaria ir; pero tú eres tan bueno como él.... Tú me sacaste de entre las rejas en que me habia encerrado el hombre malo.... ¡Oh! sí.... tú me acompañarás tambien al jardin.—¿Qué habia de hacer yo, señor, á semejante súplica?....

La baronesa, á quien habia conmovido la explicacion del negro Tomas, dijo en voz baja á su hermana:

—Hermana mia, ese hombre no merece reconvenciones.

—Y sin' embargo —respondió don Antonio con tristeza— ha hecho un grave mal... un mal irremediable don... ...

— En esto volvió María el rostro, y al ver al facultativo corrió apresuradamente á besarle la mano ... ...

— ¡Ah!... ¡mi padre!... ¡Qué dia tan feliz!...

La hermosa presencia de la elegante baronesa cautivó á María. Asomóse á sus lábios una sonrisa mas animada que nunca, y despues de contemplar con satisfaccion el bello rostro de la recien llegada, examinó con la vista minuciosamente sus adornos.

El aspecto de María, á pesar de su lamentable estado, cautivó el interés de la baronesa. La loca parecia tambien extasiada ante la hermosura y elegancia de Emilia. Alargó por fin tímidamente una de sus manos y asió el chal de la baronesa....; levantó luego los ojos, y viendo que aquella se sonreia, quitóle enteramente el chal y se lo puso con sin igual donosura, mirando alternativamente al médico y á su hermana, soltando estrepitosas carcajadas...

Esta escena muda duró algunos momentos, hasta que don Antonio la interrumpió, diciendo á María:

—Vamos ¿parece que hoy está usted muy contenta?

—Mucho..... mucho..... contestó María. —¡Estoy tan bien en este jardin!... Luego.... he abrazado á una buena muger..... aquella que está en aquel banco... Tambien me quiere.... Hay aqui ya muchos que me quieren ¿no es verdad?.... Usted...., Tomas..... la criada.. aquella muger.... —Y la inocente jóven iba contando por los dedos. —Son cuatro... y si esta señorita me quisiese....

—¡Oh! si —esclamó la sensible baronesa cogiendo la descarnada mano de María y dándole un beso en la pálida megilla —tambien yo la quiero á usted mucho.

—¡Cinco! ¡cinco!... ¡cinco son los que me quieren! —dijo saltando de alegría la pobre demente.

—Digame usted, María ¿y quién es aquella muger? —preguntó el facultativo.

—No sé... —respondió María.

—¡Será posible! —esclamó para sí don Antonio, y dirigióse precipitadamente al fondo del jardin donde estaba Luisa.

El médico habló largo rato con la madre de María, mientras esta estaba tambien en afectuosa conversacion con la baronesa. Volvió despues don Antonio con el rostro mas risueño, y dijo á su hermana en voz baja que no pudo oir María:

—No se han conocido... es preciso separarlas..... Aun hay salvacion para estas infelices. ¡Ojalá la hubiese para su desventurado padre! —Y luego en alta voz dijo á María: —¿Con qué se siente usted bien?

—Sí señor, mucho. Hoy no me duele nada la cabeza.

—¿Y no le gustaria á usted salir de esta casa?

—No señor... no... yo no quiero salir.... no quiero volver á casa de mi tia... Allí están mis verdugos.... y aquel fraile malvado...... Yo quiero vivir siempre aqui con Tomas.... porque Tomas no me pegará nunca.... Tomas me ayudará á buscar á los asesinos de mi padre.

—¿Y no quisiera usted venirse con nosotros y con Tomas á casa de esta señora, que la quiere á usted mucho?

—Tambien decia mi tia que me queria mucho, y me hizo dormir en el suelo.

—No piense usted ya en esa tia. Esta señora la quiere á usted mas que nadie. Ya sabe usted que yo nunca la engaño. Allí tendrá usted un jardin mas bonito que este, y Tomás la cuidará á usted como aquel.

—¿Y me robarán mi medallon?

—No, María, no —dijo la baronesa con angelical dulzura.— Viviremos las dos siempre juntas como hermanas, y todos los que nos rodearán la querrán á usted mucho.

—¿Y veré á usted?—dijo María mirando tiernamente al médico.

—Todos los dias—respondió don Antonio.

María cedió por fin á las instancias de los dos hermanos, y prévia la competente autorizacion y conocimiento del director del hospital, el 1.º de julio de 1836 á medio dia, los dos hermanos, la loca y el negro Tomás, se dirigian en una berlina á casa de la baronesa***.

. . . .

El médico tomó la providencia de sacar á María del hospital, no solo con el objeto de separarla de su madre porque así convenia al restablecimiento de la salud de entrambas, sino porque tambien conocia que el mezquino departamento de los dementes carecia absolutamente de los requisitos indispensables para la pronta curacion de aquella jóven, en quien notaba todos los síntomas de una mejoría precursora del mas feliz resultado.

Esto nos hace insistir en llamar mas y mas la atencion del ayuntamiento de Madrid para que no demore un momento la realizacion del proyecto de la junta de Beneficencia de que hemos hablado en el capítulo anterior. ¡Hace ya un año que la esposicion de tan benéfico pensamiento se elevó á la aprobacion de la municipalidad, y á pesar de la inmensa importancia que reportaria á los desgraciados dementes el establecimiento de una gran casa de Orates en las afueras de esta córte, construida en términos que recibiese una saludable ventilacion, que tuviese espaciosas localidades, cómodos aposentos, patios, jardines, oficinas, y cuantos departamentos y demas circunstancias requieren los progresos que en el arte de curar tan borrible dolencia ha hecho la moderna civilizacion, nada se ha adelantado! Y no solo en Madrid plantearse debe tan laudable pensamiento. En todas las capitales de provincia debe haber á lo menos una casa de Orates perfectamente montada, donde hallen los pobres locos, no solo buen trato y cuantas co-

puedan minorar la enormidad de sus amarguras, sino
requisitos sean indispensables para poder aplicarles los re-
que sus padecimientos requieran. Hemos reproducido aca-
empeño la urgencia que hay de que se remedien
desgracias: pero cuando se miran ciertas calamidades
por quien tiene obligacion de hacerlas desapare-
cuando los ayes de la humanidad doliente no
conmover á los gobernantes, no tememos incurrir en ex-
con la repeticion de nuestros justos clamores.

CAPITULO IX.

LA RESOLUCION.

os dias después del de la visita que hizo fray Patricio al fiscal de la causa contra *el Arrojado*, estaba aquel perverso lleno de gozo. Todo salia á medida de sus diabólicos deseos. Las noticias que tenia de varios gefes de la faccion éranle sumamente satisfactorias. La columna del coronel don Francisco Valdés habia sufrido en los campos de Bañon un completo descalabro por el Serrador y Cabrera, en cuya consecuencia mandó el gobierno destituirle, prenderle y formarle causa por su imprevision, y mas de seiscientos prisioneros que cayeron en manos de aquellos asesinos, fueron inhumanamente inmolados. Las facciones del bajo Aragon habian obtenido algunos triunfos, y estaban mas envalentonadas que nunca.

—Quilez atacó el pueblo de Alcorisa, y no pudiendo apoderarse del fuerte, incendió la poblacion. Lo propio hizo en Montalvan, y estas inauditas atrocidades, eran calificadas de hazañas sublimes por el digno gefe de los *esterminadores*.

Nadie como fray Patricio cumplia el horroroso precepto de

aquella abominable sociedad: *¡Omnes qui sicut nos non cogitant exterminentur!* y hé aquí por qué, insensible al mas noble de los sentimientos, á la dulce gratitud que es la delicia de las almas generosas, olvidando aquel mónstruo que debia la vida al denodado Anselmo, bastábale que este virtuoso jornalero fuese liberal para que se cebase en él como el tigre en su inocente víctima, y se holgase de saber que estaba destinado á sufrir la muerte de los traidores *en garrote vil.* Fray Patricio es el verdadero tipo de los defensores de la inquisicion.

Él y sus secuaces habian trabajado activamente en la revolucion que provocó la caida del gabinete Mendizabal y el advenimiento al poder de unós hombres, cuya estraña conducta inspiraba gran desconfianza á la nacion (1).

A pesar de su frailuna obesidad, fray Patricio, en medio de todos sus vicios, tenia virtudes... las virtudes del rayo.... era ardiente, activo, fulminante, destructor.

(1) ¿Quién puede descubrir en los pueblos simpatías á favor de unos gobernantes que mas cuidaban de hacer triunfar una bandería que de volver la paz á los pueblos y asegurar con esta paz su libertad y bienestar á que tantos titulos tenian? Añádese á esta gravísima causa, capaz por sí sola de promover una revolucion en un pais, y de hacer desaparecer de todos los puestos públicos á los funcionarios contra cuya aptitud se ba levantado la opinion, la conviccion profunda que se iba arraigando cada dia mas en las masas, de que la tendencia del nuevo gobierno y del partido que iba á entronizar no estaba en armonía con el pensamiento manifestado por los pueblos y por sus juntas en la sublevacion nacional de agosto de 1835. El ministerio, el hombre prestigioso á cuya voz habian depuesto sus brios y su actitud todas las juntas populares, habia caido á los empujes del partido contra cuya administracion y sistema se habian levantado los pueblos y las juntas. El ente moral que estas representaban, la revolucion iba á ser vencida, y sintiéndose con sobrado vigor para no dejarse arrebatar la victoria, sin mas esfuerzos por la parte contraria que una intriga, en virtud de la cual se habia ganado en un salon de palacio la voluntad de la reina gobernadora, no habia de resignarse á una humillacion, y lo que es mas, á la pérdida de una ventaja social, por la que tantos sacrificios habia hecho y derramado tanta sangre. La revolucion era inminente, porque era necesaria, y no habian de hacerla abortar los hombres que habian sido ya impotentes en los primeros arranques de la voluntad soberana de la nacion tumultuariamente manifestada y ejercida. El pueblo tiene una fuerza temible e incontrastable como las aguas de una marea. No hay diques que puedan impedir el mar que sube. Cuanto se opone á su paso es inundado y destruido. El pueblo en revolucion, en movimiento, es la plena mar: pasado el choque, obtenido el triunfo, el pueblo se vuelve á su estado, es la mar que baja. Mientras así permanece, los intrigantes hacen lo que quieren de él, desfiguran sus sentimientos, fuerzan su voluntad, le desdeñan y le insultan. En el campo de la política puede hacerse cualquier cosa como en las playas del Occeano en la baja mar. Mas llega el momento del flujo; el pueblo vuelve á subir, y en veinte y cuatro horas la inundacion de sus olas lo ha desbaratado todo. Desde la subida de Mendizabal al ministerio, desde la disolucion de las juntas empezó la intriga, el pueblo fué perdiendo cada dia su influjo, su voluntad se fué desdeñando, los manejos prevalecieron, el gabinete cayó, le reemplazó el bando vencido, y duró su permanencia en el poder lo que tardó la subida del mar del pueblo. CRÓNICA CONTEMPORÁNEA, tomo 3.°, págs. 184 y 185

En aquellos momentos de terrible crisis no sosegaba un segundo. Relacionado con todas las notabilidades cortesanas, fomentaba con diabólica travesura y talento cuantas intrigas palaciegas pudiesen favorecer el logro de sus intentos. En todos los círculos ministeriales aconsejaba medidas de rigor contra el pueblo, ponderaba la conveniencia del terrorismo militar en ciertos casos, y sobre todo la disolucion de la Milicia nacional de Madrid.

Fray Patricio conocia bien que esta benemérita institucion, compuesta de las masas laboriosas, tan interesadas en la conservacion del órden público, como en la estirpacion de los abusos que hiciesen ilusorios los efectos de las leyes, de esas leyes sábias y equitativas en que deben basarse los gobiernos representativos, era un baluarte inespugnable contra el cual estrellarse debian cuantas tentativas se hiciesen para aherrojar al pueblo y sumirle en el estado de ignominiosa abyeccion que cumple á las torcidas miras de sus opresores.

Sabia muy bien fray Patricio que sin los heróicos é incesantes servicios prestados á la causa de la libertad por la Milicia nacional de toda España, don Carlos ocuparia indudablemente el trono de San Fernando. Era testigo de la decision, constancia, disciplina, valor y demas sublimes virtudes que resplandecian en los brillantes cuerpos de la milicia madrileña, y se interesaba eficazmente en su disolucion, porque solo donde la Milicia nacional no existe, concebir pueden esperanzas de triunfo los frenéticos defensores de la monarquía absoluta.

Las maquinaciones del *Angel esterminador* sobre este particular no fueron infructuosas. La Milicia nacional de Madrid fué al fin disuelta, como tendremos en breve ocasion de relatarlo en el curso de esta historia, y esta violenta medida fué el último empuje que lanzó del poder al gabinete reaccionario.

Pero no apresuremos el curso de los acontecimientos, y concretémonos ahora á lo que llevamos dicho sobre la distinguida posicion que fray Patricio ocupaba en Madrid, como acaudalado banquero, como uno de tantos poseedores de colosales é improvisadas fortunas, que solo por ser ricos han figurado en los mas altos círculos políticos durante estos últimos años de revueltas.

Fray Patricio y el fátuo marqués de Casa-Cresta revelan dos tipos de esos hombres inmorales que por distintas sendas alcanzan grandes tesoros. Ambos habian improvisado sus inmensas fortunas en una misma época, y sin embargo habian empleado medios enteramente contrarios. El marqués habíase enriquecido á fuerza de debilidades, apostasías y bajezas. Vil adulador del poder, era siempre ministerial, elogiaba á ciegas todos los actos de los señores ministros, y en los apuros en que solia hallarse á menudo el gabinete, alargábale una mano amiga; pero esta mano que salvaba al gobierno, la retiraba llena de oro y de distinciones.

Fray Patricio, al contrario, siempre hipócrita, reservado y astuto, solo ensalzaba lo que era favorable á sus ideas, y censuraba cuanto podia perjudicárlas; pero lo hacia con singular maestría..... varias veces hemos ponderado su ingenio y locuacidad. Este malvado era un conspirador furibundo, y vendia amistad á sus víctimas... ya se sabe por cuáles medios adquirió una fortuna de rey.

Los graves asuntos que con inaudita sagacidad dirigia eran mas que suficientes para abrumar á cualquiera imaginacion menos bien organizada; pero para fray Patricio eran solo una leve y natural ocupacion, que le dejaba tiempo y humor para alternarla con cuantos goces ha inventado el vicio y desbordámiento de las pasiones.

Engreido fray Patricio con su buena suerte, cuyo colmo tocaba ya con la mano, pues veia muy inmediato el triunfo de su rey y señor, al cual esperaba hacer esclavo suyo, y ser otro Calomarde en España, ó por mejor decir el soberano, no solo miraba con desprecio desde su inmensa altura á los demas, sino que cualquiera obstáculo que se opusiera al logro de sus deseos, heria la fibra de su rencor. Hé aquí otro motivo de su inexorable crueldad contra María y su desventurado padre. Este mismo genio altivo é intolerante, inducíale á hacer alarde de su predominio, siempre que se hallaba entre personas á quienes consideraba como subordinadas á su voluntad por haberlas favorecido ó colocado en distinguida posicion.

Hasta entonces habia logrado ser obedecido y humildemente respetado por la marquesa de Turbias-aguas hasta en su mas leve insinuacion; pero la marquesa, que á los ojos del mundo tenia una hija casada con el acaudalado marqués de Casa-rancia, aquella gran señora en cuyos elegantes salones veia reunirse las mas encopetadas notabilidades palaciegas, no podia menos pezar á sentir ajado su amor propio, al considerarse vil instrumento de las torpes liviandades de un fraile.

Sentada, en el mismo sofá de su gabinete, donde la asquerosa *tia Esperanza* se atrevió á tutearla y recordarle su pobre y antigua profesion de aguadora., cuando por primera vez fué á darle instrucciones acerca de María la marquesa permanecia meditabunda.

—Mucho debo á ese hombre, es verdad—decia para sí—ó por mejor decir, se lo debo todo; pero tambien los servicios que mi bondad le ha prestado son de tal naturaleza, que bien merecian la recompensa que me ha dado. Me ha pagado pues una deuda y nada mas, de consiguiente no estoy obligada á ningun género de gratitud. Si me ha proporcionado millones, ha sido porque yo se los proporciono tambien á él... por este lado estamos tambien iguales... El adelantó el dinero, yo puse la industria... Se ha hecho negocio... cada uno ha ido retirando sus beneficios..... y santas pascuas. ¿Qué documento existe que pueda obligarme á seguir esta especie de sociedad mercantil?..... Ninguno..... El reconocimiento... la gratitud..... pero ¿qué gratitud ni qué berengenas?..... Vamos á ver....., ¿Cuál ha sido el móvil de su conducta en prodigarme oro y hacerme marquesa? El deseo de aumentar sus capitales con mis desvelos y satisfacer todos sus antojos y pasiones. Claro está, pues, que en todo lo que ha hecho no ha tenido intencion alguna de procurarme el mas leve beneficio. Me ha elegido para escabel de su elevacion y ha logrado efectivamente elevarse... Todo esto es cierto... no tiene réplica..... de consiguiente no le debo obligacion ninguna... y él es quien debe estarme eternamente agradecido. Resuelta estoy, pues, á no sujetarme á tanta degradacion, que haya de ser el instrumento de sus pasiones... de esas pasiones de mal género que envilecen y deshonran. Soy millonaria, ocupo una posicion brillante en la sociedad y.... debo empezar á mirar por mi decoro. No necesito ya ser mala muger para vivir... ¿por qué, pues, no he de enmendarme? Hay sin embargo una dificultad..... Ese hombre sabe todos mis secretos..... y si llegase á divulgarlos..... ¡Dios mio! ¡qué bochorno!.... ¡me moriria de vergüenza!... Lo mejor será tener sobre el particular una esplicacion amistosa..... ¿Y si no se hace cargo de la razon?..... ¿Y si provoca un rompimiento?.... Entonces..... entonces tendrá que callar, pués aunque sabe mis secretos, sabe tambien que puedo revelar los suyos. Mi resolucion está tomada.

La argentina vibracion de una campanilla, interrumpió las reflexiones de la marquesa de Turbias-aguas.

Un momento despues estaba en su presencia fray Patricio.

Dejaremos para otra ocasion el relato del coloquio que se entabló entre este y la marquesa, y pasaremos con el lector á ver cómo le va á María en su nueva morada.

CAPITULO X.

LA CRISIS.

... perfectamente
... de la barone-
... habia destinado
... tan lujoso como
... en casa de la
...as–aguas; pero
...gante sencillez.
...aba en el en–
... al jardin, del
...galeria que da–
... por medio de

cuatro gradas de mármol; pero la puerta que abria comunicacion con la galería permanecia cerrada.

Al paso que la curacion de la demencia de María hacía visibles progresos, su ánimo abatido iba declinando en acerba melancolía. Los aciertos del facultativo habian ahuyentado la enfermedad, pero permanecian las causas, é ínterin estas no desapareciesen, eran de temer frecuentes y funestas recaidas, particularmente en aquellos dias de escesivo calor, en que la sangre bulle con mas fuerza en las imaginaciones cavilosas. A cuantos infelices, á quienes trastornó el juicio uno de esos pesares que desgarran el corazon, vemos pasar el invierno pacíficamente, y apenas llega la canícula, volverse frenéticos hasta el estremo de tener que ser encerrados y temidos como fieras! La medicina es infructuosa en estos casos para obtener una curacion radical, porque hay pesares tan hondos que no los borra el tiempo, y en este caso domina el ánimo del enfermo una causa inestinguible, que debe producir siempre los mismos efectos, sin que el arte pueda alcanzar mas que mitigar la dolencia.

Las causas que habian producido la locura de María eran ficticias. El desastroso fin de sus padres en los términos que la perversidad de fray Patricio habia hecho creer á la infeliz, despúes de la fatal carta que le entregó de su amante, formaban una aglomeracion de infortunios sobrado vehementes, para que pudiese resistirlos un corazon delicado y tierno; pero en el momento en que se lograse desvanecer el horrendo engaño en que estaba la desgraciada jóven, desaparecer debia totalmente la causa de su enfermedad, y era de consiguiente imposible de todo punto que se reprodujesen los efectos. Esta era la opinion del sábio facultativo, que con tanto discernimiento iba logrando volver la salud á María; pero todas las sendas ofrecian escollos, y don Antonio de Aguilar no se habia atrevido aun á hablar á María de ninguno de los objetos cuyo recuerdo pudiese afectar su sensibilidad. Al contrario, ponia el mayor conato en distraer á la enferma de las causas de su mal, y esta es la razon porque trataba de hacer sus investigaciones por otros conductos.

La dolencia de María presentaba ya un nuevo aspecto. Habia recobrado su juicio, y la demencia habia sido reemplazada por *una tristeza* profunda. Era, pues, indispensable á fin de evitar toda recaida, aprovechar tan oportunos momentos para sacarla del error que atormentaba su espíritu; pero de todos modos necesitábase el mayor pulso y discrecion para entablar con ella una conversacion sumamente peligrosa, que así como podia darle la salud para siempre, podia remover el origen de su dolencia y hacerle sentir sus horrores con mas violencia que nunca.

Así las cosas, conoció don Antonio que nadie era tan á propósito para entablar en aquella crisis la indispensable conferencia, como su hermana Emilia. El talento y amabilidad de la barónesa garantizában en cierto modo el buen éxito.

Habia en consecuencia recibido las instrucciones necesarias, y con ánimo resuelto y llena de confianza, entró en el dormitorio de María cuando esta pobre jóven lloraba amargamente contemplando el medallon.

La benéfica baronesa, fingiendo no haber reparado en el llanto de María, aproximóse á ella, y asiéndola de una mano, esclamó con amable y jovial dulzura:

—¿Qué tal, María? No dudo que habrá usted pasado la noche felizmente.

—Si señora—respondió con frialdad la pobre jóven.—He dormido muy bien y hace mucho tiempo que no he sentido la cabeza tan despejada; pero en cambio tengo el corazon muy afligido.

—Pues procure usted distraerse. Ahora bajaremos al jardin y verá usted las flores y los pajaritos.... ¿No está usted contenta á mi lado?

—Si señora—respondió María; y exhalando un profundo suspiro añadió:—¡Tambien estaba contenta al lado de la marquesa de Turbias-aguas!... ¡tambien al hospedarme en su casa me pareció tan buena, tan generosa y caritativa aquella señora.... me prodigó tantas bondades.... y sin embargo me engañaba!.... sí.... ¡me engañaba para luego martirizarme!.... ¿Y por qué? ¿Qué daño le habia hecho yo, infeliz de mí, que no procuraba mas que darle gusto en todo?... ¡Yo que no sé aborrecer á nadie!.. y todos me engañan!... ¡todos se gozan en verme padecer!...

La baronesa no pudo contener sus lágrimas, y al ver María que llevaba el pañuelo á los ojos, añadió como ruborizada:

—¿Llora usted, señorita?... Disimule usted los estravíos á que me conduce mi dolor... ¡He sufrido tanto!... ¡He esperimentado

dees?... Usted misma acaba de decirme que sus enemigos se holgaban en engañarla para acibarar sus tormentos...

—¡Dios mio! ¡Dios mio!... esclamó María, dirigiendo las manos cruzadas y los ojos lacrimosos al cielo. —¡Oh!.... ¡si tambien esto hubiera sido una impostura!...

—¿Por qué no?...... —repuso la baronesa—; los malvados son capaces de todo... Pero no es prudente que ahora confie usted demasiado...

—¿Que no confie, señora, cuando esta confianza es lo que mas robustece mi salud?... Ah!... ¡si fuera cierto que mis padres viviesen!... Si mi amante no me aborreciese.....

—¿Qué sucederia en tal caso?

—¿Qué sucederia, me pregunta usted? ¿Qué sucederia? ¿podria haber en el mundo muger mas feliz que yo?

—¿Y esa felicidad repentina, no podria perjudicar su salud?

—¡Perjudicar mi salud! Mi corazon destrozado por los pesares, necesita consuelos proporcionados á los males que ha sufrido. La idea sola de que puede haber sido una impostura la muerte de mis padres, parece que ha reanimado todas mis fuerzas.....

—Pues bien, María, sea usted completamente feliz.

—¿Qué dice usted, señora?

—Que sus padres viven.

—¡Viven!... —esclamó María con todo el júbilo del amor filial. —¡Viven!... —repitió elevando las manos hácia el cielo como dando gracias al Todo-Poderoso, y arrojándose en los brazos de la baronesa continuó: —Ya no estoy loca, señorita..... pero digo mal... estoy mas loca que nunca... pero estoy loca de contento..... de alegría... de felicidad... Dios bendiga á usted, señorita, el beneficio inmenso que acaba de hacerme. ¿Cómo recompensaré yo tantas bondades?

—Yo, María, no quiero mas recompensa que ver á usted feliz. Vamos al jardin... Tenemos mucho que hablar. Vamos á desayunarnos á la sombra de los árboles, y aspirando el perfume de las flores, oyendo el canto de las aves, y el susurro de los arroyos, me contará usted todas sus penas. El sitio es romántico y á propósito para hablar de amores. Vamos, amiga mia; pero le suplico encarecidamente que nada me oculte usted, pues tengo la mas ardiente y dulce confianza de poder remediar todos sus infortunios.

— ... donde usted ... señorita, usted es mi ángel tu... una grata complacencia en depositar en su amistad ... odos los secretos de mi ...

. . . .

... Maria contó ... historia á la baronesa, mientras se ... corazones de estas dos jóvenes virtuosas con los sa... de una amistad ... indisoluble, rompíanse las ... ... de la marquesa de Turbias-aguas, á ... conduciremos al lector para que presencie el grotesco co... se llevó ... entre el ex-franciscano y la ex-aguadora ... ...

CAPITULO XI.

UN DESAIRE.

—Felices dias, mi buena amiga — dijo fray Patricio al presentarse en el gabinete de la marquesa de Turbias-aguas, y dejando el sombrero en una silla, sentóse con franqueza en el mismo sofá que sostenia la ponderosa mole de aquella buena señora, por manera, que el aumento de algunas arrobas mas que pesaba su ex-reverencia, hizo rechinar el asiento.

—Bien venido — respondió la marquesa; y, despues de este saludo, sacaron ambos sus respectivas cajas, y cruzaron el acostumbrado polvo. La marquesa hizo tres elegantes estornudos á guisa de los de gato, que fueron intercaladamente seguidos de un triplicado *Dominus tecum* que pronunció afectando el ex-fraile y re-

cibió de la marquesa las debidas gracias. Sendos pañuelos salieron
á relucir: el de la marquesa desplegado á todo trapo, y llevado con
entrambas manos á la parte sobrecargada de fluido cerebral, sir-
vióle de receptáculo al son de una especie de obligado de piporro,
mientras fray Patricio pasaba el suyo (no el piporro sino el pañuelo) muy dobladito y aplanchado, como tenia de costumbre, por
sus impertérritas narices; decimos impertérritas, porque las narices de fray Patricio jamás provocaban estornudos..... eran de la
misma estofa que su empedernido corazon... tan insensibles al es-
cozor del rapé como aquel á los ayes de la humanidad.

—Amiga mia—esclamó fray Patricio en tono de satisfaccion—vengo en primer lugar á que me dé el parabien, y se-
gundariamente á ver cómo nos manejamos para que la consabida
jóven caiga de nuevo en nuestro poder.

—No le entiendo á usted, señor don Patricio—respondió la
marquesa.—En cuanto al parabien, se lo daré á usted con mucha complacencia, suponiendo que le sonrie á usted alguna reciente ventura, que vivamente deseo que usted se sirva esplicarme;
pues no ignora usted que siempre me he interesado por su felicidad; peró en cuanto á lo de la consabida jóven, digole á usted
que si se trata de María, á quien usted mismo dejó en el hospital porque estaba furiosa, no concibo....

—Me esplicaré. Lo del parabien alude á las bellas perspectivas que me anuncian un porvenir dichoso. Puedo hablar á usted
sin recelo, nuestra amistad es antigua, nos somos indispensables
el uno al otro, nuestros vínculos son indisolubles, nuestras felicidades reciprocas... Oiga, pues.....—y en voz baja añadió:—El
triunfo de don Carlos es seguro....y entonces.....—Oh! entonces!... él será el rey...yo seré...el soberano!...

—¿Está usted loco?...

—Estoy muy cuerdo, señora marquesa... Mi plan es infalible... El sistema representativo se desquicia... se hunde...nues-
tro egército triunfa en todas partes...Cuento con inagotables recursos....y merced á nuestra sagacidad....á nuestro astucia...los
liberales que nos llaman imbéciles, capie de dia en dia esca...unidos... Todos son grandes hombres de estado...estrella...
nuestras intrigas....

introducir la inmoralidad en el poder, conté por seguro el triunfo de nuestra causa. Le hago esta confianza porque el momento
dichoso se aproxima á pasos de gigante, y quiero darle antes esta
prueba de amistad en galardon de la reserva con que ha sido
siempre fiel depositaria de todos mis secretos; pero en cambio de
este testimonio de cariño que añado á los beneficios que me huel-
go en dispensarle continuamente, solo exijo un pequeño favor.
Esperanza, esa buena y caritativa muger que no puede ver padecer á nadie, condolida del amor que profeso á María, se ha in-
formado diariamente del estado de su salud. Está ya tan mejorada
que iba á salir del hospital. Es preciso, amiga mia, qué averi-
güemos entre todos dónde va á parar, ó por mejor decir, es preciso reclamarla antes..... porque María tiene otro amante, y si
este lograse el bien que no he podido yo alcanzar..... lo digo
francamente, no sé lo que seria de mí. Señora marquesa, en esta ocasion puede hacerme el mas feliz de los hombres, y creo
que no habrá olvidado la generosidad con que sé recompensar los
buenos oficios.

La marquesa de Turbias-aguas, que habia escuchado con la
mayor atencion el discurso de fray Patricio, sospechó al momento que *lo del próximo triunfo de don Carlos* era una superchería
inventada para colocarse el ex-fraile en posicion de poder recompensar pródigamente el servicio que demandaba. Rióse, pues, la
marquesa interiormente de semejante introito, y lejos de dejarse
seducir por halagüeñas esperanzas, vió en la revelacion de fray
Patricio un arma poderosa para defender su resolucion de no degradarse mas con servicios que ofendian su amor propio.

—Señor don Patricio —contestó la marquesa con entonada, coquetería, hablando muy pausadamente y mirando el paisage de su
abanico —yo..... bien sabe usted que le he dado las mas cordiales
pruebas de amistad..... verdad es que usted se merece todo eso y
mucho mas...

—Es favor que me dispensa su bondad —respondió fray Patricio inclinándose respetuosamente.

—Quiero decir..... —añadió la marquesa —que en nuestras
relaciones, nos hemos prodigado recíprocamente mil buenos..... ellos debemos, tanto usted como yo, amigo mio,
posicion brillante que ocupamos en la sociedad mas distingui-

48

da de la córte. Los amigos hacen muy bien en ayudarse mútuamente, porque nada hay tan dulce para un alma generosa, como la ocasion de poder tributar algun favor á un buen amigo.

—Asi es, en efecto., la pura verdad..... y nunca habia yo du-
dado...

—Sin embargo —repuso la marquesa interrumpiendo á fray
Patricio—cierto género de favores llevan tal odiosidad consigo.....
Hablemos claros, señor don Patricio..... Cree usted que á una per-
sona de mi elevada categoría, le está bien eso de...

—¿Qué escrúpulos son esos, señora marquesa?—dijo fray Patricio, asombrado de oir la observacion de su amiga.—¿De cuándo acá?...

—Señor don Patricio —continuó en tono grave la marquesa—
para esos encargos no faltan Celestinas en Madrid; y la perseve-
rancia de usted en esta parte ofende mi decoro.

—¡Yo estoy absorto!

—¿Soy ó no soy marquesa?

—Lo es sin duda alguna; pero...

—No hay que darle vueltas. señor don Patricio...... ¿Le parece á usted decente que una señora marquesa se haga la encu-
bridora de amorosos trapicheos?

—¡Pues si no se vé otra cosa todos los dias en Madrid!....
Pero lo que mas me asombra, mi señora marquesa de Turbias
aguas— esclamó en tono sardónico fray Patricio —es que se mues-
tre tan desagradecida..... con el sugeto á quien debe la aguadora
Colasa su titulo y sus riquezas.

—Poco á poco, señor mio —esclamó la marquesa poniéndose
en pié y abriendo y cerrando convulsivamente el abanico —porque si por haberse educado en un convento se cree usted autorizado para insultar á los demas, tambien sabré yo echarle en cara que si yo le debo á usted algo, usted me debe mucho, pues
quizás sin mi cooperacion jamás hubiera usted pasado de ser un
pobre fraile mendruguista..... un esclaustrado mugriento..... y hubiera tenido que meterse á redactor de algun periodicucho religioso, ó á cocinero en algun bodegon.

—¡Señora Colasa!—gritó fray Patricio levantándose y poniéndose el sombrero.—¿Ha olvidado que puedo vengarme cruelmente de esos insultos?

—¡Ah!.. sí..... es verdad........—dijo la marquesa soltando una carcajada burlona y poniendo los brazos en jarras.—Sin duda po-

drá usted mandarme ahorcar cuando triunfe don Carlos..... cuando se realice la transaccion con su amigo el cabecilla Gomez... cuando sea usted ministro.... ¿no es verdad? ¡Ja! ¡ja! ¡ja! La lástima es que estoy yo en situacion de poder hacer prender antes á los conspiradores... y hacerles dar garrote...

—¡Psit!..... ¡por Dios!...—esclamó fray Patricio llevando la palma de la mano á la boca de la marquesa.—Esa idea me horroriza.

—Sabe usted, señor don Patricio, que con esa cara de pascuas que Dios le dió... así... amoratada por el corbatin de palo.... con un palmo de lengua fuera... Yo no sé, sin embargo, si estaria usted mas feo que ahora.

—No todos tienen tanto que agradecer á la naturaleza, como mi señora la marquesa de Turbias-aguas—respondió con fingida dulzura fray Patricio, y asiendo el frac de la bocamanga y alisando con él el pelo de la copa del sombrero, que se habia quitado otra vez, añadió:—Y lo que mas me gusta es ese carácter siempre zambrero y festivo...—¡Ea! vamos, hagamos las paces. Ca-

nozco mi falta... no debia yo haberle propuesto un encargo verdaderamente odioso, cuando tantos medios tengo de satisfacer un
amoroso capricho; pero confiese tambien, amiga mia, que ha sido
muy severa en el uso de su punzante sátira.

—No me hubiera yo propasado á buen seguro—respondió la
marquesa—si usted no hubiese roto las hostilidades.

—Nada, nada, querida mia, todo se acabó; y en prueba de
nuestra cordial reconciliacion, crucemos otro polvo, y tan amigos como siempre.

—Ya está mi caja abierta—repuso la marquesa alargándola á
fray Patricio.

—Pues aquí está la mia.

Hecha á sorbos la reconciliacion, y de la misma manera que
se babia empezado este coloquio, despidiéronse ambos interlocutores haciéndose mas cariñosas demostraciones que nunca..... pero
los frailes no perdonan nada, y la marquesa babia lanzado una
amenaza terrible, sobre un desaire inesperado, que no podian
menos ambas cosas de causar grande inquietud á fray Patricio.

CAPITULO XII.

LA VISITA.

Un recio y prolongado campanillazo sonó á la puerta de la casa de la tia *Esperanza*, salió esta refunfuñando, por no estar acostumbrada á oir llamar de un modo tan brusco, abrió, y entrando fray Patricio dando espantosos bufidos, dirigióse precipitadamente á su despacho, sin saludar siquiera á la íntima confidenta de todos sus secretos, al ciego instrumento de todas sus maldades, á la infernal beata, cómplice de todos sus crímenes.

Llegó fray Patricio á su habitacion, tiró el sombrero sobre una silla, quitóse el frac, púsose la bata, y ensimismado en profundas reflexiones, empezó á pasearse agitadamente por lo largo de la sala, dando de vez en cuando violentas manotadas que indicaban la cólera de que estaba su ánimo poseido.

—¡Válgame Dios! padre mio —esclamó la *tia Esperanza* presentándose trémula ante fray Patricio.

—¡Válgame Dios! Jamás he visto á usted tan desazonado... ¿Qué desgracia ocurre?

—Desgracia..... no ocurre ninguna, hermana —respondió el ex-fraile —pero nada me incomoda tanto en este mundo como el ver que se pagan con ingratitud mis beneficios.

—¿Pues qué sucede?

—¡Qué ha de suceder!...... que Colasa..... esa miserable aguadora..... á quien he sacado yo del fango mas inmundo de la plebe para colocarla entre las personas mas distinguidas de la aristocrácia, envanecida con su brillante posicion, acaba de hacerme un desaire inaudito.

—¡Miren la tonta!... ¿Pero es cosa que ese desaire pueda tener malas consecuencias?

—Qué sé yo..... es muger de travesura..... y si no la arrojamos de la posicion que ocupa... no hay duda que puede hacerme mucho daño.

—¡Pues qué! ¿tan reñidos han quedado ustedes?

—En la apariencia, mas amigos que nunca..... Referiré el lance en pocas palabras. Pretendia yo que volviese á apoderarse de María, y con un tono tan orgulloso como insolente, me ha contestado que su posicion no le permitia degradarse á hacer esta clase de favores.

—¡Oigan! ¡Si habrá olvidado su orígen mi señora doña Pánfila!

—Héle recordado los beneficios que me debe...

—¿Y qué ha dicho?

—Que no me debe ninguno, y que mas grandes me los ha prodigado ella á mí...

—¡Habrá insolencia!...

—Yo entonces me he irritado como era natural, y la he echado en cara su antigua profesion.

—¡Bien hecho!.... ¡así me gusta!....

Se habrá quedado, por supuesto, estupefacta, sin saber qué responder.....

—Al contrario, mas descocada que nunca, ha prorumpido en groseros insultos..... ha tenido la audacia de llamarme fraile mendruguista.....

—¡Fraile mendruguista!...

—Y esclaustrado mugriento.

—¡Esclaustrado mugriento!... ¡oh! esto es horroroso..... esto clama venganza al cielo...

El que insulta á los ministros del altar insulta al mismo Dios,... es un herege....

—Así es la verdad, hermana mia, es un herege que pertenece á esa raza maldita de enemigos de la religion, raza perjudicial, langosta de la cristiandad, polilla de las almas, raza judía en fin, que debe exterminarse para bien de los fieles.

—¡Jesus!... ¡Jesus!... —esclamó la tia Esperanza persignándose.

¡Qué pervertido está el mundo!.... ¡Hacer mofa de los ministros de Dios! ¡Qué maldad!

—Pues no lo sabe todo aun, hermana mia.

—¡ Válgame la virgen de Atocha !... ¿Todavía hay mas?

—Sí, hermana. Esa muger desagradecida ha llevado su insolencia hasta el estremo de amenazarme con una delacion.

—¿Con una delacion?

—Sí—y bajando la voz añadió fray Patricio:—ha dicho que en su mano tenia la prision y el castigo de los conspiradores en favor de don Carlos.

—Eso es ya demasiado.

—Y es lo único que me inquieta, porque esa muger es de la piel de Barrabás y capaz de hacerlo como lo dice. Verdad es que entonces me he apresurado yo á variar de tono y tomar á broma cuanto habia pasado, pidiéndole mil perdones por mi imprudente exigencia. La he colmado de alabanzas, y hemos quedado en la apariencia muy amigos; pero su amenaza me escuece mucho, y es imposible que tenga yo sosiego mientras no inutilicemos á esa muger.

—¿Y cómo se logra eso?

—Muy fácilmente; pero es preciso desplegar la mayor actividad, porque ella puede perdernos en un momento.

—Espliquese usted.

—Reflexionando, mientras venia á casa, sobre lo que me acaba de ocurrir, creo de la mayor urgencia sembrar la discordia entre la marquesa y su yerno...

Con esto se distrae su atencion, y yo entre tanto, para evitar toda sospecha, me finjo mas amigo que nunca de la marquesa de Turbias-aguas.

—Todo está muy bueno; pero dice usted que el asunto urge, y para desunir una familia se necesita mas tiempo del que á usted le parece. Ya sabe usted que estoy yo muy ducha en estas materias.

—Hay, sin embargo, una circunstancia que nos favorece en estremo.

¿Se acuerda, hermana, dónde bautizaron á Eduvigis?

—En San Ildefonso; como que fuí yo su madrina, mire usted si me acordaré, y si faltan testigos, tambien está aquí su padrino el *tio Lagarto*, que ha vuelto hace poco de presidio.

—¡Perfectamente!..... Todo sale á pedir de boca.

Hermana *Esperanza*, no hay que perder tiempo, es preciso sacar la fé de bautismo de esa muchacha... y hacer legalizar tres copias.

—Me parece que adivino el plan...... Cuando el marido sepa que se le ha dado gato por liebre.....

El sonido de la campanilla de la puerta interrumpió esta conversacion.

La *tia Esperanza* fuese á ver quién llamaba, y volviendo apresuradamente, dijo:

—En nombrando al ruin de Roma, hételo por donde asoma..... Es el marqués de Casa-cresta, le he dicho que iba á ver si estaba usted en casa.

—¿Qué me querrá el marqués?... Dígale que entre.

Desapareció la *tia Esperanza* y á poco rato se presentó en el despacho de fray Patricio el marqués de Casa-cresta.

Al parecer en el dintel de la puerta, adelantóse fray Patricio á recibirle y ambos personages se dieron la mano con la escordial amistad.

—Si está usted ocupado, señor don Patricio—dijo el marqués—volveré mas tarde.

—No por cierto, no tengo ahora ninguna ocupacion precisa—respondió con amabilidad fray Patricio.—Y aun cuando la tuviera, yo pospongo todas mis ocupaciones al placer de estar en conversacion con mis buenos amigos.

—Doy á usted las mas espresivas gracias por la distincion con que me honra, y crea que en cualquiera ocasion que se me presentase, sabria probar á usted el aprecio que hago de su buena amistad, á la que corresponderé siempre con el mejor afecto.

—Ya lo sé, amigo mio; pero ante todo..... ¿cómo está madamita?

—Un poco indispuesta; pero no es cosa de cuidado.

—Ya... consecuencias legítimas del matrimonio...

—¡Usted siempre de buen humor!...

—Sírvase dejar el sombrero, tomar asiento y ver en qué puedo serle útil.

I.   49

—Después de haberse sentado los dos interlocutores, dijo el marqués de Casa-cresta:

—Amigo mio, voy á darle á usted una prueba de la estimacion que le profeso..... voy á hacerle una confianza que no me he atrevido á hacer nadie..... ni á mi esposa á pesar de lo mucho que la quiero, porque desearia evitarle un disgusto.

—Esplíquese francamente y cuente con mi amistad y mi reserva.

—En estas dos bellas circunstancias confio. Ya sabe usted que á la caida del ministerio Mendizabal estaban los fondos bastante bajos..... era de creer que un cambio de ministerio les haria subir, y como yo supe desgraciadamente acaso con mas anticipacion que otros que iba á formarse un nuevo gabinete, empleé crecidos caudales en una jugada que contra toda probabilidad ha tenido fatales consecuencias. En una palabra, el resultado es que tendré que vender las joyas de mi esposa para pagar mi deuda, si antes de tres dias no encuentro un amigo que me proporcione á lo menos medio millon de reales. El plazo no me da ya mas respiro..... Daré el descuento que se quiera..... me sujetaré á cualquiera condicion..... Nadie mejor que usted sabe las garantías que puedo ofrecer..... y me lisonjeo de que su buena amistad me sacará del apuro en que me hallo.

Fray Patricio habia escuchado atentamente al marqués de Casa-cresta, con la vista clavada en el suelo, los dedos de las manos cruzados sobre su panza, menos los pulgares que hacia rodar el uno en derredor del otro. Levantó de repente la cabeza, y mirando de hito en hito al marqués, díjole con mucha frescura:

—Lo que es yo, caballero, me encuentro en la imposibilidad de poder complacerle..... Mi caja se halla en la actualidad completamente exhausta; pero tengo un amigo que se dedicaba *in illo tempore* á prestar cantidades bajo ciertas garantías y condiciones... por supuesto exorbitantes... así se enriqueció en pocos años y hace ya mucho tiempo que no presta un maravedí á nadie, porque dice que no quiere pasar por usurero. Ya ve usted que si nos arreglamos con este perillan, habrá que hacer un gran sacrificio.

—Estoy dispuesto á todo; pero quisiera saber el resultado cuanto antes para salir de ansiedad.

—A la persona de quien hablo no se la encuentra en casa mas que por la noche. De todos modos, si no puedo ir yo en persona á llevar á usted su contestacion, antes de media noche tendrá un recado mio en su casa. Procure estar en ella entre once y doce.

—Así lo haré; pero por Dios no olvide usted que del buen éxito de esta diligencia depende mi felicidad.

—Descuide, amigo mio..... Soy muy amante de hacer bien á los demas.

—Ya lo sé.... conozco su buen corazon... y por eso me he dirigido á usted con la confianza de que sabrá salvar mi honor.

—Así lo espero.

—Quedaré eternamente reconocido.

Y apretándose con afectuosa espresion las manos, separáronse ambos personages haciéndose cortesías hasta que se perdieron de vista, no habiendo permitido el marqués que fray Patricio le acompañase hasta mas allá del dintel de la puerta de su habitacion.

CAPITULO XIII.

LA CONFERENCIA.

ESDE que María, á consecuencia de las amistosas esplicaciones que mediaron entre ella y su amable protectora. la baronesa```, sabia que vivian sus padres..... y desde que se lisonjeaba de que seria tambien una impostura lo que de su amante le dijo fray Patricio al entregar á la pobre jóven la carta fatal en que aquel tan injustamente la injuriaba..... desde que su espíritu habia recobrado la tranquilidad, y una esperanza lisonjera balagaba su corazon, el gérmen de su demencia habia totalmente desaparecido; y los buenos cuidados que se le prodigaban, contribuian no poco á los rápidos progresos del restablecimiento de su salud.

La baronesa'" habia seguido estrictamente·las instrucciones·de su hermano, y tenia ademas sobrado talento para no cometer la mas leve imprudencia. Asi,es que habiase guardado muy bien de decir á María el triste estado de sus padres. La infeliz solo sabia que vivian, y esforzábase en complacer en un todo á su facultativo, porque habíale prometido este que solo cuando estuviese enteramente buena irian á verles. Ni se le habia dicho que su madre hubiese recobrado la vista,·porque deseaba la baronesa que esto produjese en María una sorpresa agradable cuando llegase el momento·de abrazarla.

María, en cambio de las bondades que le prodigaba su protectora, habíase holgado en relatarle toda su historia, sin omitir la menor circunstancia, tanto de la insolente pertinacia de fray Patricio, como de los amores de don Luis de Mendoza. Era la primera vez que María depositaba todos sus ·secretos en el seno de una cariñosa amiga, y este dulcísimo solaz alivió en gran manera

su corazon oprimido; porque la amable baronesa le prodigó eficaces consuelos, la colmó de halagüeñas esperanzas. Entonces parecióle á María notar una distancia inmensa entre la virtuosa amabilidad de su nueva protectora y las estremadas atenciones y fingidas caricias de la marquesa de Turbias-aguas. María estaba persuadida de que ahora no la engañaban. No la rodeaba el fastuoso lujo que la habia deslumbrado en casa de la marquesa; pero tenia una habitacion aseada, la misma que ocupaba antes la baronesa (circunstancia que no debe olvidar el lector), un trage decente improvisado, y se le estaban arreglando otros del mejor gusto, con la elegante sencillez que corresponde á una jóven soltera.

Dejemos, pues, á María, contenta en su nueva habitacion, y digamos algo del negro Tomás.

Este fiel amigo de María babia sido admitido en casa de la baronesa en clase de criado, y las bondades de don Antonio de Aguilar, facultativo del hospital, y las que recibia de su nueva ama, convenciéronle de que no todos los *civilizados* eran asesinos como él creia. Empezaba en consecuencia á reconciliarse con los europeos, y no tenia ya por enemigos mas que á los enemigos de su señorita la virtuosa María. Al verla recobrar tan prodigiosamente su juicio y su salud, el pobre hombre rebosaba de inefable placer, y cada vez que veia al médico que habia curado á su querida señorita, corria á besarle la mano mojándola con lágrimas de gratitud.

La baronesa*** no era menos feliz que sus protegidos, porque no hay en el mundo satisfaccion comparable á la de hacer bien á los desgraciados. No envidieis, no, la suerte de los que consumen sus tesoros en magníficos saraos, en festines asombrosos y escandalosas orgías. Gastan el oro en obsequio de sus mas encarnizados enemigos, que les adulan en su presencia y á traicion les difaman. Gastan el oro para fomentar el vicio y ser el blanco de la sarcástica murmuracion. Gastan el oro, en fin, entre la prostitucion y el escándalo para sentir un dia remordimientos ya estériles; pero el que emplea sus riquezas en beneficio de la humanidad, siente siempre en su pecho los latidos de un gozo puro y consolador, y no ve en derredor suyo mas que amigos que le bendicen, y no oye mas que el acento adorable de sincera gratitud.

La hermosa cuanto benéfica Emilia estaba gozando de estas *dulces sensaciones*, embebida en las reflexiones que los infortunios de María le sugerian, cuando el ligero crujido de unas botas que se dirigian á la sala donde ella estaba, vino á distraerla de sus pensamientos. Alzó los ojos y vió entrar á don Luis de Mendoza, mas gallardo, mas elegante que nunca.

—Mi adorable amiga—esclamó el marquesito inclinándose respetuosamente ante la hermosa baronesa""—tengo por fin la dicha de encontrar á usted sola. No puede usted figurarse cuánto deseaba este feliz momento. Siempre rodeada de obsequiosos adoradores, no me ha sido posible dirigir á usted una sola palabra sin testigos. Fácilmente concebirá usted el estremo de mi ansiedad despues de la franca aclaracion que hice á usted por escrito. Solo aguardo su contestacion, y la aguardo con la mayor impaciencia, porque de ella depende mi porvenir.

—Siempre el mismo atolondramiento.....—respondió la baronesa sonriéndose dulcemente.—Calma, Luisito, calma..... Tome usted asiento, y hablaremos con toda formalidad.

Sentóse don Luis en una silla inmediata á la que ocupaba la baronesa.

—Aguardo mi sentencia, amiga mia—dijo el marquesito de Bellaflor.—Compadézcase usted de mí.

—En efecto, amigo mio—repuso la baronesa en tono solemne lleno de dulzura y dignidad.—Le compadezco á usted.

—¡Señora!...

—Le compadezco á usted al contemplar sus estravíos. Si el amor que dice usted me profesa..... amor que prodigará usted seguramente á otras muchas bellezas de Madrid, fuese únicamente acendrada amistad, esa amistad consoladora, basada en la virtud, que ocupa un sitio predilecto en los corazones honrados, me envaneceria... créalo usted, amigo mio, me envaneceria de merecerla, porque veo en usted todas las bellas prendas que constituyen el conjunto de un perfecto caballero. Ni sé adular, ni sé mentir. Mi corazon y mi lengua están siempre de acuerdo.

—Pues bien, hermosa Emilia, ya que merezco á usted tan lisonjera opinion..... toda vez que me ruboriza usted con esas encantadoras palabras de que se envaneceria con merecer mi amistad.... ¿por qué desprecia usted mi amor? ¡Amistad!.... ¿á quién ofrece amistad en este mundo un corazon benéfico?.....¡Y dice que se envaneceria de merecer la mia!.....Usted, en

ñora, llena de bondad, de hermosura, de talento, de encantos.....
merece usted mas que todos..... merece usted ser amada con un
amor digno de sus bellezas y de sus virtudes.

—¡Virtudes!... pues qué, Luis ¿no faltaría yo á ellas si correspondiese á un amor criminal? ¿Ha olvidado usted que estoy
casada?

—Demasiado lo sé.

—Pues si lo sabe usted, amigo mio ¿cómo me propone usted
la deshonra y el vilipendio? ¿Es esta la primera prueba de amor
que quiere usted darme? Dice usted que me ama, y exige que
falte á la mas sagrada de las obligaciones!..... Que engañe al
hombre á quien he prometido fidelidad.... que engañe al mismo
Dios ante cuyos altares hice este solemne juramento! ¡Exige usted que sea perjura y adúltera en prueba de su amor!..... ¡Desea
usted que en la sociedad me confundan con esas mugeres criminales á quienes señala el vulgo con el dedo cuando se habla de
una muger deshonrada!..... ¡Quiere usted introducir en mi casa la
desunion, y los remordimientos en mi conciencia! ¡Trata usted
de que mil sinsabores domésticos sucedan á la paz que disfruto.....
y dice usted que me ama!... No, Luis, no..... Reflexione usted
bien sobre las consecuencias inevitables que tendria el amor que
usted me propone, y estoy segura de que si es verdadero el cariño que me profesa, reconocerá usted su estravío y será el primero que se interesará por mi felicidad..... y... sépalo usted, mi
querido Luis, no puede haber felicidad donde no hay tranquilidad
de conciencia. Y no me diga usted que los deslices de un esposo
autorizan las represalias..... Yo no quiero saber cuál es la conducta del mio... ni menos quiero sospechar en él el estravío mas
leve... Si por desgracia falta á su deber, llenará mi corazon de
amargura; pero nunca le seré infiel..... ¡quién sabe si mi constancia le volverá á la senda de la virtud!...

Al pronunciar estas últimas y sentidas palabras, deslizóse una
lágrima por la sonrosada megilla de la baronesa.

—¡Perdon, Emilia, perdon! —esclamó ruborizado don Luis.—
Ha loco, lo confieso... He sido un imprudente..... He afli-
ad, y ahora siento que la amo mas que nunca; pero
virtuoso, con un amor que respeta y admira esa
alberga usted en su alma generosa. Concéda-

me usted á lo menos, amable Emilia, el dulce título de amigo, y permítame rendir el primer tributo de admiracion á sus adorables prendas, confiando á tan pura amistad los secretos de mi corazon.

—Ahora sí, Luis, ahora sí que me dá usted una prueba de cariño que colma mi satisfaccion. Desde hoy se estrechan los vínculos de nuestra amistad de un modo indisoluble. Hable usted, amigo mio, cuénteme usted todos sus pesares.... porque yo sé que usted los tiene..... y acaso no seria difícil que proporcionase á usted algun consuelo...

—¡Ah!... señora..... soy muy desgraciado. He hecho mil esfuerzos para triunfar de una pasion indigna que lacera mi pecho... y todo ha sido infructuoso.

Concebí la idea de que abandonándome á nuevos galanteos sofocaria la llama que me devora... Perdóneme usted, virtuosa Emilia, si la elegí á usted para ensayar mi proyecto, busqué la beldad mas encantadora de Madrid... no encontré la amante que en mi delirio deseaba; pero hallé una amiga de cuyo talento y bondad espero saludables consejos.

—Pues todavia no sabe usted lo mejor—dijo riendo graciosamente la baronesa.

—No comprendo...

—Pues sepa usted que esta su amiga, tiene otra gran circunstancia que todavía usted no conoce.

—Si usted no se esplica...

—Va usted á asombrarse cuando sepa lo que soy.

—No sé sino que es usted tan bella como virtuosa y amable.

—Mil gracias por la lisonja, Luisito; pero ha de saber usted que soy otra cosa mas.

—¿Pues qué es usted?

—Soy adivina.

—Emilia, perdone usted que se lo diga; pero eso ya no me parece propio de su noble generosidad.... ¡Burlarse de ese modo de un desventurado!...

—¿Y quién le ha dicho á usted que yo me burlo? Pues en prueba de que soy adivina..... á ver si acierto. Hace dos años poco mas que conoció usted á María, que es la consabida jóven del hospital.

I.

50

—En efecto.

—La segunda vez que la vió usted, vendióle un canario por una onza de oro.

—¡Es verdad!...

—Cuya onza de oro fué á devolver á usted el dia de cierto desafio...

—¡Yo estoy absorto!...

—En que quedó usted sin sentidos, y la infeliz creyó á usted muerto...

—Pero cómo...

—Hasta que en una funcion de toros...

—¿Es esto un sueño?...

—Se reconocieron ustedes y se dieron cita para el dia siguiente.

—Es verdad, amiga mia, todo eso es verdad; y el dia siguiente que juzgaba yo iba á ser el mas dichoso de mi vida, supe que aquella jóven á quien adoraba habíase prostituido, y en vez de acudir á la cita le envié una esquela en que le daba el último adios. Encontréla después la noche de San Juan, pálida, cadavérica y demente, huyendo de unos hombres que la pegaban; conducíla al hospital, ignorando que fuese ella, y supe luego que sus vicios la habian reducido á tan lamentable situacion.

A pesar de esto, á pesar de su ingratitud, á pesar de todo, dejé instrucciones en el hospital para que nada le faltase y se la cuidase con el mayor esmero, garantizando el pago de los gastos cualesquiera que fuesen. Y esto, amiga mia, no era solo por mera caridad....... Todavía amo á esa muger que tan mal ha correspondido á mi afecto....... á esa muger, cuyo lastimoso estado, cuya enfermedad incurable, cuya conducta criminal la separan para siempre de mí. Vea usted, pues, querida baronesa, si soy digno de compasion.

—Tal vez no tanto como á usted le parece.

—¿Qué dice usted, señora?

—Digo..... y perdone usted mi franqueza, amigo mio..... digo que no merece usted compasion.

—¿Por qué motivo?

—Porque es usted muy culpable.

—¡Yo culpable!

—¡Así son ustedes los hombres..... á la menor apariencia déjanse llevar de su genio impetuoso... y cometen mil desatinos. ¡A cuántas mugeres no han hecho desgraciadas semejantes arrebatos! Sepa usted, pues, Luisito, que María es inocente... que siempre ha sido digna del amor que usted le profesa... y que solo la ingratitud de usted, el abandono en que dejó á la infeliz, es la causa de su demencia.

—¿Qué dice usted, señora?..... Eso es imposible.... Por Dios, no quiera usted agravar mi acerba situacion.

—Cuanto le hayan dicho á usted contra la virtud de María es una calumnia atroz.

—¡Será posible! ¡Ay, amiga mia! si eso fuese cierto,...creceria de todo punto mi desgracia.... No podria sobrevivir á la sola idea de haber ocasionado el estado lamentable en que se halla la pobre María.

—¿Y si ese estado no fuese tan lamentable como á usted le parece?

—La infeliz gime en una oscura mazmorra... sin juicio...

—¿Y si en lugar de la mazmorra ocupase una habitacion decente... y hubiera recobrado el juicio?...

—Por Dios, Emilia, no aumente usted mi ansiedad.

—Está bien, amigo mio. Repito, pues, que María es inocente: que ha recobrado su juicio: que está en esta casa; y que yo misma tendré el gusto de conducir á usted á su presencia. Pero es preciso que antes se prepare esta entrevista para que no perjudique á su salud todavía muy débil. ¿Usted tiene confianza en mí?

—¡Ay, amiga mia! ¿En quién podré tenerla sino la tengo en mi ángel de salvacion?

—Pues bien, ya es conveniente que terminemos esta conferencia, y queda á mi cuidado la felicidad de usted; pero antes de dispensarle á usted mi proteccion, caballerito, me falta saber una cosa. María es hija de un pobre jornalero...

—María será mi esposa.

—Muy bien. Sin embargo se criticará mucho este enlace.

—Compadeceré á los necios que me critiquen.

—Dirán que María no es noble.

—Diré que María es honrada.

—¡Bravo!... ¿Y su padre de usted?

—Mi padre me enseñó los principios que profeso, y aprobará nuestras bodas.

—Pues entonces no hay mas que un obstáculo que se oponga á la felicidad de usted.

—¿Un obstáculo?

—Sí, amigo mio, el padre de María yace en un oscuro calabozo, de donde solo saldrá para subir al cadalso:

—¡Dios mio! ¿Entonces es verdad lo que se me dijo?

—Todo es fruto de infernales maquinaciones. Vaya usted ahora mismo á verse con mi hermano. Cuéntele usted nuestra conferencia... El hará á usted revelaciones de mucha entidad. ¿Sabe usted dónde vive?

—Sí señora.

—*Pues esta* es la mejor hora para encontrarle en casa. El

tiempo urge y es preciso arrebatar al padre de María de las garras del verdugo.

—El amor favorecerá mi empresa. Adios amiga mia.

La baronesa*** dirigió una tierna mirada acompañada de una inclinacion afectuosa al marquesito, y este, despúes de corresponder á este amable saludo, partió lleno de aliento, de amor y de esperanza.

CAPITULO XIV.

LOS ENCANTOS DE LA VIRTUD.

Así que don Luis de Mendoza se hubo separado, dirigióse la baronesa*** al aposento de María. Salió esta al encuentro de su bienhechora, é iba á besarle la mano; pero la generosa Emilia abrió sus brazos, la recibió en ellos, é imprimió en su megilla un beso fraternal.

María, llena de confusion y de ternura, esclamó:

—¡Señora, esa es demasiada bondad!.... ¿Ha olvidado usted que soy la pobre hija de un jornalero?

—Lo sé, María, lo sé—repuso la baronesa'''—y esas circunstancias son para mí dos bellas recomendaciones. La pobreza virtuosa debe ser venerada como la imágen de la Divinidad, y un jornalero honrado es mas apreciable á los ojos de la sana razon, que el imbécil palaciego que se enaltece con el salario de serviles adulaciones. Pero.... ¿me parece que está usted triste?.... ¿Qué es eso, María?.... ¿No se halla usted bien á mi lado?...

—¡Ah! señora.... no me considero digna de tantas bondades. Pero ahora que, gracias á los desvelos de su señor hermano de usted, y á los beneficios que usted misma me está prodigando, he recobrado ya mi salud.... ahora que me encuentro ya con fuerzas para trabajar.... desearia, señora, que me concediese usted una gracia...

—Hable usted, hija mia, todo mi afan es complacer á usted.

—Acaban de entregarme esos dos trages..... —y María señaló un lio que habia en una silla.

—¿Y qué tal?.... Le estarán á usted pintados... ¿Se los ha probado usted?

—No señora..... Su vista me estremece..... Yo agradezco á usted su generosidad; pero he nacido en humilde cuna, y no debia nunca haber olvidado las virtudes de mis padres. Cuando la indigencia me separó de ellos, no tuve mas objeto que buscar una casa donde servir..... donde ganar un honrado salario para llevarlo á mis padres y saciar su hambre y la de mis inocentes hermanitos.... Se me tendió un lazo horrible, y mis modestos planes se frustraron. Si es verdad que usted se interesa por mi suerte, señorita, si quiere usted verme feliz..... en su mano de usted está el colmo de mi ámbicion. Yo estoy ya buena...... enteramente buena desde que sé que mis amados padres viven..... He reflexionado mucho sobre mis pasados infortunios..... y conozco que mi imaginacion está despejada... que mi cabeza está fuerte... ¡Oh! ¡cuánto debo á las bondades de usted! pero ya que ha empezado mi felicidad, espero que completará una obra tan digna de sus nobles sentimientos. Señora, por piedad, atienda usted á mis ruegos.

—¿Qué desea usted?

—Que me admita usted en su casa como sirvienta..

La baronesa no pudo contestar: una emocion profunda embargó su voz.

—Señorita—añadió María—yo de poco podré servir á usted en un principio..... no he cosido nunca labores delicadas, tampoco sé aplanchar; pero me aplicaré con eficacia... y usted es tan buena que será indulgente conmigo. En cuanto á mi salario, me contentaré con cualquier cosa..... lo que usted quiera darme..... por poco que sea aliviará la suerte de mis padres, porque los infelices están ya acostumbrados á la escasez y á las privaciones... ¡Usted llora, señorita! ¡ah! ¡qué feliz soy!..... sin duda se compadece usted de mí..... y me va á conceder la gracia que le pido..... ¡Qué dichosa seria yo si se dignase usted darme ahora mismo una contestacion favorable!..... Si pudiese yo correr en este momento á ver á mis padres..... abrazarles á ellos y á mis hermanitos, y decirles á todos..... «Ahí teneis el fruto de mis afanes..... poco es; pero lo he ganado honradamente..... es el premio de mi trabajo..... ya no os morireis de hambre.....» ¡Oh! señora..... ¡esto sí que hace el orgullo de un corazon virtuoso!..... esto sí que labra la felicidad de un buen hijo:..... y no el lujo fascinador de esos trages que tantas infamias me recuerdan.

—¡Generosa criatura!—esclamó la baronesa enjugándose una lágrima.—Esos bellos sentimientos no deben quedar sin galardon. No, usted no ha nacido para el degradante oficio de servir á los demás, yo que conozco sus virtudes, no debo de ningun modo consentirlo. Usted estará en mi casa como una hermana, como una hija... En este mundo debe todo compensarse..... Los padecimientos de usted han sido estremadamente acerbos, para que halle usted en recompensa una penosa servidumbre. Eso no será justo ni razonable. Yo estoy sola..... Dios no me ha concedido hijos.... No tengo mas parientes que mi hermano..... Mi esposo está ausente..... Hay un vacío en mi corazon, que solo usted puede llenarle. Yo, como todos en este mundo, tengo tambien mis pesares, y carezco de una amiga que me consuele, usted será mi amiga...

—Sí, señorita, yo procuraré consolar á usted—dijo María enternecida—yo la amaré mas que nadie..... todos mis desvelos y afanes se limitarán á complacerla, y si me juzga digna de merecer su confianza, lloraré con usted sus sinsabores, y con usted ré en sus felicidades..... pero seré siempre su criada de usted.

.—Eso no, María, eso no.

—Pues entonces, señora..... lo siento—dijo María intercalando sus palabras con amargos sollozos—lo siento..... pero no puedo..... admitir sus beneficios....., y en este mismo momento..... me voy á casa de mis padres..... No me es posible pasar ya mas tiempo sin verles... Moriré con ellos en la indigencia.

—Está bien—dijo la baronesa sentándose en una silla en ademan de abatimiento, y después de una pausa de breves instantes, tomando un aspecto grave, añadió:—no tiene usted la culpa de que yo me haya equivocado. Habíame entregado con demasiada ligereza á mis bellas ilusiones. Figurábame haber encontrado una tierna amiga que correspondería sinceramente á mi afecto. Desprecia usted mi cariño.....; ¡cómo ha de ser!..... Mas apreciable es la sinceridad de usted, que ese fingimiento culpable, tan común en la sociedad, de los que se hacen íntimos amigos de todo el mundo, y cuando llega el caso de poner á prueba su amistad, solo se encuentra ingratitud y desvío. Gracias, María, gracias por la franqueza con que me anuncia usted su separación de mi lado. Nunca abusaré de mi posición para exigir una correspondencia que no sea hija de los sentimientos del corazon. Amistades fingidas hay, de sobra, desgraciadamente en el mundo, y habíame yo lisonjeado de haber hallado una confidenta cariñosa que hubiese endulzado las tristes horas que paso con frecuencia en amarga soledad..... No ha sucedido así... repito que me equivoqué, y no por eso disminuirá en lo mas mínimo el afecto que á usted profeso. No tengo dominio alguno sobre usted, de consiguiente es usted libre de hacer lo que guste. Si usted cree que los cuidados de mi hermano, que como facultativo ha ordenado que no viese usted á sus padres hasta que él lo disponga, no merecen consideracion alguna, cumpla usted en buen hora sus deseos. Si juzga usted que nada merece lo poco que he podido hacer en favor de usted, abandóneme usted cuando quiera..... estoy acostumbrada á recibir desengaños.

El tono severo y lleno de dignidad con que esta última frase fué pronunciada, llenó á María de rubor y de amargura. Creyó haber faltado al respeto que debia á su bienhechora, y sin hablar palabra arrojóse á los piés de la baronesa, esclamando:

1.

—¡Ah! señorita......, ¡perdon! ¡perdon!..... Jamás ha sido mi ánimo disgustar á usted.

—Lo sé, hija mia, lo sé—dijo con maternal dulzura la baronesa*** levantando á María.—¡No faltaba mas!...¡Vamos, enjugue usted esas lágrimas, y no se hable mas del asunto. Quiero que viva usted conmigo del modo que corresponde á la futura esposa del marquesito de Bellaflor.

—No se burle usted, señora—repuso María bajando ruborizada la vista.—Dolorosas han sido las lecciones de mis infortunios; pero he aprendido mucho con ellas. Niña inocente, sin esperiencia de lo que es el mundo, llegué á creer en las palabras de un hombre, que por ningun concepto puede unir su destino al mio. Mi buen padre me lo decia... y sin embargo le amé con delirio.... y llevé mi frenesí hasta el estremo de creer que llegaria vista á su lado y á ser feliz en los brazos de su amor..... ¡Necia de mí!..... Conozco ahora la inmensa distancia que me separa de él, y renuncio á la bella esperanza que concebí algun dia.

—¿Eso quiere decir que no le ama usted ya?

—¡Si le amo!.....¡Mas que nunca, señora..... Fué mi primer amor, y será el último, porque le seré fiel hasta la muerte....... Bien sé yo que en el gran mundo hallará él mil distracciones....... Tal vez me dirigirá un leve recuerdo de compasion... ¡pobre María! dirán en medio de su felicidad, ¡volvióse loca por mí!..... lo siento!..... y acaso derramará una lágrima de compasion; pero unirá su suerte á la de otra muger mas feliz..... ¡quiera Dios que le adore, como yo !.....—Y al decir esto llevó María el pañuelo á los ojos.

—¡Oh, sí! Don Luis de Mendoza será amado como sus virtudes merecen, y será feliz como usted desea.

—Entonces será muy feliz.

—Lo será en efecto, y lo será á su lado de usted.

—No es posible, señorita, no es posible.

—¿Y si yo le dijese á usted que la ama á usted mas que nunca?

—Si me amase no me hubiera dirigido aquella carta fatal que desgarró mi corazon. Aquella carta en que me daba el último adios era efectivamente suya, porque á no serlo no me hubiera abandonado en poder de mis crueles verdugos. En ella no solo me negaba su amor, sino que injuriaba mi inocencia con terribles acusaciones.

—Es verdad, María, es verdad; aquella carta era suya; pero la escribió en un momento de delirio, en un momento de celos... Se le hizo creer que habia usted cometido faltas imperdonables..... Los enemigos de usted... los que tantos infortunios le han proporcionado.... lograron tambien fascinar á su amante; pero convencido ahora de la inocencia de usted, repito que la ama á usted mas que nunca, y cifra toda su ambicion en merecer su cariño.

—¡Mi cariño!... ¡ay!... Aun cuando me hubiese sido inconstante... aun cuando me aborreciese, no podria yo dejar de amarle; pero si esta dulce conversacion no es un sueño..... si no me

mí!... Soy una pobre..... No debo olvidar los consejos de mi buen padre... Yo no he nacido para unir mi humilde destino al de una persona tan distinguida.

—Todas las personas virtuosas son iguales; solo hay una barrera que divide el vicio de la virtud..... Don Luis de Mendoza tiene demasiado talento para que le arredren las preocupaciones del mundo. Conozco muy á fondo sus bellos sentimientos, y estoy segura que lejos de ser un obstáculo el humilde nacimiento de usted, es una recomendacion que la hace á usted mas interesante á sus ojos. Solo los orgullosos miran con desden á los pobres; pero su necio orgullo es mil veces mas deshonroso y despreciable que la pobreza. No se avergüence usted, hija mia, de su modesto orígen; yo misma prefiero la amistad de usted á las lisonjas de las que en la alta sociedad se dicen mis amigas.... En una palabra.... basta que yo le asegure á usted que don Luis la adora, que quiere casarse con usted, y que está cierto de obtener el consentimiento de su padre.

—¿Será posible? ¿No me engaña usted, no? Seria una crueldad..... ¡y es usted tan buena!.... ¿Pero quién le ha dicho á usted todo eso?

—¿Quién?... Vamos á ver si lo adivina usted.

—Yo... pobre de mí... no sé...

María pronunciaba estas palabras llena de rubor, y clavando la vista en el suelo, hacia y deshacia maquinalmente nudos en una punta de su pañuelo de batista.

—Pues es un caballerito á quien conoce usted mucho—dijo Emilia.

—¿A quien yo conozco?

—Buen mozo...

María levantó el rostro y con una mirada encantadora acompañada de una dulce sonrisa, dió á entender que penetraba las reticencias de su amiga. Esta continuó:

—Ojos azules... rubio como el oro...

—¡Ah señora!—esclamó María con amoroso entusiasmo.—El mismo, él mismo se lo ha dicho á usted.

—Sí, don Luis de Mendoza ha estado aquí hace poco.

—¡Y yo no le he visto!

—*Lo verá usted cuando por un nuevo merecimiento se haya*

hecho enteramente digno de un generoso perdon.

—Si yo no le he creido nunca culpable.

—Lo fué, no obstante, cuando se dejó alucinar y escribió á usted aquella injuriosa carta. Es preciso que esta accion indigna se borre con otra accion heróica. Don Luis volverá á su presencia de usted mas acreedor que nunca al amor que usted le profesa.

—¡Qué felicidad la mia!.... Solo falta que me permita usted ver á mis padres, abrazarles, y decirles que soy dichosa.

—En cuanto á eso, ya sabe usted que nada puedo yo disponer; el médico es quien manda en este asunto; pero entre tanto debe servirle á usted de consuelo, que las personas que tanto se interesan por la felicidad de usted, no habrán abandonado á su honrada familia.

—¡Oh! cuando su hermano de usted me vea tan mejorada....... porque ya estoy buena..... creame usted.... me siento enteramente buena... Verá usted como me permitirá ir á ver á mis padres....... ¿Cómo pagaré á ustedes tantos beneficios?

—Amándonos siempre.

—Sí, siempre, siempre.

Y las dos amigas se abrazaron.

CAPITULO XV.

LAS CONSECUENCIAS DEL VICIO.

Hacía un calor insoportable, como en el rigor de la canícula, y solo habíanse deslizado tres dias del mes de julio.

Eran las once de la noche.

Una jóven pálida, graciosamente vestida de negro, permanecia inmóvil y meditabunda, sentada junto á un precioso tocador, en el cual apoyaba su brazo derecho con la frente inclinada sobre la palma de la mano.

Dos bujías iluminaban aquel reducido y elegante recinto. Todas las puertas que daban á él estaban cerradas, menos las hojas de una ventana, que parecian entreabiertas para que el aire disminuyese el esceso del calor.

Esta ventana tenia poquísima elevacion, y debajo una reja por la que podia fácilmente escalarse. Este defecto es frecuente en las casas de Madrid.

De repente se abrieron de par en par entrambas hojas, y á

persianas de vidrios, asomóse entre ellas un hombre embozado en un capote de barragan forrado de tela escocesa á cuadros.

La marquesa de Casa-cresta, que era la jóven que estaba en el sofá, levantóse precipitadamente, no para huir azorada de aquella misteriosa aparicion, sino para darle la mano y ayudar á entrar en su habitación al amante á quien con impaciencia aguardaba.

Saltó este en efecto en lo interior del cuarto, cerró la ventana, y quitándose el capote, apareció jóven, gallardo y bien vestido. Este elegante, era uno de los caballeritos de industria que hormiguean en Madrid. Era digno compinche de don Venturita Riñones; pero mejor mozo, mas jóven y alocado. Presumia de literato, y no tenia mas instruccion que esa elocuencia superficial y picaresca que se adquiere en los cafés. Solia hallársele en el del Príncipe al anochecer, disputando con otros poetas de su calaña; vituperando á los buenos ingenios, y ensartando sandeces á pote, como suelen hacer todos esos literatuelos en ciernes, que se dan ellos mismos el apodo de *poetas de trueno*. Este almibarado pisaverde, erudito á la violeta, llamábase don Faustino Asnar.

—¿Cómo tan tarde, querido mio?—esclamó doña Eduvigis con dulzura, contemplando tristemente á su amante.

Don Faustino, lejos de contestar á su querida, empezó á pasearse aceleradamente por el cuarto en ademan de desesperacion.

—¿Qué es eso?—añadió la jóven marquesa.—¿Tienes alguna pesadumbre?

—Déjame—contestó bruscamente don Faustino, y sentándose en el sofá, añadió:—no me preguntes nada, estoy tronado....... ¡maldito entré!...

—¿Has perdido?

—Sí, he perdido no solo cuanto tenia, sino cincuenta mil reales, que debo, y que quiero pagar mañana mismo. Es preciso que me saques de este apuro, como yo te saqué del tuyo no hace muchos dias.

—Tienes razon... fué la prueba que exigí de tu amor... fué el precio de mi deshonra.

—¡De tu deshonra!... ¡Bien!, ¡muy bien!... solo falta que me insultes ahora para hacer el lance mas divertido. ¿Con que mi trato te deshonra?

—¡Perdóname, Faustino, yo no quiero ofenderte; pero mira...

da seria aun muger de bien si no me hubiese visto precisada á admitir un favor al cual he sacrificado en pago mi honra. Bien te acuerdas, tambien yo me encontré un dia en ese terrible apuro que te aflige..... Tambien yo perdí en el juego cuanto tenia, y adquirí deudas que tú pagaste para evitar la cólera de mi esposo... Las pagaste... bien sabes bajo qué condicion.

—Pues bien, tú misma dictas ahora tu sentencia. Si no correspondiste á mi afecto por amor... Si solo cediste al mio para adquirir una suma que necesitabas..... me engañaste..... me engañaste cruelmente. Tú me dijiste que para corresponder á mi pasion, necesitabas tener antes una gran prueba de la veracidad del amor que te profesaba. Presentóse la ocasion cuando fuiste desgraciada en el juego, y puse todos mis caudales á la disposicion de mi querida. Si aceptaste este título sin mas objeto que apoderarte de un dinero que te sacaba del apuro, no puedo yo admitir una correspondencia de tan bajo origen, y rompiendo desde hoy nuestras amorosas relaciones, es preciso que me devuelvas esa cantidad que me arrancaste con superchería, ó desde mañana publico por todo Madrid nuestros amores.

—¡Qué dices, insensato!.... Sin duda el mal humor te enagena y te hace prorumpir en tan groseras injurias. ¡Por cuántas humillaciones tiene que pasar la muger que se prostituye!

Eduvigis, al hacer para sí esta última reflexion, enjugóse una lágrima que humedecia sus ojos, y aproximándose á su amante, le cogió la mano y añadió con ternura:

—Te confieso, querido Faustino, que acaso mas por necesidad que por amor te sacrifiqué todos mis deberes, mi honor y mi virtud; pero tus caricias han convertido mi primer afecto en un amor ardiente. Una llama inestinguible arde ya en mi corazon, y me moriria al instante si dejases tú de quererme. Sí....... Faustino... yo te adoro.

Al pronunciar esta palabra dió Eduvigis un fogoso beso en la mano de su amante y la regó luego de abundantes lágrimas.

—¿Dices que me adoras?... ¡pues bien!... no olvides que tienes ya trazada la senda que debes seguir. ¿Has olvidado cómo te probé yo que te amaba?

—¡Infeliz de mí!.... No poseo nada, absolutamente nada..... *Vendí mis joyas antes de aprovecharme de tu generosidad...* y estoy temblando por el dia en que mi marido se aperciba de su falta.

—Eduvigis, tu posicion es tan crítica como la mia..... se nos echa encima una borrasca espantosa, y solo nos queda una tabla que pueda conducirnos á puerto de seguridad.

—Me estremeces, Faustino.

—Es indispensable que huyamos de Madrid.

—¿Qué huyamos?

—O que presenciemos nuestra ruina y nuestra afrenta. Yo no tengo valor para arrostrar semejante baldon, ó me sigues, ó en este mismo instante me hago saltar la tapa de los sesos.

—¡Piedad, Faustino, piedad!—esclamó Eduvigis arrojándose á los piés de su amante, que empuñando una de sus pistolas, estaba en ademan de darse la muerte.

—¿Me sigues?

—Sí—esclamó Eduvigis con resolucion, y levantándose, enjugóse las lágrimas y añadió:—Estoy dispuesta á todo.

—Pues solo falta un pequeño esfuerzo para coronar nuestra

obra. Tú sabrás seguramente dónde guarda tu marido su caudal... Es preciso apoderarnos de él.

—¡Un robo!

—No es tiempo de inútiles declamaciones. Tu marido es un rival odioso á quien aborrezco, y no merece consideracion ninguna. O él ó yo... Elige. Conmigo..... lejos de aquí... te aguarda un porvenir dichoso.... con él... te aguarda el desprecio, la afrenta, la reclusion y la infamia de las adúlteras...

—Me horrorizan tus palabras.

—No hay que perder tiempo. Mi coche no está lejos de aquí.... Apoderemonos de cuanto sea posible..... y... huyamos. Yo se donde pasar con seguridad esta noche, y mañana partimos para no volver nunca á España. ¿Vacilas?

—No. Te he dicho que estoy resuelta á todo. Aguarda un momento.

Desapareció la digna hija de *Curro el Desalmao*. llevándose una de las dos bujías, y volvió á poco rato con un manojo de llaves.

—¿Que llaves son esas? —preguntó don Faustino.

—Una de ellas es la que necesitamos. Sigueme. Son las once y media. Mi marido suele venir á las dos.

Y ambos miserables se dirigieron a consumar un nuevo crimen

Pocos momentos habian transcurrido, cuando llegó el marques de Casa cresta á la puerta de su casa, ansioso de recibir la contestacion que le habia ofrecido fray Patri... para antes de las ... ... que hemos hablado en el capitulo XII

... ... á su promesa. La tia *Esgrima* aguardaba en el portal al marques, y esa que le vió entregar una carta y despues ...

... los ... marques ... sobre ... contenido ... ...

gracia. Se le ha engañado atrozmente..... está casado con la hija de un carnicero..... de un asesino que, acaba de, morir en la cárcel.»

Es de todo punto imposible describir la sorpresa que esta terrible é inesperada revelacion causó al infortunado marqués de Casa-cresta. El infeliz aguardaba impaciente la contestacion de fray Patricio, porque no tenia en este mundo mas áncora de salvacion que el préstamo que por conducto de aquel amigo debia poner á cubierto su honor..... ¡Su honor!... La carta que debia salvarle, anunciaba al pobre marqués que acababa de perderle para siempre. Desde la cumbre de la opulencia habíase hundido aquel desventurado en el fango de la ignominia. Con su honor, lo habia perdido todo. No le quedaba en este mundo consuelo alguno. La muger con quien le enlazó el destino, era indigna de su confianza y de su amor. Pobre y deshonrado, iba á ser despreciado y escupido por los mismos que le vendian antes afectuosa amistad, y en este estado de angustia, faltábale aun recibir el golpe tremendo que habia de colmar su desesperacion.

El marqués repitió la lectura de la carta fatal, sobrecogido de un temblor espantoso. Leyó después el otro papel que venia en el mismo sobre..... era una fé de bautismo que justificaba aquel horrible aserto. Iracundo y frenético iba á repetir la lectura de tanta infamia, cuando una continuada vibracion de una campana, cuyo agudo sonido parecia tocar á fuego, hízole conocer que tenia ladrones en su casa.

El marqués de Casa-cresta guardaba sus caudales en una de esas arcas, que el que no sabe abrirlas, al meter la llave en la cerradura, toca cierto resorte, que uniendo dos medias argollas puestas disimuladamente como meros adornos, sujeta por la muñeca al que empuña la llave, mientras el sonido de una oculta campana avisa al interesado.

Figúrese el lector cuáles serian las terribles angustias de la culpable esposa presa, de aquel inesperado lazo. Don Faustino Asnar huyó precipitadamente por la ventana por donde habia aparecido.

Todos los criados de la casa, alarmados, habian entrado en al sitio donde estaba la caja... ¡Qué baldon para el marqués!... ¡qué infamia!..... ¡qué vergüenza para su esposa, verse rodeada de la multitud en el acto de ir á cometer un robo!

Conteniendo, sin embargo su ira y aparentando tranquilidad, el marqués, que con una pistola en cada mano acudió al sitio de tan bochornosa escena, esclamó:

—¡Eres tú Eduvigis?¡No nos has dado mal susto! Esto diciendo, tocó cierto resorte, y quedó libre el brazo de la criminal, cesando el toque de la campana.

Hecha esta operacion, añadió:

—¡Ea!... Todo el mundo á sus quehaceres; esto no ha sido mas que una equivocacion.

Apenas quedaron solos marido y muger, arrojóse esta á los piés del marqués llorando amargamente.

—Levanta—le dijo en tono solemne su esposo—y huye á ocultar tu vergüenza en el inmundo fango en que naciste. Huye para siempre de mi presencia. Yo te maldigo.

Huyó la infame adúltera, y una detonacion repentina alarmó nuevamente á todos los habitantes de la casa. Volaron al sitio donde estaba el marqués..... no encontraron mas que un cadáver bañado en sangre y las pistolas en el suelo!

La desgraciada Eduvigis dirigíase entre tanto al palacio de la marquesa de Turbias-aguas. Llegó á él..... todas las puertas estaban abiertas, y un piquete de fuerza armada custodiaba la escalera. La marquesa estaba sola en un salon; con centinelas de vista. ¡Ni uno de sus amigos!.... Precipitóse Eduvigis en sus brazos..... y ambas permanecieron sollozando sin poder articular una sola palabra.

Pocos momentos despues fueron estas desgraciadas conducidas á una casa de reclusion.

.   .   .   .

Antes de la una, uno de los agentes del *Angel esterminador*, llevó noticia circunstanciada de todos estos acontecimientos á fray Patricio, que estaba en su humilde habitacion rezando muy pacíficamente el rosario con la *tia Esperanza*.

, FIN DE LA PARTE TERCERA Y DEL TOMO PRIMERO.

ERRATAS.

Pág.	línea	dice	léase
7	6	arrebatar	arrebatar
21	18	buscando disculpa	buscaba disculpa
315	7	de baronesa	de la baronesa
250	38	oficinas	oficinas

ÍNDICE

Lightning Source UK Ltd.
Milton Keynes UK
UKHW02f1825300818
328066UK00010B/764/P